コネクショニストモデルと心理学

脳のシミュレーションによる心の理解

守 一雄・都築誉史・楠見 孝 編著

北大路書房

読者へのガイド

守　一雄

0. 本書成立の経緯

　本書の出版点は，守 (1996) であった。その数年前までは私自身，コネクショニストモデルや，PDP モデルなどについては用語を聞いたことがある程度で，ほとんど何も知らない状態だった。ふとした経緯から勉強を始めてみると，心理学にとってきわめて重要なモデルであることがわかり，非力を省みず，にわかに本を出版することにしたり，関連する学会でワークショップやシンポジウムを企画することになった。

　本書は，そうしたワークショップやシンポジウムの発表メンバーをもとに，さらにできるだけ輪を広げて，コネクショニストモデルの普及に役立てようと考えて企画したものである。いろいろな事情で，ワークショップのメンバー全員が執筆陣に加わるということにはならなかったが，その分，新たなメンバーを加えて，当初の計画以上の充実した内容になったと思う。

　編者には出版に向けて最も熱心に活動してくれた都築さんと，上記のような経緯から守があたり，さらにとくにお願いして楠見さんに加わってもらった。3 人が編者を務めることにより，各章の執筆者に対しては，ちょうど学会誌の審査者のような立場で原稿を査読し，何度も書き換えをお願いした。全面的な書き換えをお願いした章も複数に上った。編者からのいろいろな要求にご協力くださった執筆者の皆さんには改めて感謝申し上げたい。最後に，企画の段階から相談にのってくださり，本書の完成までご協力くださった北大路書房の関　一明さん・北川芳美さんにも感謝したい。

1. 本書の構成

　本書に収録した 12 章は，大きく 3 つに分けられる。最初の 5 つの章はコネクショニストモデルについての種々の視点からの概観である。第 6 章から 11 章までの 6 つの章では，コネクショニストモデルを用いたオリジナルの研究例が報告される。そして，最後のやや長い章（第 12 章）は，コネクショニストモデルについての数理的な基礎をまとめたものである。全体として，やさしい解説的な章から，やや専門的な研究例，そして基礎とはいえ数式を多用した数理的解説の最終章へと難易度の順に章を並べた。また，それぞれのグループ内でも比較的やさしいものからややむずかしいものへと配置した。

　そして，読者への案内としてこの「ガイド」と，さらに深く学ぶために，主要文献の紹介と，関連学会・研究機関・ソフトウエアに関してインターネットでの有用な情報が得られるサイトの紹介のページを巻末に用意した。

　各章はそれぞれ独立に読んでもわかるようなものであるので，興味のあるところから読

み始めても差し支えない。各章の著者には「学部の 3, 4 年生程度の読者にとって十分理解できるレベル」での記述をお願いした。具体的には，文科系読者へのやさしい入門書である守 (1996) の次のレベルの読者を想定しつつも，最終的には数理的な基礎の理解にまで到達できることをめざした。それでも，あらかじめ以下の概要を読んでおくと理解がしやすいと思う。

2. 用語の統一・数式の取り扱いについて

(1) 用語の統一について

各章の概要を紹介する前に，本書における専門用語の表記について述べておきたいと思う。コネクショニストモデルでは，神経細胞を模した仮想的な神経細胞である「ユニット (units)」とそのユニット間の「結合強度 (connection weight)」を種々の学習則を用いて変更していくことがなされる。ところが，この最も基本的な用語である「ユニット」と「結合強度」が必ずしも統一的に用いられてきているわけではない。第 1 章でも述べるように，コネクショニストモデルは数学者から臨床家まで幅広い研究者が研究をしており，共通のモデルで議論ができるという利点を提供してくれているのであるが，どうしてもそれぞれの研究分野ごとの微妙な用語法の差異も生じてくる。また，訳語としての表記のゆれも生じる。本書では「ユニット」「結合強度」に統一したが，他書では，「細胞」「ノード」などや，「結合荷重」「結合の重み」などと表記されている場合があることに注意していただきたい。

一方，「コネクショニストモデル」「ニューラルネットワークモデル（神経回路網モデル）」「並列分散処理モデル（PDP モデル）」など，この研究分野全体にかかわる用語も研究者によっていろいろに用いられてきている。それぞれの用語は大部分において重なりがあるが，それでも「ユニット」や「結合強度」のようにどれかに統一して表記できるほどでもない。そこで，本書では原著者の用語法をそのままにしてある。読者には，まずはじめはこれらの用語間の違いを気にすることなく，相互に言い換え可能なものとして理解を進めることとし，徐々に各用語間の違いを感じ取ってもらえればいいと思う。

実は私自身も明確な区別ができるわけではないが，ほぼ次のように理解している。「ニューラルネットワークモデル（神経回路網モデル）」は，神経系をモデル化したことを前面に押し出した用語であり，従来のコンピュータによる処理（「シリコン系」）との対比が念頭に置かれている。理工系の研究者が好んで用いる用語である。「並列分散処理モデル（PDP モデル）」もまた従来のコンピュータによる処理（「継時処理」「直列処理」「中央処理」）との対比で命名されているが，ここでは処理方法に焦点が当てられている。ラメルハート (Rumelhart,D.E.) とマクレランド (McClelland,J.L.) らの心理学者が中心となった研究グループが命名したこともあり，心理学者が好んで使ってきた。その後，必ずしも分散処理でないようなモデルも考慮に入れられるようになったため，その基本的なメカニズムである「結合 (connection)」に基づく「コネクショニズム」や「コネクショニ

ストモデル」とよばれることが多くなった。「コネクショニズム」ももともとは心理学の由緒ある用語でもあるため，現在では心理学者はこちらを好んで用いているようである。

（2）数式の取り扱いについて

　守 (1996) では，文系の読者にとっての理解のしやすさを最優先して，数式をほとんど使わない説明をしていた。しかし，研究を進めていくためには数式の理解は不可欠である。そこで，本書では数式による表記や説明も用いることにした。それでも，理工系の類書では省略されるような数式の意味や式の展開の過程についても説明を加えることで心理学を学ぶ学生・研究者の多くを占める文系の読者への配慮をした。

　実は，守 (1996) で数式があまり用いられていなかったのは，私自身，数式の理解が苦手だからである。それでも編者としてすべての章を読み，文系読者の代表として，各著者にできるだけわかりやすい説明をお願いした。その際にわかったことであるが，「数式はそれ一つに 1 頁分の情報が凝縮されている」と考えて，時間をかけてでもじっくり理解する努力をすることが重要である。数式が多用されている本では，よく「数式に慣れていない読者は，数式を飛ばして読み進んでもよい」というようなことが書かれているが，読み飛ばしていたのでは，いつまで経っても理解はできない。数式は読み飛ばさずに，あわてずにじっくり時間をかけて理解することを読者にお願いしたい。結局は，それが理解への早道なのである。

3. 各章の概要

　第 1 章「コネクショニストモデルによる新しい心理学研究の展開」では，本書全体の導入として，心理学の研究におけるコネクショニストモデルの意義を種々の論点からまとめている。他章を読む前にこの章を読んでおくと，各章におけるモデルの意義がよくわかると思う。

　第 2 章「認知発達の記号処理モデルとコネクショニストモデル」では，認知発達の領域における伝統的な記号処理モデルと新しいコネクショニストモデルとが対比されながら，両者の利点と難点が指摘されている。そして，2 つのモデルを統合することによって両者の利点を活かした，より説明力の高いモデルが作れるという提案がなされている。コネクショニストモデルは，神経レベルから記号処理レベルまでを段階的につなぐことができることも指摘され，第 1 章で述べたコネクショニストモデルの利点がより詳しく論じられている。本章では，プランケットらが開発した tlearn というシミュレーションソフトの紹介もなされている。このソフトウエアが付属している Plunkett & Elman(1997) や，その大本であるエルマンらの大著 (1996/1998) へのガイドとしても役立つと思う。

　第 3 章「単純再帰ネットワーク（エルマンネット）による文法の獲得」は，コネクショニストモデルによる文法規則の学習に焦点を当てた解説がなされている。コネクショニストモデルによる文法学習は，大嶋 (1997)，竹中・高野 (1998)，玉森・乾 (1999) などオリジナルな研究もなされているので，本書でも第 II 部のようなオリジナルな研究例の

紹介を予定していたが，諸般の事情により叶わなかった。それでも，言語のもつ時系列的データをコネクショニストモデルでどう取り扱うかははずせない重要なトピックなので，編者の一人の守が代表的な研究例であるエルマンの一連の研究を紹介することにしたものである。同じ著者による章が連続しないよう第3章に配置したが，内容的には，最もやさしいレベルであると思う。

　第4章「レスコーラ・ワグナー学習則——学習心理学とコネクショニズムの接点——」では，動物学習における条件づけモデルとして知られるレスコーラ・ワグナーモデルと，コネクショニズムにおける学習則（デルタ則）とが基本的に同等であることがやさしく解説されている。両者の同等性を数式として同じになることをとおして証明しようとしているため，数式を理解することが必要となるが，ぜひひとつずつ理解しながら読み進むことで数式にも慣れていただきたい。この章では，Excelなど表計算ソフトを用いた簡単なシミュレーションのやり方も紹介される。パソコンがあれば，表計算ソフトも付属しているはずなので，ぜひ実際にシミュレーションを体験してみることをおすすめする。

　第5章「脳損傷とニューラルネットワークモデル——神経心理学への適用例——」では，実際の神経系を研究対象としている研究者と，仮想の神経系であるニューラルネットワークの研究者との共同研究について紹介している。この章では，実際の人間の神経系では行なうことができない「破壊実験」が人工的なニューラルネットワークモデルでは可能なことを活用した研究例が紹介される。学習が成立した後で，ネットワークをいろいろなやり方で破壊することにより，脳損傷患者が示す失読症や記憶障害の症状を再現し，そのことをとおして脳損傷の機能的意味を確認しようとするわけである。ネットワークモデルの成績と患者の症状とには多くの類似点が見いだされていて，こうした研究方法の有効性が期待されるとともに，問題点や課題も論じられている。

　第6章から第11章までの6つの章では，著者のオリジナルな研究例が報告されている。第6章「ニューラルネットワークモデルによる自然認識の分析と評価」は，中学校理科の学習教材を学習者がどのように認識しているのかを類推する一つの方法を提示するものである。学習者の頭のなかを直接に覗くことはできないが，ネットワークではユニットの活性値やユニット間の結合強度を調べることができる。この研究では，乾電池と抵抗とをそれぞれ直列や並列につないだ電気回路が学習者にどのように認識されているのかを，学習者である大学生と3層からなる階層型ネットワークとを対比させて分析している。とくに，学習者が公式などを用いて分析的に正しい答えを導き出す場合ではなく，直感的に判断するような全体的処理とネットワークモデルとがうまく対応していることが示されている。

　第7章の「集団システムの安定性とコネクショニストモデル」では，人間一人ひとりをユニットとみなすと，人間集団のふるまいをコネクショニストモデルとして表わせることが報告されている。この章では，とくに，ネットワークの構造と安定性との関係をコネクショニストモデルで調べることで，人間集団における構造と安定性への示唆が得られるこ

とが示される。具体的には，集団内のメンバーがそれぞれどれくらいのメンバー同士と結合しあっているかという「結合度」という指標を考え，それを変化させたときに集団全体の安定性がどう獲得されどう維持されるかを，コネクショニストモデルでシミュレーションすることによって検証しようとしたものである。

第8章「メンバーの相互作用による組織の自己組織化プロセスのモデル」でも，ユニットを個人に対応させるアナロジーによる社会心理学的な研究が報告されている。3次元の入力からのシナプス結合強度ベクトルをもつユニットを相互に結合させたネットワークを作り，競合学習とよばれる手続きで学習をさせると，各ユニットは相互に結合した近くのユニットと影響しあいながら，シナプス結合強度を変化させていく。これはちょうど，いろいろな入力情報への「感度」ベクトルをもつ個人個人が，互いに影響しあいながら，各自の情報感度ベクトルを変化させていくことにたとえられる。この章では，こうしたネットワークモデルを使って，QCサークル活動によって各メンバーの能力が向上していくようすやメンバーのなかからリーダーが生まれてくるようすがシミュレーションされている。

第9章「集団意思決定におけるコミュニケーションモードとリスキーシフトに関する並列制約充足モデル」もまた，コネクショニストモデルを社会心理学的な問題に適用した研究である。ここでは，個人よりも集団で討議した後のほうが，よりリスクの高い選択がなされやすいという「リスキーシフト」現象と，そのリスキーシフトが対面討議と電子メール討議とでは違ってくることを心理実験で確認し，コネクショニストモデルによるシミュレーションによってそれを再現したオリジナルな研究が報告されている。この研究では，人間一人を1つのユニットと見なすのではなく，一人ひとりの頭のなかにネットワーク構造をもつ複数のユニットを考え，そのユニットの一部が，他の人々と結びついているという2段階の相互結合型ネットワークモデルが用いられている。また，他の章でのネットワークと違って，結合強度が事例からの学習によって決められるのではなく，研究者が実験条件と対応づけて結合強度をあらかじめ設定するという方法がとられている。

第10章「感性工学データのARTネットワークによる分析」では，ニューラルネットワークをデータ解析に活用した研究例が報告される。ここで用いられたニューラルネットワークは，グロスバーグ（Grossberg, S.）が開発した「ART（適応共鳴理論）ネットワーク（adaptive resonance theory networks）」とよばれるものである。感性工学は，人間の感性を工学的な手法で研究しようとする分野で，「心理」工学でもある。この章で報告される研究は，認知的プロセスを直接モデル化しようとしたものではなく，クラスター分析に相当するよりよい計算方法を開発しようとしたものである。ARTネットワークに基づくクラスター分析は，従来のクラスター分析と違って，アルゴリズムがシンプルなため，新しいデータが加わっても再計算が簡単である上，分類結果もより優れていることが種々の適用例によって報告されている。

第11章「言語理解における多義性の処理——プライミング実験とコネクショニストモデ

ルによるシミュレーション——」は，プライミング手法を用いた心理実験で得られたデータを相互結合型のネットワークで再現し，人間が多義語を処理する際のメカニズムを解明しようとするものである。この章で述べたようなコネクショニストモデルの利点を活かして，心理実験データとそうしたデータが得られるメカニズムとの対応づけがめざされている。同じ著者たちによる学会誌論文(都築ら,1999)をやさしくまとめなおしたものであり，学会誌論文ではわかりにくい専門的な部分を省いて，重要なポイントに絞って説明がなされている。この章を読んでから，当該論文に読み進むことを推奨したい。

　第12章「ニューラルネットワークモデルの数理的基礎」は最後に総復習として，ニューラルネットワークモデルの基礎から主要なモデルまでを数理的に解説したものである。ネットワークモデルを作って，シミュレーションを行なうような研究をするためには，結局は数理的な理解が不可欠となる。そうした意味で，総復習というよりも，研究を始めるための「入門」でもある。実は，この章はもともとはまさに「入門」として書かれたものである。しかし，他の章との難易度の比較から，最終的には一番最後に置かれることになってしまった。この章に引き続く「文献案内」,「コネクショニストモデルに関するリンク集（webサイト・学会紹介）」とともに，次のレベルに進むためのステップとして活用していただければ幸いである。

＊＊引用文献＊＊

Elman,J.L., Bates, E.A., Johnson,M.H., Karmiloff-Smith,A., Parisi,D. & Plunkett,K. 1996 *Rethinking Innateness: A connectionist perspective on development.* Cambridge, MA: MIT Press. 乾 敏郎・今井むつみ・山下博志（訳）1998 認知発達と生得性—心はどこから来るのか— 共立出版
守 一雄 1996 やさしいPDPモデルの話—文系読者のためのニューラルネットワーク理論入門— 新曜社
大嶋百合子 1997 ことばの意味の学習に関するニューラルネットワークモデル—人称代名詞の場合— 心理学評論, 40(3), 361-376.
Plunkett,K. & Elman,J.L. 1997 *Excercises in rethinking innateness: A handbook for connectionist simulations.* Cambridge, MA: MIT Press.
竹中 浩・高野陽太郎 1998 人工文法学習のsimple recurrent networkモデルの検証 日本心理学会第60回大会発表論文集（立教大学）p.636.
玉森彩弥香・乾 敏郎 1999 Elmanネットによる統語範疇の配列と格関係の学習 認知科学, 6(3), 359-368.
都築誉史・Alan H. Kawamoto・行廣隆次 1999 語彙的多義性の処理に関する並列分散処理モデル—文脈と共に提示された多義語の認知に関する実験データの理論的統合— 認知科学, 6(1), 91-104.

目　次

読者へのガイド

第 I 部

第1章　コネクショニストモデルによる新しい心理学研究の展開 ―― 2
1. 新しい視点・結びつきの提供　2
2. 新しい研究手法の提供　5
3. 新しい応用分野の開拓　9
4. まとめ　10

第2章　認知発達の記号処理モデルとコネクショニストモデル ―― 12
1. はじめに―認知発達のコネクショニストモデルの台頭―　12
2. 認知発達のコネクショニストモデルの特徴　13
3. ハイブリッドモデル―記号処理モデルとコネクショニストモデルの融合―　22
4. まとめ　24

第3章　単純再帰ネットワーク（エルマンネット）による文法の獲得 ―― 26
1. 時系列データの処理の問題　26
2. エルマンネットによる文構造の学習　30

第4章　レスコーラ・ワグナー学習則―学習心理学とコネクショニズムの接点― ―― 38
1. 条件づけ理論とコネクショニズム　38
2. 実験心理学におけるレスコーラ・ワグナー学習則　45
3. レスコーラ・ワグナー学習則で考えるコネクショニストモデルの諸問題　46
4. さらに勉強したい人に　48

第5章　脳損傷とニューラルネットワークモデル―神経心理学への適用例― ―― 51
1. ボックスアンドアローモデルを越えて　51
2. ニューラルネットワークによる脳損傷の表現方法　53
3. トライアングルモデルによる失読症のシミュレーション―パターソンらの研究―　55
4. 記憶障害あるいは意味記憶の構造について―ファラーとマクレランドの研究―　58
5. 回復過程のシミュレーション　61
6. まとめ　63

第 II 部

第 6 章 ニューラルネットワークモデルによる自然認識の分析と評価 —— 68
1. 自然認識における情報処理　68
2. ニューラルネットワークによる自然認識の分析方法　70
3. ニューラルネットワークによる全体的処理の分析結果と評価　78

第 7 章 集団システムの安定性とコネクショニストモデル —— 81
1. ネットワークシステムとしての集団　81
2. 集団ネットワークとシステム安定性　87
3. 集団システムにおける安定性のジレンマ　93
4. まとめ　98

第 8 章 メンバーの相互作用による組織の自己組織化プロセスのモデル —— 100
1. はじめに　100
2. コホネンの自己組織化マッピングを用いた組織のシミュレーション　104
3. QCサークル活動による自己組織化のモデル　108
4. 自己組織化におけるリーダーシップの影響のシミュレーション　113
5. おわりに　117

第 9 章 集団意思決定におけるコミュニケーションモードとリスキーシフトに関する並列制約充足モデル —— 119
1. コンピュータコミュニケーションの特徴　119
2. 並列制約充足モデル　121
3. 集団意思決定におけるコミュニケーションモード　123
4. 並列制約充足モデルによるシミュレーション　125
5. おわりに　130

第 10 章 感性工学データのARTネットワークによる分析 —— 134
1. 感性工学　134
2. 競合学習によるクラスタリング　135
3. ARTネットワーク　140
4. ARTネットワークを用いた感性工学データの分析例　143
5. まとめと心理モデルへの展望　147

第11章　言語理解における多義性の処理
　　　　　―プライミング実験とコネクショニストモデルによるシミュレーション― ── 149
　1．多義性の処理はどのように行なわれているのか―プライミング実験―　149
　2．コネクショニストモデル　151
　3．並列分散処理モデルによる多義語処理実験データのシミュレーション　159
　4．おわりに　161

第III部

第12章　ニューラルネットワークモデルの数理的基礎 ────────── 166
　1．ニューラルネットワークモデルとは何か？　166
　2．ニューラルネットワークモデルの分類　166
　3．ニューロンの生物学的基礎　168
　4．単一ニューロンの動作方程式　169
　5．結合係数の更新式―ヘッブ則とデルタ則―　172
　6．階層型のネットワーク　174
　7．相互結合型のネットワーク　188
　8．自己組織化　196
　9．おわりに　201

コラム
　コラム1　遺伝的アルゴリズム　20
　コラム2　表計算ソフトを用いたシミュレーション　41
　コラム3　勾配降下法　42
　コラム4　コネクショニズム＝非線形？　47

文献案内　205

コネクショニストモデルに関するリンク集　210

索引　215

あとがき・1　220

あとがき・2　222

執筆者紹介　224

第Ⅰ部

第1章

コネクショニストモデルによる
新しい心理学研究の展開

守　一雄

　本章では，コネクショニストモデルの心理学研究における意義について概観する。コネクショニストモデルは，心理学研究に，① 新しい視点の提供 ② 新しい研究手法の提供 ③ 新しい応用分野の開拓，という少なくとも 3 つの大きな利点をもたらすと思われる。新しい視点の提供によって，脳神経科学や人工知能研究との結びつきが可能となり，従来は対立する概念であった発達・学習・成熟などを統一的に説明することもできる。また，数学者や物理学者，工学者など今までよりもずっと広い諸分野の研究者との対話も可能になった。新しい研究方法としては，シミュレーション研究という方法の重要性が指摘される。また，ネットワーク内部の構造や活性化パターンの分析によって，あたかも「頭の中を覗き込む」ような分析が可能になったことも重要である。新しい応用分野も広がった。データ解析の新しい手法としての応用や，種々の現象への比喩的な適用などにもコネクショニストモデルは貢献している。心理学の諸分野においてコネクショニストモデルに基づく研究がどのように行なわれてきているかについては，都築ら (2001) のレビューがあるので，そちらも参照されたい。

1. 新しい視点・結びつきの提供

1.1　進展する脳神経科学との接点の提供

　神経細胞を模した仮想的なユニットの結びつきによって人間の認知のモデルを作るコネクショニズムのアプローチは，広く人間の心にかかわる種々の研究分野の知見を「同じ用語で」語ることができるという利点をもたらした。

　心理学の科学としての成り立ちを客観性に求めた行動主義心理学は，外からの観察が可能な行動に心理学の研究指標を求めることで現在の心理学の基盤を作った。当時，同様にさかんであった生理学的心理学における「反射」が，刺激と反応の結びつきの説明には用いられてはいたが，ミクロな生理学的知見と，マクロな行動的指標とを同じ土俵で論じることは困難であった。

ハル (Hull,C.L.) などの新行動主義心理学者は，行動を研究指標としながらも，積極的に生体の内部状態を推測する努力を続けたが，記号と数式だけで内部状態を表現することはこれも困難であった。

20世紀の後半になって，コンピュータの登場とともに，外からの観察がむずかしい人間の認知過程が再び注目されるようになった。認知心理学は，人間の認知過程をコンピュータの内部状態になぞらえることで，より詳細なモデルを作ることをめざした。コンピュータそのものの急速な発展と普及や，関連するコンピュータ諸科学の発展もあって，認知心理学は未知の領域だった人間の認知過程について，研究を進展させていった。とくに，論理的な思考や問題解決，言語の使用などの高次の認知過程の解明には多くの成果が上がり，ACT* モデル (Anderson, 1983) や SOAR モデル (Newell, 1990) として結実した。関連する人工知能研究の領域でも，コンピュータプログラムがチェスの世界チャンピオンに勝つまでにいたった。

しかし，記号処理に基づくコンピュータをモデルにした認知心理学は，人間の認知過程の大部分を占めると思われる「記号処理的でない」側面にはめぼしい成果を上げることができなかった。また，記号処理に基づくモデルは，人間の認知過程のもととなっている神経生理学的な知見との対応づけができないという根本的な難点もあった。

20世紀の終盤になって，脳研究は著しい進歩をとげている。しかし，人間の内部のモデルを記号処理に基づくモデルにしているかぎり，脳神経科学の知見と認知心理学の知見とはなかなか結びつかない。結果的に，従来からの行動的な指標と，コンピュータモデルと，脳神経科学的な知見とがバラバラに論じられるだけとなってしまっていた。

コネクショニズムのモデルはあくまでも「脳神経系にヒントを得たモデル」であるとされる (Rumelhart et al., 1986)。いいかえれば，コネクショニストはモデル作りにあたって，脳神経系が実際にどうなっているかを考慮しているわけではなく，対応づけをめざしているわけでもない。しかし，それでも記号処理モデルに比べれば，ずっと脳神経系との対応づけは容易である。また，本書の第2章でも紹介されるように，ユニットやコネクションの抽象度のレベルを複数考えると，生理学的なレベルから記号処理のレベルまでを連続的にとらえることさえ可能となる。これはきわめて魅力的な利点である。

1.2　発達・学習・成熟などの統一的な説明

コネクショニストモデルは，脳神経科学との結びつきに貢献するだけでなく，「発達」「成熟」「学習」といった心の時間的な現われの変化についても統一的な説明を可能にする。心理学では長い間,「学習」と「成熟」は対立する概念であった。学習は生後の経験が重視され，成熟は生得的な未知のメカニズムの発現と考えられてきた。

エルマンら (Elman et al., 1996/1998) は，「生得的であるとはどういうことか」を問いなおし，コネクショニズム的に考えれば，学習や成熟を含む発達全体を統一的に論じることができることを示してみせた。エルマンらは生得的な制約を3つのレベルに分け，そ

のそれぞれが脳における出現形態とコネクショニストモデルにおける形態とで記述できることを示した（第2章参照）。

エルマンらの大著をここで紹介するには無理があるが，乾らによって訳書 (1998) が出版されているのでぜひ直接そちらを読んでいただきたい。ここでは，以下の2つの主張を紹介するにとどめたいと思う。ひとつには，エルマンらは生得性を再吟味した結果，「表象レベル」での生得性はあり得ないこと，生得的なのは「内容」ではなく「メカニズム」であることを明確に論じた。そして，発達をコネクショニズムの視点からみたときの主張として，エルマンらは「発達現象の連続性と段階性は非線形モデルで同時に説明できる」ことを論じている。この「非線形モデル」は「コネクショニストモデル」と置き換えて読んで差し支えない。

1.3　数学者・物理学者から臨床家までとの対話が可能

コネクショニストモデルは広い意味での人間にかかわる研究領域を融合できるだけでなく，種々の物理現象との関連性をもつことも指摘されている。また，非線形ユニットの組み合わせのふるまいは，近年，多方面の注目を集めてきたカオス現象や複雑系を生じさせるもとであるとも考えられている。コネクショニズムとほぼ同義に用いられるニューラルネットワーク研究（神経回路学）の学会には，数学者や物理学者，工学者も多数加わっている。

一方，同じ「心理学」という看板を掲げながら，交流に乏しい臨床心理学者とも同じ用語による対話が可能となる。キャスパーら (Caspar et al., 1992) が臨床心理学との，コーエンとサーバン・シュライバー (Cohen & Servan-Schreiber,1992) が精神医学との関連を論じている。精神科医の岡野 (2000) はコーエンとサーバン・シュライバーに基づいて，従来の精神分析モデル (Freud,S.) からコネクショニストモデルによる患者の理解へと論を進めている。

このように，一方では，数学者や物理学者，工学者と，そしてもう一方では臨床家やカウンセラーとも対話が可能となる場が提供されるというのはたいへん魅力的である。本書のなかだけでも，動物学習のモデルとの関連を論じた第4章や，脳損傷とコネクショニズムとの関連を紹介した第5章，言語処理との関連についての研究（第11章），さらには，ユニット部分を一人ひとりの人間に置き換えたとも考えられる社会心理学的な人間集団のモデルとの関連（第7・8章）が含まれる。こうした幅広い領域が同じモデルで表現でき，研究者間の交流が可能となることこそがコネクショニストモデルの最大の利点であると思う。

2. 新しい研究手法の提供

2.1 シミュレーション研究の必要性

　コネクショニストモデルの研究では，コンピュータシミュレーションが重要な研究手法となっている。もちろん，コンピュータシミュレーション自体は，コネクショニストモデル研究に特有のものではない。心理学の研究方法は長い間，実証的な研究に偏りがちであった。それは，実証的な研究には，観察・調査・実験という研究手法があり，それぞれが洗練されてきたからである。一方，理論的研究では，モデル構成以外に有効な研究手法がなかった。コンピュータシミュレーションは，モデルの精緻化に有効なだけでなく，モデルのふるまいの確認・新しい現象の発見・仮想世界の実現・内部の探索などを可能にした。

　心理学の関連領域でコンピュータシミュレーションが積極的に活用されるようになったのは，人工知能研究の分野であった。たとえば，自然言語処理の研究者は，「言語を理解するとはどういうことであるのか」についての理論をコンピュータプログラムで記述することにより，理論を精緻化し，その理論の正しさをシミュレーションによって確認することができるようになった。しかし，人工知能研究におけるシミュレーションの多くは，もともと明示的に表現できることをコンピュータプログラムに書き表わしてそのふるまいを確認することにとどまっていた。

　コネクショニストモデルにおけるシミュレーションでは，明示的に表現できる原理は「個々のユニットの動作原理」や「学習則」などわずかである。しかし，そうしたわずかな原理によって作られたネットワークが「知的な」ふるまいをする。コネクショニストモデル研究におけるシミュレーションの特徴は，どんな結果が出るかやってみないとわからないということである。これは，実証的研究における調査や実験が，（あらかじめなんらかの仮説をもって調査や実験に臨むとはいえ）どんな結果が出るかわからないものであることと同じである。人工知能研究に使われていたシミュレーションが「理論としてのシミュレーション」だったのに対し，コネクショニストモデルにおけるシミュレーションは，「実験としてのシミュレーション」なのである。

　実験としてのシミュレーションでは，ネットワークのふるまいの確認・新しい現象の発見・仮想世界の実現・内部の探索が可能となる。心理学者になじみ深い例でいえば，白ネズミにいろいろな条件で学習をさせ，学習成立後に脳を解剖して調べるというようなことが，いろいろな「仮想的なネズミ（＝ネットワーク）」を作ってやれるということである。さらには，学習条件や学習規則を変化させることも固定することもできる。コネクショニストモデル研究に使われる「仮想的なネズミ」なら，すべてに同じ「遺伝子」を組み込み，同じあるいは異なる「生育環境」で1万回くり返し育てることも可能なのである。

2.2 「頭のなかを覗く」―構造・ふるまい・結合強度・活性化の分析―

　学習成立後のネズミの脳を解剖することはできても，人間の頭のなかを解剖して調べてみるわけにはいかない。「頭のなかを覗く」ことは，心理学者ならだれでもやってみたいことである。近年のブレインイメージング技術の進歩はめざましく，「頭のなかを覗く」ことがかなりの程度まで可能になってきた。しかし，空間解像度も時間解像度もまだまだ不十分である。さらには，仮に十分な解像度が得られるようになったとしても，特定の部位の機能を確認するためにその部分を壊したり，新たな機能をつけ加えたりすることは不可能である。

　コネクショニストモデルでは，ネットワークの内部を自由自在に覗き込むことができる。特定の部位を破壊したり（第 5 章参照），新たな回路をつけ足したりもできる。コネクショニストモデルでは，特定のネットワークの構造・ふるまい・ユニット間の結合強度の変化のようす・各ユニットの活性度など，いろいろなレベルでの分析が可能である。

　認知心理学者や認知発達心理学者は，私たちの頭のなかを想像し，「認知地図」「シェマ」「メンタルモデル」「内的作業モデル」「心の理論」…などの仮想的な構造体を考えてきた。これらの仮想的な構造体は，多くの場合，別々の文脈で論じられ，それら相互の同等性や違いを明確にすることはできなかった。しかし，コネクショニストモデルによって，これらの間の関連性をより明確に表現できるようになるかもしれない。

2.3 心理実験・神経科学の知見・CM シミュレーションを融合した研究例

　最後に，コネクショニストモデル（CM）によるシミュレーション研究の利点について理解してもらうために，ヴァランタンら（Valentin et al.,1997）の研究を紹介する。ヴァランタンらの研究は，顔の認知・記憶にかかわるもので，従来の心理実験データと脳神経科学の知見とを融合させた研究である。

(1) 心理実験データと神経生理学データの食い違い

　私たちは他人の顔をいろいろな角度からみているが，どの方向からみても，それがだれであるかを即座に判断できる。反応時間などを指標とした顔の認識実験や，信号検出理論に基づく d' 値などを指標にした顔の再認実験など，心理実験では，「斜め前からの顔の優位性（3/4 advantage）」が知られている。こうした実験結果からは，もし私たちの脳内に顔のイメージがひとつだけ鋳型として保存されていて，それとの対照によって顔の判断をしているとすれば，その鋳型として使われている顔は「斜め前からの顔」であることが予想される。

　一方，サルの脳細胞の単細胞記録法（single-cell recording）を用いた脳神経生理学的な研究からは，正面顔や横顔に選択的に反応する脳細胞の存在は確認されているが，その

中間的な顔像に対して選択的に反応する脳細胞は見つかっていない。つまり，脳神経科学的には，「斜め前からの顔の優位性」を裏づけるデータはないのである。人とサルとの違いがあるとはいえ，心理実験データと脳神経データとのこうした非整合はどう説明されるのであろうか。

（2）コネクショニストモデルによるシミュレーション

ヴァランタンらは，コネクショニストモデルを用いたシミュレーションによって，この両者の食い違いが統一的に説明できることを示した。ヴァランタンらの研究では，相互結合型のネットワークと階層型のネットワークの両方が用いられている（第 11 章図 II-11-1（P.152）参照）。相互結合型のネットワークの特徴は，ユニットすべてが相互に結合していることであり，ユニットの興奮（活性化）が双方向に伝えられる。各ユニットは相互に興奮を強めあったり抑制しあったりすることになるが，相互の結合強度を適切に調整すると，一定の活性化パターンに落ち着くことになる。こうした結合強度の調整こそが「学習」であり，各ユニット間の結合強度の組み合わせが特定の活性化パターンの「記憶」ということになる。ヴァランタンらの研究では，相互結合ネットワークのこうした性質を活かして，ドット単位で表わされた顔イメージを結合強度ベクトルとしてネットワークに記憶させることで，40 人分の顔を 50 次元のベクトルに圧縮して「表象」することにした。

それぞれの顔がだれであるのかは，別の階層型ネットワークに学習させた。ヴァランタンらが用いた階層型ネットワークは 3 層からなる RBF ネットワークであった。RBF (radial basis function) ネットワークというのは，隠れ層の出力関数に正規分布のような山形関数を用いるものである。標準的な階層型ネットワークでは，出力関数には S 字関数（シグモイド関数）が用いられる。S 字関数が出力関数である場合には，ユニットは入力される活性値が大きいほど出力する活性値も大きくなることになるが，山形関数が出力関数である場合には，「山の中心」に近い入力がある場合に出力が一番大きくなることになる。RBF ネットワークでは，隠れ層の各ユニットに流れ込む活性度が少なすぎても多すぎてもいけない。山形のちょうど中央程度の活性度となるよう結合強度が調整される必要があるのである（RBF ネットワークの数理については第 12 章 6.8 節参照）。

ヴァランタンらは，50 個の入力ユニット，40 から 360 個の隠れユニット，そして 40 個の出力ユニットから構成される RBF ネットワークに，いろいろな方向からみた 40 人の顔イメージデータ（50 次元のベクトルに圧縮されている）を入力し，それぞれの顔イメージデータが特定の出力ユニットを興奮させるように学習させた。

RBF ネットワークでは，こうした学習が 2 段階に分けてなされる。第 1 段階は特定の入力パターンに対して，特定の隠れユニットが選択的に興奮するように入力層から隠れ層への結合強度を変化させることである。このことにより，RBF ネットワークでは，隠れユニットが顔イメージの「鋳型」としてはたらくようになる。脳神経科学との対応でいえば，隠れユニットが特定の顔イメージに選択的に反応する脳細胞に対応することにな

る。この研究のポイントは，RBF ネットワークのこうした性質を活用して，特定の「鋳型」をもったネットワークを作り出し，そのふるまいを調べることができるということなのである。具体的には，顔の学習が成立した後で，特定の方向からの顔イメージを入力したとき，このネットワークがどれだけ正しく「認識」できるかを，「鋳型」のタイプごとに比較することになる。

(3) シミュレーションの結果

ヴァランタンらでは，すべての方向からのイメージを「鋳型」にする条件，平均イメージを鋳型とする条件，「正面顔と横顔だけ」条件，「正面・横・斜め前」条件，そして，「斜め前からの顔だけ」条件が比較された。その結果，「正面顔と横顔だけ」条件でも，90％近い認識率に達することがわかり，これは「すべての方向を鋳型」にした条件とほとんど差がなかった。一方，「斜め前からの顔」条件の認識率は 80％ 強にとどまった（図 I–1–1）。つまり，正面顔と横顔が顔を見分ける際の「鋳型」になっているという神経生理学的な知見に対応する結果が得られたわけである。

ヴァランタンらは，この結果を，顔の認識テストとして用いられた顔イメージの提示方向ごとに計算しなおしてみた。すると，正面顔 (0°) や横顔 (90°) よりも，斜め前からの顔 (45°) の認識率が一番優れていることがわかった（図 I–1–2）。これは心理実験で観察

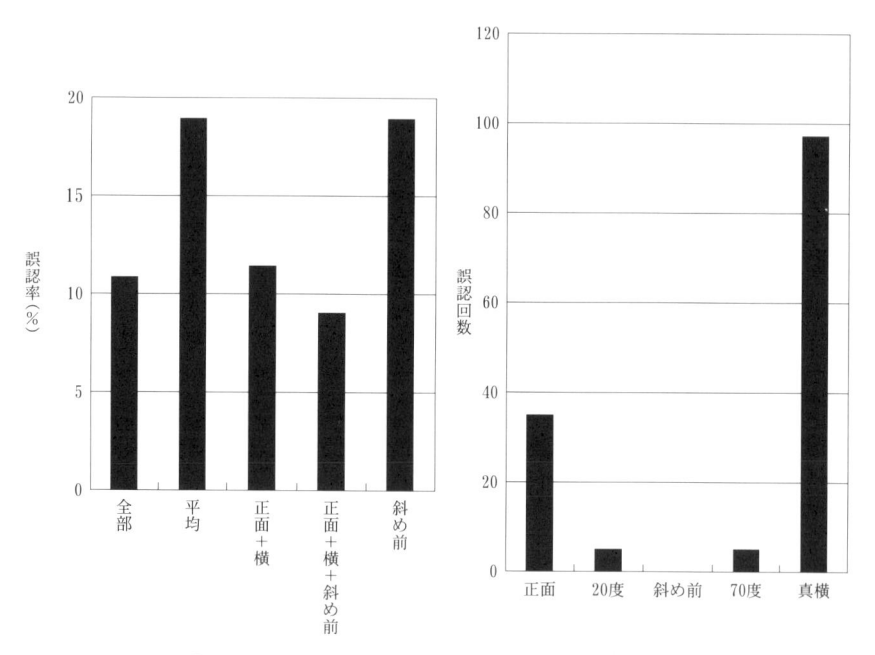

図 I–1–1 各「鋳型」ごとの誤認率
(Valentin et al., 1997 より作図)

図 I–1–2 各テスト方向ごとの誤認回数
(Valentin et al., 1997 より作図)

された「斜め前からの顔の優位性 (3/4 advantage)」が再現されたことを意味する。こうして，ヴァランタンらは心理実験のデータと神経生理学的知見との「見かけ上の矛盾」をコネクショニストモデルによって，統一的に説明づけることに成功したのである。

3. 新しい応用分野の開拓

3.1 データ解析の新しい手法としてのニューラルネットワーク

　心理学などの社会科学におけるデータ処理に欠かすことのできない統計パッケージのなかに，ニューラルネットワークを応用したものがある（たとえば，SPSS の Neural Connection など）。これは従来の線形代数的になされる多変量解析をニューラルネットワークの非線形処理を用いて行なうものである。

　すでに実用となる統計手法があるのに，なぜニューラルネットワークを使ったデータ処理が開発されたのであろうか。その答えの一部は，本書の第 10 章でも述べられているが，おそらく「ユーザにやさしい」ということになるであろう。第 10 章で紹介されるクラスタリングでも，私たちはいろいろな側面を同時に勘案しつつ，評価し分類をしている。ニューラルネットワークを応用したクラスタリング手法は，まさに人間と同じようなやり方で分類をすることになる。私たちはむずかしい数式にしたがって計算をした結果として分類をするわけではない。多数の（場合によっては少数の）分類例から，分類方法を学習するだけである。

　ここでは，前節まで述べてきたこととは反対に，そうした処理を行なうネットワークの内部構造は問題とされない。分類したい多数のデータを，こう分類したらよいという分類例に基づいて，新しいデータを分類できるようにネットワークが学習できればそれで十分なのである。

3.2 継時処理的発想から並列処理的発想への転換

　コネクショニストモデルの利点についての最後のものは，著者の「妄想」にすぎないと批判を受けるかもしれない。守 (1996) の最後にも同様の「妄想」を述べたが，コネクショニストモデルの本質である並列分散処理という発想は，私たちの身のまわりのいろいろな現象に適用することが可能であると思う。

　生きるということは，常に多重同時制約的環境に置かれることであり，そうした環境のなかでは，まわりの状況をすべて同時に処理できる脳のような情報処理装置が必要だったのである。動物は長い進化の期間を経て，脳をもつにいたったのだ。人間の環境がどんなに人工的なものになっても，私たちの生活が多くの要因が同時にかかわる状況下でなされることに変わりはない。そこで，私たちの身のまわりに起こる種々の問題もいろいろな要因の重なりによって生じると考えるべきである。

ところが，近代の分析的な思考は，要因をバラバラにし，そのなかから「本質的な原因」を探ることをよしとしてきた。もちろん，こうした思考法があったからこそ，科学が進歩したのであるし，コンピュータの発明はその結実にほかならない。しかし，こうした分析的な思考法が優勢になり，学校でそうした教育をだれもが受けて育つようになると，社会全体が「人工知能化」されて，すべてのことをマニュアル通りに押し進めることが可能で，すべての問題にはたったひとつの本質的な原因が見つかるはずであるというように思われてしまうようになる。その結果，本来あたりまえであったはずの，多重制約的なことがらを多重制約的にとらえることができなくなってしまうのではないだろうか。

たとえば「いじめ」の問題の原因が見つからないのも，暗黙のうちに「原因はひとつ」と考えてしまっているからなのではないだろうか。原因が見つからないので解決方法も見つからないということになってしまうのだが，「いじめはいろいろな要因が複雑に絡みあって起こる」という素朴な解釈をすれば，「どんな要因でもいいから，軽減できるものから軽減できるよう試みる」というあたりまえの解決策も見つかる。

現代人は，知らず知らずのうちに，物事を順を追って継時的にとらえ，要因を分離して分析的に考えるようになってしまったが，コネクショニストモデルについて知ることでものごとの「自然なとらえ方」に改めて気づくという利点があると思うのである。これは妄想だろうか。

4. まとめ

本章では，コネクショニストモデルの心理学研究における意義について一心理学者の視点から私見を述べてきた。心理学研究のいろいろな分野でコネクショニストモデル研究がどのようになされているかについては，本書の各章を読んでいただくことで理解していただけると思う。また，言語や思考などの高次認知過程の研究に限られるが，都築ら(2001)が最新のレビュー論文を書いているので，そちらも参照されたい。

コネクショニストモデルの利点を本章では大きく3つに分類して述べてきたが，結局のところ，脳に似せたモデルを考えることでバラバラであった心理学の諸研究領域が同じ土俵に上がることができるようになったということが一番の利点であると思う。思えば，行動主義心理学全盛の時代には，生理心理学から行動療法まで，心理学が統合されていた。コネクショニストモデルによって，もう一度心理学の統合が可能になる。いろいろな分野の心理学者が共通の枠組みで話ができるようになるというだけでも心理学に与える影響は大きいはずである。

＊＊引用文献＊＊

Anderson, J.R. 1983 *The Architecture of Cognition.* Cambridge, MA: Harvard University Press.
Caspar, F., Rothenflush, T. & Segal, Z. 1992 The appeal of connectionism for clinical psychol-

ogy, *Clinical Psychology Review*, 12, 719-762.
Cohen,J.D. & Servan-Schreiber,D. 1992 Introduction to Neural Network Models in Psychiatry. *Psychiatric Annals*, 22, 113-118.
Elman,J.L., Bates, E.A., Johnson,M.H., Karmiloff-Smith,A., Parisi,D. & Plunkett,K. 1996 *Rethinking Innateness: A connectionist perspective on development.* Cambridge, MA: MIT Press. 乾　敏郎・今井むつみ・山下博志（訳）1998　認知発達と生得性―心はどこから来るのか―　共立出版
守　一雄　1996　やさしいPDPモデルの話―文系読者のためのニューラルネットワーク理論入門―　新曜社
Newell,A. 1990 *Unified Theories of Cognition.* Cambridge, MA: Harvard University Press.
岡野憲一郎　2000　心のマルチ・ネットワーク―脳と心の多重理論（講談社現代新書）―　講談社
Plunkett,K. & Elman,J.L. 1997 *Exercises in rethinking innateness: A handbook for connectionist simulations.* Cambridge, MA: MIT Press.
Rumelhart,D.E., McClelland,J.L. & the PDP Research Group 1986 *Parallel distributed processing. Explorations in the microstructure of cognition.* Vols.1 & 2. Cambridge, MA: MIT Press.
都築誉史・河原哲雄・楠見　孝　2001　高次認知過程に関するコネクショニストモデルの動向　心理学研究（印刷中）
Valentin,D., Abdi,H. & Edelman,B. 1997 What represents a face? A computational approach for the integration of physiological and psychological data. *Perception*, 26, 1271-1288.

第2章

認知発達の記号処理モデルとコネクショニストモデル

▶ 楠見 孝

　心はどのように発達するのか？　遺伝的に決められたプログラムにしたがって現われるのか？　あるいは環境から学習されるのか？　発達による変化とそのメカニズムは？　これらの問いは，発達心理学が探求してきたものである。さらに，近年の遺伝学や神経科学の進歩は，遺伝子がどのようにはたらき，脳神経系の発達と学習による変化について多くのことを明らかにしている。こうした成果をふまえたうえでの，1990年代以降のコネクショニストモデルの展開は，発達における遺伝と環境の相互作用に関するモデル化と説明に大きな役割を果たすようになった。

　それでは，コネクショニストモデルは，これまでの認知発達理論を乗り越えるものなのだろうか？　ピアジェ(Piaget, J.)をはじめとする認知発達理論は，領域普遍的なシンボル（記号）の発達段階を仮定していた。さらに，認知科学の影響を受けた発達研究は，領域固有の知識獲得や熟達化，制約や生得的モジュールなどを仮定して研究を進めている。それに対して，認知科学における一勢力となったコネクショニストアプローチは，従来の理論を統合するフレームワークとして，これまでの領域普遍の学習メカニズムで領域固有の発達を説明し，また，シンボルの形成，段階移行，遺伝と環境，漸成的モジュールなどについて新たな説明を与える可能性をもっている。

　この章では，発達のコネクショニストモデルについてレビューをし，最後に記号処理モデルとコネクショニストモデルを融合したハイブリッドモデルについて紹介する。

1. はじめに―認知発達のコネクショニストモデルの台頭―

　従来，認知発達理論は，シンボルシステムの形成とその操作の段階的変化を重視してきた。ピアジェ理論をはじめとして，シンボルの形成を重視する前提は共通していた。これらは，論理記号で記述しやすく，さらに，ルールで定式化しやすい。それは，記号列の統語論的な計算や写像による思考として表現することで，コンピュータ処理や生成文法ともマッチしていた。新ピアジェ派の研究は，シンボルシステムの質的な段階変化を，シン

ボル操作を行なうスペースである作業記憶容量の連続的変化によってとらえる試みであった。しかし，シンボルシステムがどのようにして形成されるかについての学習メカニズムについては，必ずしも明快な説明はされていなかった。

一方，コネクショニストモデルは，認知発達を，処理を支える神経回路網におけるユニット（人工的ニューロン）間の結合強度の連続的変化としてとらえている。このパラダイムは，1980年代後半以降，認知科学において，神経科学，計算論，コンピュータ科学などの影響を受けてさかんになり，ダイナミカルシステムの考え方と相まって，発達研究におけるモデル化や理論形成にも大きな影響を及ぼすようになった。たとえば，ピアジェ課題である物の永続性 (Munakata et al., 1997) や天秤課題解決 (McClelland, 1989) をはじめ，動詞の過去形の獲得 (Rumelhart & McClelland, 1986)，さらに，（形態，意味に基づいてルール化できない）男性名詞と女性名詞の区別の獲得 (MacWhinney et al., 1989)，記憶方略 (Anumolu, et al., 1997) などさまざまな認知発達過程がモデル化されている。

それでは，コネクショニストモデルによって認知発達のすべてを説明できるのだろうか。たとえば，シンボルと規則の操作，抽象的な推論までコネクショニストモデルで説明すべきなのだろうか。近年，こうした議論が，従来の記号処理派とコネクショニストの間で活発に行なわれている（たとえば，波多野，1997; Marcus, 1998a,b)。本章では，発達研究における記号処理モデルとコネクショニストモデルを対比することで，両者の相補的特徴を明らかにする。そして，両モデルを融合したハイブリッドモデルを紹介し，その可能性について述べる。

2. 認知発達のコネクショニストモデルの特徴

認知発達のコネクショニストモデルは，従来の記号処理モデルとどこが異なるのか。ここでは，6つの観点からコネクショニストモデルの特徴を検討する。

2.1 神経科学的基盤

コネクショニストモデルは脳の神経回路網をヒントにモデル化を行ない，その情報処理を単純化して実現している。脳とコネクショニストモデルのおもな共通点は以下の3点である。第1は，神経細胞に相当するユニット（第12章図III-12-2 (P.170)を参照）を回路網状に接続して情報処理を行なわせる点，第2は，各神経細胞は興奮性と抑制性の結合によって，近接する膨大な神経細胞と結合する点，第3は，情報が神経細胞間の結合強度に分散記憶されているため，部分破壊に対して頑健な点，である。

ここで注意しなければならないのは，人工的なネットワークと人の神経回路網は，すべて解剖学的に対応するわけではないことである。たとえば，人の神経伝達は一方向的であり，結合は興奮性か抑制性かの一方だけである。また学習が1回で成立することもある。

しかし，人工的ネットワークはこうした特徴を必ずしももっていない。

コネクショニストモデルは，神経科学的な基盤をもつが，ニューロンへの単純な還元主義ではない。ニューロンやさらにそれを規定しているゲノムといった物質レベルの解析をしても人の適応的な行動を支えるメカニズムの解明はできない。2.2節で述べるように，コネクショニストモデルは，環境からの入力情報の役割を重視している。

2.2 遺伝と環境の相互構成的過程と個人差の説明

コネクショニストモデルは，遺伝的制約とは何か，環境はどのように発達に影響するか，個人差はどのように生じるのかについて整合的な説明を与える。発達における遺伝と環境の相互作用は昔から重視されてきたが，その詳細な説明は十分ではなかった。

コネクショニストモデルでは，遺伝的傾向性を，システムの初期状態を決める制約として表現でき，①アーキテクチャとユニットレベルの制約（神経細胞の反応特性に対応したユニットの出力関数，学習ルールなど），②局所レベルの制約（神経細胞のタイプ，層の数，密度など），③大局レベルの制約（領域の結合，下位システムへの入出力など），そして④時間タイミングの制約（細胞分裂，減衰，臨界期など），がある(Elman et al., 1996/1998)。これらが環境のある側面への敏感性を規定し，さらに学習環境の差異が加わって，ネットワークが形成される。

こうした遺伝的制約は，図I–2–1に示すように，生得的な学習パラメータとして初期の学習における神経回路網の形成に強く影響する。たとえば，新生児は生後直後から言語音に敏感であり，さらに環境からの膨大な入力による学習が母語と他の言語，男女，年齢などの弁別を支える神経回路網の形成を促進している。また，顔認知においても，新生児は生後直後から顔の特徴に対して敏感であり，学習によって特定の顔への選好や同一人種効果などを支える神経回路網が形成される。

コネクショニストモデルでは，生得的な言語音声処理や顔認知のモジュールを仮定するよりも，大量の情報が外界にあって，単純で強力な学習規則によって弁別規則が帰納できたと考える。このようにコネクショニストモデルは，乳児の有能性を生得性で説明するこ

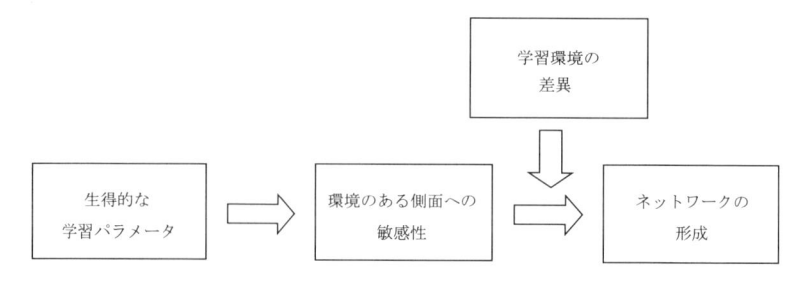

図I–2–1　コネクショニストモデルにおける遺伝と環境の影響

とを見直し，初期の非常に急速な学習を重視する立場である (Elman et al., 1996/1998)。

また，個人差も図I–2–1で同様に考えることができる。（生得的な）学習パラメータが学習環境への敏感性に影響を及ぼし，さらに学習環境の差異が加わって神経回路網の形成に個人差が生まれると考える。

2.3 発達的変化の形態の説明とシミュレーション

コネクショニストモデルは，学習のレディネスや臨界期，発達段階（これは次の2.4節で詳しく述べる），U字型学習曲線，神経回路網の損傷による発達障害に関する説明やシミュレーションができる。

発達における学習のレディネスは，ネットワークが時間的な変化によって，ある時期になると入力情報に対して敏感になり，急速に学習が進むことで説明できる。こうした非連続的な発達的変化は，①ネットワークのノードの入出力関数やネットワークの加算的な重みづけが非線形であることと，②訓練データを現実の環境入力に対応するように段階的に変えること，③文脈層において作業記憶の容量を増加させること，などによってシミュレートできる。

たとえば，4.で紹介する天秤課題解決のシミュレーションでは，訓練データを段階的に変えることによって，レディネスに似た現象を示すことができる。初期のおもりに関する情報だけに敏感な時期では，子どもは支柱からの距離の情報は考慮に入れることができないため，学習は進行しない。距離の入力情報に対しても敏感になる時期を経てから，急速に学習が進行し，課題が解決できるようになる (たとえば，Elman et al., 1996/1998)。

臨界期は，ある領域（刷り込み，第一言語，第二言語の学習，複雑なスキル）の学習可能性が，発達初期に限定されることである。従来は，脳の発達（ニューロンのシナプス形成や髄鞘化）の遺伝的な時間的制約によって説明されてきた。しかし，なぜ領域によって臨界期が異なるのかは十分説明できていなかった。それに対して，コネクショニストモデルでは，学習プロセスや課題の性質に基づいて説明ができる。発達初期は，ネットワークにおけるユニット間のすべての結合強度が弱いため，可塑性が大きい。さらに，ユニットは0に近い入力に対して，シグモイド型の非線形出力関数は敏感に反応する（第6章図II–6–9 (P.54) 参照）。そして，学習によって，結合強度があるパターンに固定する状態になると，新しい課題に対する可塑性が失われることになる (たとえば，McLeod et al., 1998)。

U字型学習曲線は，子どもの学習における重要な特徴のひとつである（たとえばPlunkett & Marchman, 1991）。U字型学習曲線が現われる典型としては，英語などの動詞過去形の学習がある。たとえば，英語圏の子どもは，動詞の過去形を獲得する過程において，語幹に-edをつける規則を不規則動詞にも適用する過剰規則化 (over regularization) によって，向上していた成績がいったん悪くなる。不規則型の学習が進むことによって，成績が再び向上し，規則動詞の成績に近づく。従来この現象は，規則に

よる過去形生成とそれをおぎなう暗記による不規則動詞学習の2重メカニズムを想定していた。それに対してコネクショニストモデルでは，単一のネットワークのアーキテクチャに，訓練セットとして規則動詞と不規則動詞群を与える。そして，シミュレーションによって，規則動詞の過去形の学習曲線と不規則動詞の過去形のU字型学習曲線を再現でき，動詞を産出するメカニズムが創発することを示している (初期の代表例では Rumelhart & McClelland, 1986)。

こうした乳幼児の学習は，コネクショニストモデルによる入力パターンに基づくユニット結合強度の変化に基づく説明のほうが，記号処理モデルに基づく帰納による規則学習よりも現実にマッチしている。なぜなら，コネクショニストモデルでは，乳幼児が言語化できないルールを，結合として表現することができるからである。さらに，乳幼児のもつ作業記憶容量や注意範囲がはじめは小さく，発達によって増大することが，複雑な言語学習を支えている。エルマン (Elman, 1990) の研究では，単純再帰ネットワークにおいて，入力文から次の単語を予測することを学習させるために，学習初期は文脈層の容量を制限し，しだいに増大させていった。ここで，別な条件として，最初から文脈層が大人のように大きい場合には，学習できなかった。また，この場合，入力文を単純な文から複雑な文へ段階的に変化させれば学習はできた。ここで重要なことは，作業記憶などのリソースが限られている状態 (starting small) から始め，しだいにリソースを増大させることが，複雑な言語学習を可能にした点である (第3章参照)。

また，学習後にネットワークの一部を壊すことによって，失読症などの障害の出現もシミュレートできる (たとえば，Hinton & Shallice, 1991)。これは，第5章で詳しく述べられているので参照されたい。

2.4 段階移行の連続変化による表現

コネクショニストモデルは，発達における非連続的な段階移行をシステムの創発特性 (相互作用から生まれる自己組織的構造) として表現できる。従来の記号処理モデルは各段階の記述モデルとして有用であった。しかし，知識表象の変化や段階移行のメカニズムの表現がむずかしい。晩年のピアジェによる論理数学的構造の段階移行は，複雑な記述理論であった。新ピアジェ派は，作業記憶容量の拡大という量的変化で段階移行を説明しようとした (たとえば，Case, 1998)。

そこで，ピアジェ理論の段階移行をコネクショニストモデルで考えてみよう。入力をネットワークの既存状態に同化したり，新たな入力によってネットワークを調節したりして，入力とネットワークの間の漸進的均衡化をはかる。ここで，段階移行は，ネットワークの結合強度が連続的に変化することによって，システムとして調和のとれた高次の行動を支える内的表現の創発として説明できる。すなわち，コネクショニストモデルでは，単純な局所的な情報 (結合強度) に基づくユニット間の多重の相互作用によって，システムとして調和のとれた高次の行動が創発する。ここでは，システムをコントロールする中心

機構はなく，またルールが明示されている訳ではない。コントロール機構や情報は，ネットワークのなかに分散されているのである。

ここでは，段階移行の例として，シミュレーションソフト tlearn（Plunkett & Elman, 1997）を使った天秤課題の理解の発達を取り上げてみよう（McClelland, 1989）。図 I–2–2 で示すように，ネットワークは 3 層（入力層，中間層，出力層）をもつ。入力ユニットは，おもりの重さ（5 段階）と支柱からの距離（5 段階）の 2 つのチャンネルに分かれ，合計 10 ユニットからなる。重さと距離の値は任意にひとつのユニットに割り当てられ，それぞれのチャンネルごとに 2 つの中間層に送られる。そして 2 つの出力ユニット活性値の大きい側に天秤が下がることを示す。

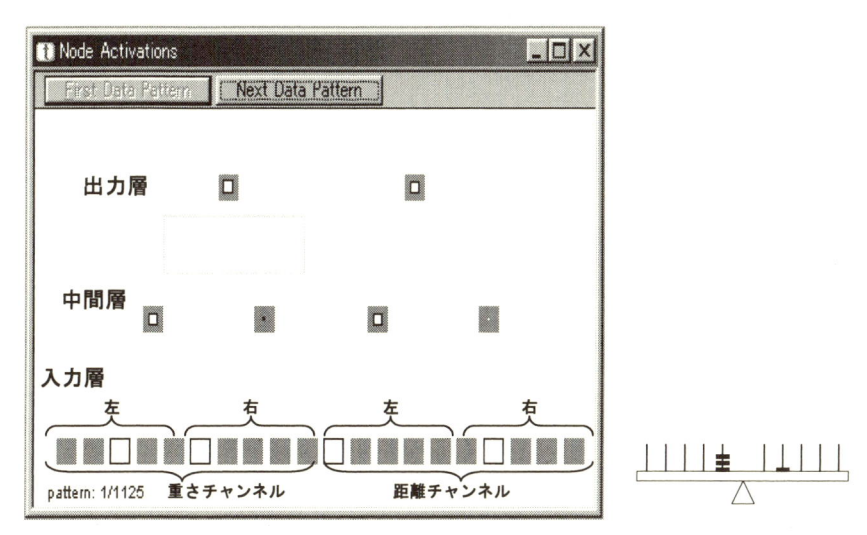

図 I–2–2　天秤課題のネットワーク活性化の例（20 訓練エポック後）

左のニューラルネットワークのシミュレータ tlearn(Plunkett & Elman, 1997) は，右の天秤課題を入力した場合のネットワークの活性状態を示している。ユニットの白は，活性状態を示す。最下層は，入力層である。左側は重さの入力チャンネル，右側は支柱からの距離の入力チャンネルである。たとえば，左から 3 番目ユニットの白は，重さの入力チャンネルにおいて左側におもり 3 個という情報が入力されたことを示す。入力層の重さユニットと距離ユニットからは中間層のユニットへリンクが結ばれている。さらに，中間層から出力層へリンクが結ばれている（ここでは記載が省略されている）。出力層における左右のユニットの活性度が高いほうへ天秤が下がることを示す（この図では，左右の出力ユニット活性度がほぼ等しく，正しい解を出力できていない）。

ネットワークの訓練において，（おもりと距離の組み合わせ）625 通りの入力を段階的に提示して，ネットワークの出力と望ましい出力（教師値）のズレを減らすように，ユニット間の結合強度を調節する（誤差逆伝播法）。ネットワークは，訓練初期は，すべての結合強度をランダムな状態から学習しなければならないので，成績は悪い。しかし，学習が進行するにつれて，図 I–2–3 に示すように，シーグラー（Siegler, 1976）のルール評価アプローチによるデータと対応する出力を示すようになる。図 I–2–3(a) において，ルール

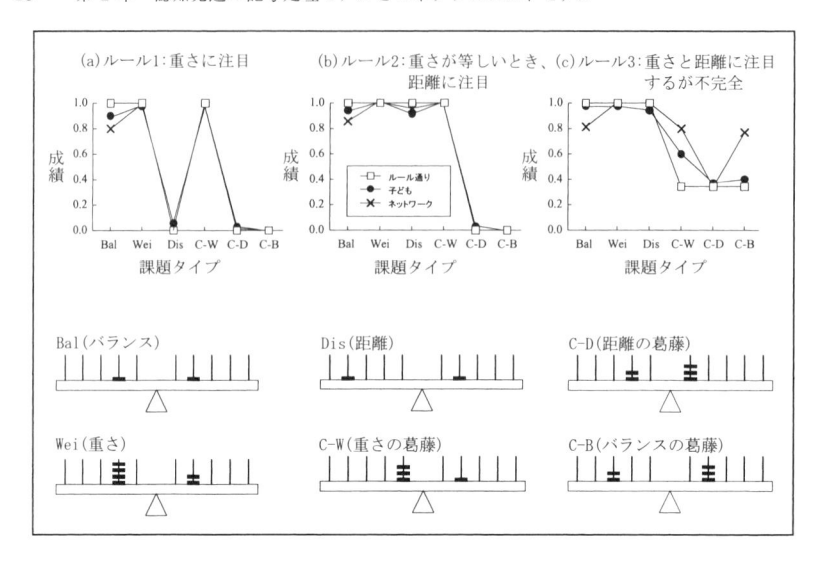

18　第2章　認知発達の記号処理モデルとコネクショニストモデル

図 I-2-3　天秤課題成績のシミュレーションの段階的変化
(McLead et al., 1998 に基づいて構成)

ルール評価アプローチに基づく3つの発達段階（上段）における6つの天秤課題（下段）の正答率を示す。ネットワークの成績は，各発達段階のルールに基づく成績や子どもの実際の成績とほぼ同じパターンを示している。

1の段階では，重さだけに着目して正答できる天秤課題 (Bal, Wei, C-W) の成績がよい。(b) のルール2の段階では，重さが等しいときは距離に着目し (Dis)，(c) のルール3の段階では，重さと距離の両方に着目できるが不完全であり，どちらかが等しいときは正しい反応をする（第6章1節参照）。

プランケットとエルマン (Plunkett & Elman, 1997) は，コネクショニストモデルによる認知発達研究は，ピアジェの均衡化メカニズムを精緻化するものであるととらえている。天秤課題解決のシミュレーションで示したような，質的に異なる段階状の成績（異なる段階のルールに対応する出力）の出現は，ネットワークの既存状態への入力の同化，新しい入力パターンへのネットワークの調節，そして同化と調節に基づく漸進的な均衡化によって結合強度が調整されつつ連続的に変化していくことによってシミュレートできる。

2.5　進化的基盤

ニューラルネットワークモデルは遺伝的アルゴリズムと組み合わせることによって，発達の進化的基盤を説明できる。ニューラルネットワークが脳神経系に着想を得た個体の学習のモデル化であるのに対して，遺伝的アルゴリズム (genetic algorithm：GA) は生物進化に着想を得た，種としての環境への適応をモデル化したものである。ニューラルネットワークと遺伝的アルゴリズムを組み合わせた進化的コネクショニストモデルは，遺

伝的アルゴリズムを用いて，最適なニューラルネットワークの構造を定めてから，通常のニューラルネットワークの学習を行なう．すなわち，ネットワークの構造を研究者があらかじめ経験的に決めるのではなく，進化過程における自然淘汰に基づいて高い学習効率の構造が決まる過程を考慮に入れる．そして，こうして決まったネットワーク構造は，遺伝的制約として，個体の学習に影響を及ぼす (たとえば，McLeod et al., 1998)．

図 I-2-4 にしたがって進化的コネクショニストモデルの手順を説明する (たとえば，泉井, 1995)．

① ニューラルネットワークの結合強度の遺伝子表現をする．結合強度を 2 進表現で 1 列に並べて遺伝子表現とする．これを染色体とみなす．それぞれの染色体は，個体を記号で表現したものであり，異なる結合強度をもつニューラルネットワークに対応する．

② こうした染色体を初期値にして，乱数によって染色体 (個体) を多数生成して，集団を形成する (第 0 世代)．

③ 各染色体 (ネットワーク) に遺伝的アルゴリズムを適用する．すなわち，学習デー

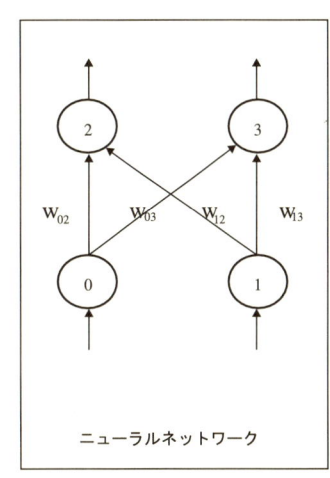

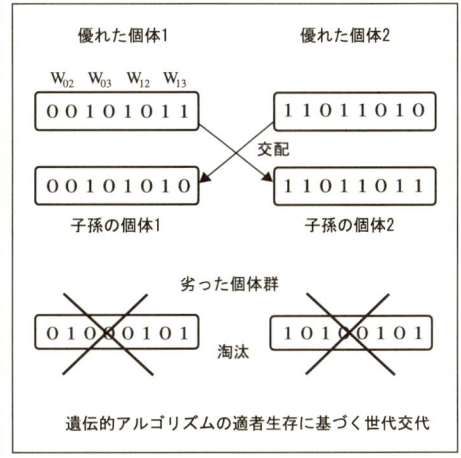

図 I-2-4　進化的コネクショニストモデル

左側の 2 層ネットワークは，4 つのユニットを結ぶ 4 つの結合強度がある．右側では，各ネットワークに対応する結合強度の配列を，遺伝子として 2 進表現している．

タを 1 セット分適用して，出力層における教師信号との 2 乗誤差の逆数を適合度にする (第 1 世代)．ここで，学習成績のよい個体の染色体は適者，成績の悪い個体の染色体は不適者とする．そして，(適合度の高い個体の遺伝子を一部入れ替える) 交配や (遺伝子の値を確率的に入れ替える) 突然変異などの遺伝的アルゴリズムの操作を反復して，適合度の高い個体 (染色体) を適者として生存させる．一方，劣っている個

体は淘汰する（第 n 世代）。

④ 進化がある程度進んだ段階で，適合度の最も高い個体の染色体を取り出し，ネットワークの構造を定める。このネットワークを用いて，個体としてニューラルネットワークの学習を誤差逆伝播法などで行なう。

従来，学習開始時のネットワークの構造は，生得的構造としてあらかじめ決めていたのに対して，進化的コネクショニストモデルは，進化過程によって種としてネットワーク構造が決まり，個体による学習によって，環境への適応がよりはかられることになる。

こうした進化的計算法自体は，最適化や探索のアルゴリズムであり，現在の人工知能研究では最も有力な技法のひとつである。したがって，工学では学習の最適化技法として誤差逆伝播法のかわりに使う方法もある。一方，心理学では，進化や遺伝の影響をモデル化できる点で意味がある。遺伝的アルゴリズムは，長い時間をかけて起こる種としての系統発生をモデル化できるのである。一方，ニューラルネットワークでは個体発生や学習メカニズムをモデル化できる。したがって，相補的な両者を組み合わせることによって，人間の発達に関するより説明力の高いモデルを構築することができる。

○○○○○○○○○○○○○○○○○○○ **コラム 1** ○○○○○○○○○○○○○○○○○○○
遺伝的アルゴリズム

遺伝的アルゴリズムは，ダーウィン的な生物進化に着想を得た最適化・探索アルゴリズムである（岩本，2000）。

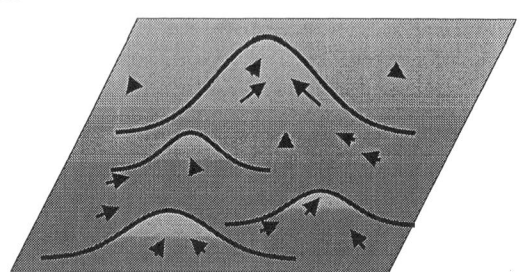

図 I–2–5　遺伝的アルゴリズムにおける多点探索を示す地形図
遺伝子型は探索点（矢印）の間の相互作用によって最も適応度の高い頂上を探索

ダーウィンの考え方の中心は，親の遺伝形質が子どもに伝わる遺伝である。遺伝形質を決めるのが遺伝子であり，その情報全体を遺伝子型という。

集団は異なる遺伝子型をもつ個体から構成される。これらの生存力や子孫を残す能力といった適応度に個体差がある。ここで，適応度は次世代に残す子孫数で定義される。遺伝子型は，図 I–2–5 のように，適応度を高さにもつ地形図で表現ができる。そして，進化は遺伝子型の集団が，相互作用しながら頂上を探していく過程とみなす。

こうした遺伝的アルゴリズムの原理は，1950 年代以降，計算機科学の影響を受けて，シミュレーション研究によってさかんになった。すなわち，図 I–2–5 の地形図（解空間）上の複数の探索点から，淘汰，交配，突然変異などによって，次の探索点を決めていくことをくり返すう

ちに，探索点群が収束する過程である。
　遺伝的アルゴリズムは，5つのステップに分かれる。
① コーディングによって，解空間の値を1次元の染色体にマップする（図I-2-4では，結合強度をマップしている）。
② ①の染色体をもつ個体群をランダムに作成する。
③ 染色体のもつ適応度関数を定める（本節では，学習成績で定義する）。
④ 個体群を，遺伝演算子（選択，交配，交叉，突然変異）を用いて，ある世代数，更新する。
⑤ 最終的に残った個体群から，適応度の高いものを選ぶ。

○○○

2.6　処理，学習・発達，表象の統合モデル

　コネクショニストモデルは，図I-2-6で示すように処理，学習・発達，表象を単一のモデルで説明することができる。すなわち，処理はネットワークの活性化伝播で説明する。ここでは，特定の課題遂行（言語，音楽，数学など）のためだけの多数の処理メカニズムを仮定するのではなく，多様な課題遂行を支える普遍的なメカニズムを仮定している。さらに，処理によって，知識を獲得し，貯蔵し，利用する。その知識表象はネットワークのユニット集合間での活性化パターン（結合強度）によって分散表現されている。学習と発達をユニットの結合強度の変化によって説明できる。さらに，遺伝と環境との相互作用や，環境への柔軟性，合目的性なども統一的に説明できる。一方，記号（シンボル）は，こうした表象や処理を記述したり，説明したりするために用いる。

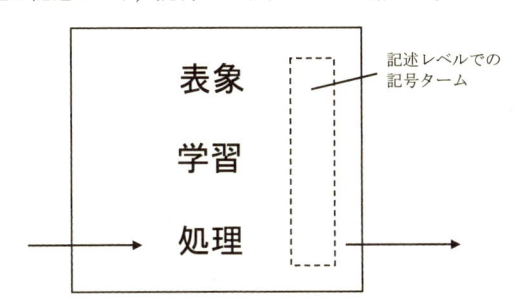

図I-2-6　ニューラルネット単一モデル

2.7　まとめ－両モデルの比較－

　表I-2-1は，記号処理モデルとコネクショニストモデルの特徴を対比したものである。ここで明らかなように，両モデルは，対立するというよりも相補的な関係にある。コネクショニストモデルは，発達における神経科学的基盤や遺伝と環境の相互作用，連続的な変化を表現するには優れている。しかし，構造的な知識の表現と論理的推論を支える規則の表現はむずかしい。そこで，記号処理モデルを組み合わせることによって，より説明力の高いモデルを構築する可能性について3節で述べる。

表 I–2–1　記号処理モデルとコネクショニストモデルの対比

	記号処理モデル	コネクショニストモデル
神経系	×	◎
遺伝	×	○
個人差	△	○
学習	○	◎
臨界期	×	○
柔軟性	○	◎
進化	×	○
構造的知識	◎	△

注)：◎とても適；○適；△やや不適；×不適

3. ハイブリッドモデル―記号処理モデルとコネクショニストモデルの融合―

発達研究は，シンボルの操作や規則といった説明を排除して，ニューラルネットワークに基づいて理論を構築すべきなのだろうか。こうした排除的コネクショニストモデル（eliminative connectionist models）に対しては，実験とシミュレーションの照合から限界が指摘されている (Marcus, 1998a,b)。たとえば，訓練していないケースへの般化がむずかしかったり，人ではあり得ないような出力をみせたりする点である。

記号処理モデルは，意識のレベルにおける認知の機能を説明する場合に優れている。たとえば，シンボル（記号）操作によって，論理的推論やメタ認知を説明できる。一方，シンボル操作によらない運動コントロール，スキルの獲得，潜在記憶は言語化できないことが多い。

そこで，より現実的なモデルとして考えられるのが，コネクショニストモデルと記号処

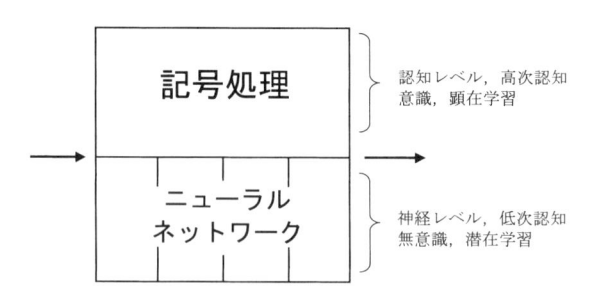

図 I–2–7　2層ハイブリッドコネクショニストモデル

（記号処理）｝認知レベル，高次認知　意識，顕在学習

（ニューラルネットワーク）｝神経レベル，低次認知　無意識，潜在学習

理モデルと融合したハイブリッドモデルである。ここでは，2つのモデルを取り上げる。

第1のハイブリッドモデルは，図I-2-7で示すように，ニューラルネットワークと記号処理の2層モデルである（たとえば，Johnson-Laird, 1988/1989）。下層にあるニューラルネットワークモデルは，モジュール的あるいは分散処理的な無意識的処理，手続的知識に対応する。言語獲得以前の感覚運動期の学習には，知識は言語的シンボルで表現されるのではなく，さまざまな処理ユニットに分散した活性化のパターン（サブシンボル）として文脈に埋め込まれている。ニューラルネットワークレベルでは，知覚，運動学習，物の再認，知覚的分類，般化，プロトタイプの学習などの比較的低次な認知処理や潜在学習を担っていると考えられる。一方，上層にある記号処理レベルでは，個別に表象されたシンボル操作で意識的処理が行なわれ，推論，プランニング，仮説検証，メタ推論などの高次認知や顕在学習を担っていると考えられる。

こうした2層ハイブリッドモデルの展開として，心理学的にも工学的にも近年注目されているのが，記号的コネクショニストモデルである（たとえば，Hummel & Holyoak, 1997）。このモデルは，シンボルを扱う記号的知識表象と局所的コネクショニストモデルによる並列的制約充足メカニズムをもつ（第9章参照）。このモデルは，類推や意思決定などの多数のルール，文脈，その選択，適用を同時に扱うことができる。ここでは，入力はシンボル表象を形成し，さらに，ネットワークを形成し，多重の制約がコネクショニストモデルで表現される。そして，その多重制約を充足するルールのマッチングや類推が適用できる (Thagard, 1996/1999)。さらに，記号的コネクショニストモデルは，ニューラルネットを土台にして，シンボルによる高次認知過程がどのように形成されるのかという，認知発達における重要な問いを明らかにする際に，重要な手がかりになると考えられる。

第2のハイブリッドモデルは，図I-2-8で示すように，(a) 神経レベル，(b) 並列分散処理レベル，(c) 局所的コネクションレベル，(d) 記号処理レベルの4階層で考える多層モ

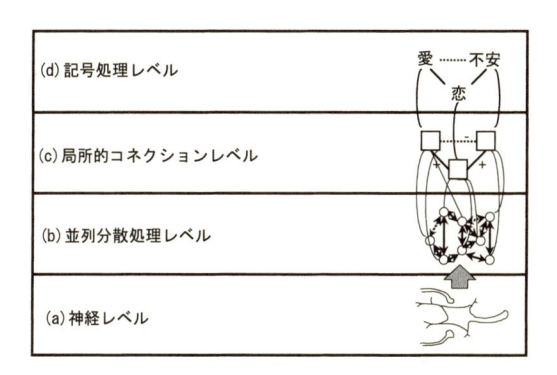

図I-2-8　4層ハイブリッドコネクショニストモデル

デルである。(a)の神経レベルは，神経生理学的なニューロンとシナプスの活動である。現実には，これらにはさまざまな種類があり，膨大な数が相互に結合しているため，神経レベルでの活動と，(b)の並列分散処理のユニットを実際に対応づけるのはむずかしい。たとえば，ある概念や命題と対応する並列分散処理のユニットは，複数のニューロン全体としての活動が対応している。(c)の局所的コネクションレベルでは，ある概念や命題が，あるユニットに対応すると考える（ただし神経レベルの個々のユニットとの対応はなく，ユニットの集合と対応している）。これは，従来の認知心理学の意味ネットワークモデルと対応する。したがって，(d)のレベルの記号との対応づけがしやすく，ルールベースの推論にはあてはまりがよい。しかし，並列分散処理レベルのほうが，神経科学的な妥当性や計算論的なアドバンテージがある。こうしたことから，各レベルにおける認知現象をリアルに説明するときに，多層ハイブリッドモデルは有効である。

しかし，各レベルの研究は各学問分野において独自に展開している。たとえば，脳科学では神経伝達物質やシナプス形成過程の研究が，工学では分散処理のシミュレーションが，認知心理学では局所コネクショニストモデルに基づく認知研究が行なわれている。さきに述べたように，隣接したレベル間は関連づけられている研究もあるが，4層を統合した整合的なモデルをたてて，心の発達を，シミュレーションするのは今後の研究課題である。

4. まとめ

コネクショニストモデルは，従来の記号処理モデルと融合することによって，発達における遺伝的制約と環境要因のダイナミクスと，シンボルの創発を説明し，シミュレーションによる厳密な記述と検証を行なうことが可能になる。さらに，理工学的研究とも連携可能な，脳と心に関する統合理論を構築するためのツールになる可能性があると考える。これまでの認知科学において，アンダーソン(Anderson, J. R.)のACTやニューウェル(Newell, A.)のSOARは統合理論ではあったが，発達研究や脳科学との結びつきはよくなかった。ここで取り上げたコネクショニストモデルと記号処理モデルのハイブリッドモデルは，知覚，運動的な発達から，社会的，文化的，感情的な側面の発達の解明に結びつく統合理論になる可能性があると考える(たとえば，D'Andrade, 1995 ; Shore, 1996)。

引用文献

Anumolu,V., Bray,N.W., & Reilly,K.D. 1997 Neural network models of strategy development in children. *Neural Networks*, 10, 7–24.
Case,R. 1998 The development of conceptual structure. In D.Kuhn & R. Siegler (Eds.) *Handbook of Child Psychology: Vol.2 : Cognition, Perception, and language.* New York: John Wiley & Sons, Inc. 745–800.
D'Andrade,R. 1995 *The Development of Cognitive Anthropology.* Cambridge: Cambridge University Press.
Elman, J.L. 1990 Finding structure in time. *Cognitive Science*, 14, 179–211.

Elman,J.L., Bates, E.A., Johnson,M.H., Karmiloff-Smith,A., Parisi,D. & Plunkett,K. 1996 *Rethinking Innateness: A connectionist perspective on development*. Cambridge, MA: MIT Press. 乾 敏郎・今井むつみ・山下博志（訳）1998 認知発達と生得性―心はどこから来るのか― 共立出版
波多野誼余夫 1997 Connectionist infants は統語規制を獲得しうるか 心理学評論, 40(3), 319–327.
Hinton,G.E. & Shallice, T. 1991 Lesioning an attractor network: Investigations of acquired dyslexia. *Psychological Review*, 98(1), 74–95.
Hummel,J.E. & Holyoak,K.J. 1997 Distributed representations of structure: A theory of analogical access and mapping. *Psychological Review*, 104(3), 427–466.
岩本貴司 2000 遺伝的アルゴリズム（GA） 甘利俊一・外山敬介（編） 脳科学大事典 朝倉書店 Pp.959–963.
泉井良夫 1995 遺伝的アルゴリズムとニューラルネットワーク 臼井支郎・岩田 彰・久間和生・浅川和雄（編） 基礎と実践：ニューラルネットワーク コロナ社 Pp.203–210.
Johnson-Laird, P.N. 1988 *The computer and the mind : An introduction to cognitive science.* Cambridge, MA: Harvard University Press. 海保博之・中溝幸夫・横山詔一・守 一雄（訳） 1989 心のシミュレーション―ジョンソン=レアードの認知科学入門― 新曜社
MacWhinney,B.,Leinbach,J.,Taraban,R. & McDonald,J. 1989 Language learning : Cues or rules *Journal of Memory and language*,28, 255–277.
Marcus,G.F. 1998a Can connectionism save constructivism. *Cognition*, 66, 153–182.
Marcus,G.F. 1998b Rethinking eliminative connectionism. *Cognitive Psychology*, 37,243–282.
McClelland,J.L. 1989 Parallel distributed processing : Implications for cognition and development. In R.G.M.Morris (Ed.) *Parallel distributed processing: Implications for psychology and neurobiology*. Oxford University Press. 8–45.
McLeod,P.,Plunkett,K. & Rolls,E.T.,1998 *Introduction to connectionist modeling of cognitive processes.* Oxford:Oxford University Press.
Munakata,Y.,McClelland,J.L.,Johnson, M.H. & Siegler,R.S. 1997 Rethinking infant knowledge : Toward an adaptive process account of successes and failures in object permanence tasks. *Psychological Review*,104, 686–713.
Plunkett,K. & Elman,J.L. 1997 *Exercises in rethinking innateness : A handbook for connectionist simulations*. Cambridge, MA: MIT Press.
Plunkett, K. & Marchman, V. 1991 U-shaped learning and frequency effects in a multi-layered perception: Implications for child language acquisition. *Cognition*, 38, 43–102.
Plunkett,K. & Sinha,C. 1992 Connectionism and developmental theory. *British Journal of Developmental Psychology*,10,209–254.
Rumelhart,D.E. & McClelland,J.L. 1986 On learning the past tense of English verbs. In J.L. McClelland., D.E. Rumelhart & the PDP Research Group (Eds.) *Parallel distributed processing: explorations in the microstructure of cognition*, Vol.2. Cambridge, MA: MIT Press. 216–271.
Shore,B. 1996 *Culture in mind: Cognition, culture, and the problem of meaning.* Oxford: Oxford University Press.
Siegler,R.S. 1976 Three aspects of cognitive development. *Cognitive Psychology*, 8, 481–520.
Thagard,P. 1996 *Mind: Introduction to Cognitive Science.* Cambridge, MA: MIT Press. 松原 仁（監訳）1999 マインド―認知科学入門― 共立出版

第3章

単純再帰ネットワーク(エルマンネット)による文法の獲得

> 守　一雄

　多層パーセプトロンに誤差逆伝播法による学習をさせるときわめて強力なパターン検出器となることが知られている。私たちが使っていることばも音のパターンを組み合わせて音韻を作り，それを一定のパターンに組み合わせて単語を作り，さらには単語を規則的なパターンに並べて文を作っているわけだから，言語のもつ種々の特徴検出に多層パーセプトロンが使えると考えられる。しかし，言語のもつパターンのほとんどは時系列パターンであるが，通常の多層パーセプトロンではこうした時系列データの処理がむずかしいという難点があった。この章では，多層パーセプトロンを改良し，情報の一部を再帰的に用いることによって，時系列データの処理ができるようにした単純再帰ネットワーク（考案者エルマン (Elman, J.L.) の名前をとって「エルマンネット」ともよぶ）について紹介し，エルマンネットが関係節を含む複文や，さらにそうした複文の疑問形についての文法規則の習得が可能であることを確認した研究を紹介する。さらには，エルマン (1993) がこうした研究をとおして見いだした「子どもの作業記憶の容量が限られていることの積極的意義」について紹介する。

1. 時系列データの処理の問題

1.1　多層パーセプトロンにおける時系列データの処理

(1) パーセプトロンは同時生起パターンの検出しかできない

　パーセプトロン型のニューラルネットワークでは，複数の入力ユニットへの入力パターンに応じて，適切な出力をすることができるように結合強度を変化させていくことができることが知られている。たとえば，いくつかの動物に対応する入力ユニットをたくさん用意しておき，そのなかからネズミとウシとトラに対応する入力ユニットに入力があったときだけ，出力ユニットが活性化するようなネットワークを作ることができる。

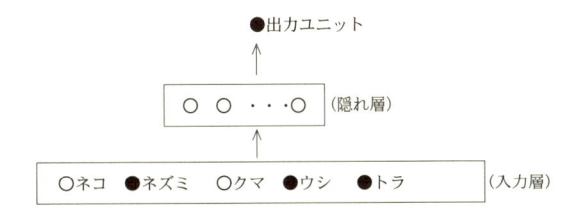

```
                    ●出力ユニット
                         ↑
              ┌─────────────┐
              │ ○ ○ ・・・○ │ （隠れ層）
              └─────────────┘
                         ↑
    ┌──────────────────────────────────┐
    │ ○ネコ ●ネズミ ○クマ ●ウシ ●トラ │ （入力層）
    └──────────────────────────────────┘
```

図 I-3-1　多層パーセプトロン型ネットワークによるパターンの検出

　しかし，入力ユニットに入力されるパターンは同時に生起するものにならざるを得ない。いいかえれば，ネズミ・ウシ・トラのパターンを検出できるネットワークを作ると，ウシ・トラ・ネズミのように提示順序が異なるパターンも検出してしまうことになる。パターンを構成する要素の順番が重要でない場合は問題が生じないが，提示順序が重視されるような場合には，これは大きな問題となる。

（2）言語は時系列パターン

　言語の特徴のひとつは，それが時系列データであることである。以下の例のように同じ3つの単語が使われていても，正しい文となるのは，(1a)だけであって，他の順序はまちがいとなる。まちがいとならない場合でも，意味が違ってしまうことになる。(*は誤文であることを示す。)

　　(1a) Mary feeds cats.
　　(1b)*feeds cats Mary.
　　(1c)*cats Mary feeds.

　こうした時系列データをニューラルネットワークで処理するためには，いくつかのくふうが必要となる。ひとつの方法は，入力ユニット層をたくさん用意して，それを時系列にあてはめることである。たとえば，上記の例でいえば，図 I-3-1 で使われた入力ユニットをそれぞれ3つの単語の出現位置ごとに用意してやればよい。図 I-3-2 では，ネズミ・ウシ・トラの順に提示された場合が示されている。図のように，第1入力層でネズミユニッ

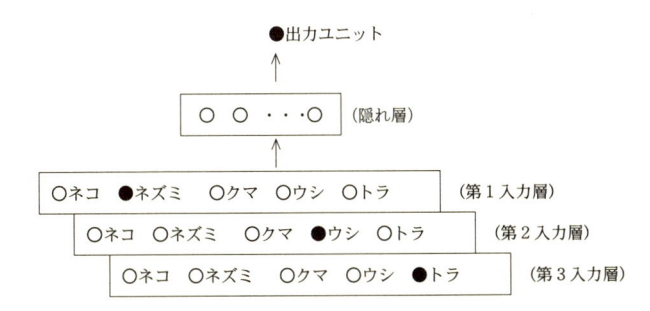

```
                    ●出力ユニット
                         ↑
              ┌─────────────┐
              │ ○ ○ ・・・○ │ （隠れ層）
              └─────────────┘
                         ↑
  ┌──────────────────────────────────┐
  │ ○ネコ ●ネズミ ○クマ ○ウシ ○トラ │ （第1入力層）
  └──────────────────────────────────┘
    ┌──────────────────────────────────┐
    │ ○ネコ ○ネズミ ○クマ ●ウシ ○トラ │ （第2入力層）
    └──────────────────────────────────┘
      ┌──────────────────────────────────┐
      │ ○ネコ ○ネズミ ○クマ ○ウシ ●トラ │ （第3入力層）
      └──────────────────────────────────┘
```

図 I-3-2　多層パーセプトロン型ネットワークによる時系列パターンの検出の例

ト，第2入力層でウシユニット，第3入力層でトラユニットに入力があるようにすれば，ネズミ・ウシ・トラの順に提示されたことがうまく対応づけられる。これはウシ・トラ・ネズミの順に提示された場合と異なる入力パターンとなる。

　この方法の難点は，入力される時系列データの個数分だけ，入力層が必要となり，入力ユニット数が増大することである。さらには，入力される時系列データの個数があらかじめわかっていなければならないことも問題である。ふつう，私たちが文を聞き取るときに，その文が何語で構成されているかがあらかじめわかるわけではないからである。

　それでは私たちは，文を聞いてそれを理解するとき，どうやって時系列データを処理しているのだろうか？

1.2　再帰ネットワークによる時系列データの処理

(1) 入力パターンの一時的な保持と文脈層

　エルマン (1990) は，ある時点における入力パターンを，次の時点における入力パターンが得られるまで一時的に記憶しておくことができるようなネットワークを考案した。これはちょうど，ウシが提示されたときに，1つ前に提示されたネズミをおぼえていることに相当する。ネズミ・ウシ・トラの順に提示された場合と，トラ・ウシ・ネズミの順に提示された場合を区別できるのは，同じ「ウシ」の入力の際に，前者では「ネズミ」が記憶されており，後者では「トラ」が記憶されているからである。

　エルマンが考案したネットワークは「単純再帰ネットワーク (SRN : simple recurrent networks)」あるいは考案者の名前をつけて「エルマンネット」とよばれ，図I-3-3のような構造をしている。1時点前の入力パターンを記憶しておく層（一時記憶層）が入力層と隠れ層の中間に作られる。厳密にいうと，この一時記憶層は，「1時点前の入力パターン」ではなく，「1時点前の隠れ層」を一時的に記憶しているものである。隠れ層から一時記憶層へのリンクは，隠れ層の活性化状況がそのままこの一時記憶層にコピーされることを表わしている。重要なことは，この一時記憶層から隠れ層へのリンクがあることであり，これによって入力層からの入力パターン情報と一時記憶層からの情報とが隠れ層で混ぜあわされることになる。エルマンネットが単純再帰ネットワークとよばれるのは，このように一度隠れ層に流れ込んだ情報が，次の時点で再び隠れ層にもどってくるからである。

　このようにして，一時記憶層に蓄えられたデータは，次の時点に追加される新しい入力を処理する際の「文脈状況 (context)」としてはたらくことになる。そこで，エルマン (1991) はこの一時記憶層を「文脈層」と名づけている。

　図I-3-2と図I-3-3とを見比べてみるとわかるように，エルマンネットは入力ユニット群を2つ用意して，その一方を新たな情報の入力用，もう一方を一時記憶用としてくり返し利用できるようにすることによって，図I-3-3では3セット（あるいはそれ以上）必要だった入力ユニット群を常に2セットですむようにしたものと考えることができる。

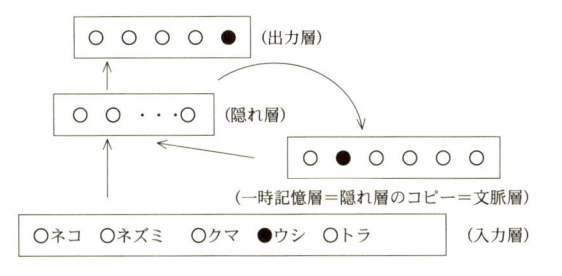

図 I-3-3　エルマンネットによる時系列データの処理

(2) 次の入力を予測するネットワーク

　エルマンネットでは，出力層にも違いがあることに注目してほしい。図 I-3-1, I-3-2 のパーセプトロン型ネットワークでは，出力は，入力されたパターンが特定のものであるかどうかの判定（文の例でいえば，「文法的か否か」）を行なうものであった。しかし，エルマンネットでは，出力層は特定のパターンの検出ではなく，「次の入力の予測」に使われる。図 I-3-3 の例では，ネズミの次にウシが提示された場合には，次にトラが提示されることを予測している。

　ネットワークのそれぞれのユニット間にどのような結合がなされればこうしたことが可能になるであろうか。エルマンネットにおいても，学習の原理は多層パーセプトロンと同様である。一定の規則に従って生成される時系列データを順々に入力層に提示し，出力層には次に提示されるデータを「教師信号」として与えてやればよい。学習後に特定の入力パターンから次時点の入力パターンが出力できるようなれば，学習が成功したことになる。そのためのリンクの結合強度の修正には誤差逆伝播法が用いられる。

　エルマンネットが時系列データの処理に使われることだけでなく，言語習得のシミュレーションに使われることを考慮すると，出力が「文法性判断」ではなく，「次に来る単語の予測」であることは，とくに重要なことである。それは，人間の赤ちゃんがことばを習得していく過程では，正しい文の例が与えられるだけで，「どれが正しい文でどれが正しい文でないか」の情報が与えられるわけではないからである。赤ちゃんはまわりで話されていることばや自分に話しかけられたことばを聞くことによって，そのことばを習得していく。そこで，従来の多層パーセプトロン型のネットワークでは，時系列データの処理ができないことだけでなく，入力データのほかにそれぞれの入力データに対する正誤情報が教師信号として与えられなければならないことが重大な問題だったのである。エルマンネットは，単語単位で情報を次々に入力するだけで，教師信号は必要ない。次の時点で与えられる情報が自動的に教師信号の役目を果たすからである。

2. エルマンネットによる文構造の学習

2.1 エルマンネットによる文構造の段階的学習

(1) ネットワークの構造

エルマン (1991) は，エルマンネットに関係節を含む複雑な英語の文を提示し，こうしたネットワークが文法構造を学習できることを示してみせた。エルマンは，図 I–3–4 のようなネットワークを作り，23 の英単語を使った文を学習させた。図 I–3–4 では，図 I–3–3 よりも 2 つ隠れ層がふえて，全部で 6 層からなる再帰ネットワークになっている。各層は複数のユニットで構成され，各層の各ユニットは次の層の各ユニットと結合しているが，図では層単位で全体としての構造だけが示されている。中央の隠れ層から文脈層（一時記憶層）への結びつきだけが，1 対 1 の結びつきで，結合強度は常に 1 に固定されている（このことにより，中央の隠れ層の活性化パターンがそのまま文脈層にコピーされることになる）。

一番下の入力層は 26 のユニットから構成されていて，それぞれのユニットが 23 の語彙と文末を示す記号としてのピリオドなどに対応している。

この 26 ユニットの活性化パターンは，次の第 1 隠れ層へと送られる。第 1 隠れ層は 10 のユニットしかないため，入力層における 26 ビットの情報が 10 ビットに圧縮されることになる。これが可能になるのは，入力層は「どこかひとつのユニットが活性化するだけ」であるため，実質的には 26 通りのパターンしかなく，5 ビット（2 の 5 乗＝ 32）でも十分表現できるからである（第 1 隠れ層の各ユニットは 0 から 1 までの連続量で活性化できるため，原理的にはユニット 1 つでも十分である。そのユニットが 26 段階に活性化することで，26 通りの情報を表現できるからである）。

第 1 隠れ層の活性化パターンは，次に中央の（第 2）隠れ層に送られる。この第 2 隠れ層はエルマンネットに必須の部分で，2 つの重要な役割を果たしている。その第 1 は，この活性化パターンが右下の文脈層にコピーされ保持されることであり，第 2 の役割は，そのようにして保持されていた以前の活性化パターンをもう一度受け入れて，新しい情報と混ぜ合わせることである。この重要なはたらきのために，ここでは 70 のユニットが使われている。そして，この第 2 隠れ層の活性化パターンをそのまま保持するために使われる文脈層もまた，70 個のユニットで構成されることになる。

第 1 隠れ層の各ユニットからは第 2 隠れ層の各ユニットにリンクが張られている。また，文脈層の 70 個のユニットそれぞれも第 2 隠れ層の各ユニットにリンクが張られている。そこで，第 2 隠れ層の各ユニットには 80 個のユニットからの入力があることになる。

第 2 隠れ層 70 個のユニットの活性化パターンは，第 3 隠れユニットに送られ，その過程でまた情報が圧縮される。そのため第 3 隠れ層には 10 個のユニットしかない。そして最後に，この第 3 隠れ層の活性化パターンが出力層に伝えられるのである。出力層には，

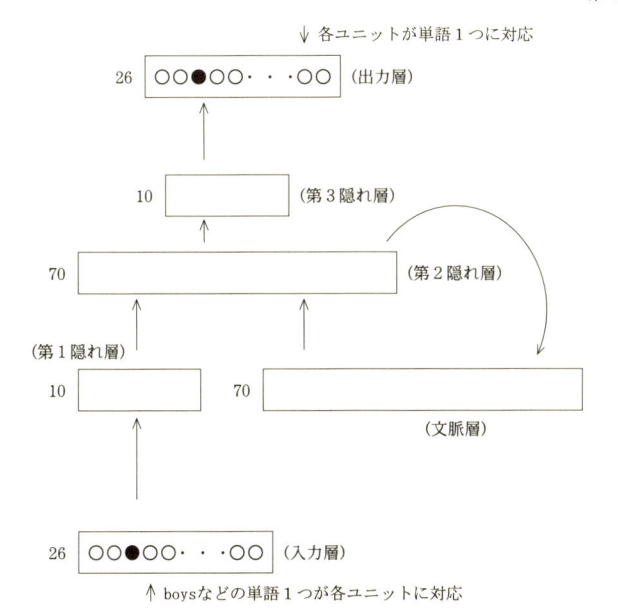

```
                            ↓ 各ユニットが単語1つに対応
         26  [○○●○○···○○]  (出力層)
                  ↑
         10  [          ]  (第3隠れ層)
                  ↑                    ↘
         70  [                    ]  (第2隠れ層)
              ↑       ↑                  │
       (第1隠れ層)                         │
         10 [    ]   70 [           ]    │
              ↑                          │
                       (文脈層) ←─────────┘
              ↑
         26  [○○●○○···○○]  (入力層)
              ↑ boysなどの単語1つが各ユニットに対応
```

図 I-3-4　エルマン (1991) に用いられた6層からなるネットワーク

入力層と同数の26個のユニットが使われ，それぞれが23の語彙とピリオドなどに対応づけられる。

(2) 学習課題

　このネットワークが学習する課題は，図 I-3-5 のように表される文法規則（書き換え規則）である。この文法規則から生成される文 (S) は，必ず名詞句 (NP) と動詞句 (VP) そしてピリオド（"."）から成り立ってなければならない。名詞句 (NP) は，固有名詞 (PropN) か名詞 (N) か名詞に関係節 (RC) が付加したもののどれかである。（図 I-3-5 で，縦棒 | は選択肢を示す。）動詞句 (VP) は動詞 (V) と名詞句 (NP) の組み合わせでできるが，名詞句が付加されるかどうかは動詞の種類によって決まってくる。関係節 (RC) は，関係代名詞 who で始まり，名詞句 (NP) ＋動詞句 (VP) か，動詞句だけかのどちらかがそれに続くことになる。そして，最後に名詞・固有名詞・動詞が boy, Mary, walk など，それぞれ具体的な単語に書き換えられる。こうした文法規則は，冠詞が省略されている以外は基本的に英語文法に準じている。

　ネットワークが学習しなければならないことは，具体的には，与えられた単語列から次の可能な単語を正しく予測できるかということになる。たとえば，Mary walks と続いた後に，ネットワークが「文末を示す記号ピリオド」を出力したとすれば，正しい予測ができたことになる。

S	→	NP VP "."
NP	→	PropN | N | N RC
VP	→	V (NP)
RC	→	who NP VP | who VP
N	→	boy | girl | cat | dog | boys | girls | cats | dogs
PropN	→	John | Mary
V	→	chase | feed | see | hear | walk | live | chases | feeds | sees | hears | walks | lives

これらの書き換え規則に加えて，以下の2つの規則がある．
(1) N と V との数の一致
　　(ex. 単数主語なら単数形動詞，複数主語なら複数形動詞)
(2) 目的語必須動詞 (chase, feed) と目的語不可動詞 (walk, live) と目的語許容動詞 (see, hear) の区別

図 I-3-5　エルマン (1991) で課題とされた文法規則

　関係節を含まないような単純な文の場合には，次に来る単語が確率的に予測可能であることが古くから知られていた．しかし，複雑な文構造をもつ文では，文の表層的な構造だけから，その深層構造を見つけだすことはむずかしく，次に来る単語の予測もむずかしいことも指摘されてきた (Chomsky, 1957)．そこで，エルマン (1991) でとくに注目されたのは，関係節 (RC : relative clause) を挟んで，主語と動詞の数の一致や，目的語の必要性の有無がなされるかどうかであった．つまり，(2b) のようにならずに，(2a) のように dog という単数形の主語に適した動詞 (sees) が予測されるかということであった．

(2a) dog who boys feed sees girl.
(2b) *dog who boys feed see girl.

　ネットワークには，図 I-3-5 の文法規則に合致するような文だけが，1単語ずつ入力層から入力されていく．教師信号として与えられるのは，文法的かどうかという情報ではなく，次に入力される単語（またはピリオド）である．そして，ネットワークはこれだけの情報から，徐々に結合強度を変えることで，次に入力される単語を正しく予測するよう学習することが求められる．

　学習規則には，通常の多層パーセプトロンと同様の誤差逆伝播法が用いられる．ネットワークは，ある入力に対する出力と次の入力とを比較し，その誤差ができるだけ小さくなるように，各ユニット間の結合強度を徐々に修正していくのである（第2隠れ層から文脈層への結合だけは，+1に固定されていて修正されない）．

(3) エルマン(1991)によるシミュレーション結果

　エルマン (1991) によれば，すでに予備的な試行をくり返すなかで，この文法規則から生成されるすべての文をいきなりネットワークに学習させたのでは学習がうまくいかないことがわかっていた．しかし，このネットワークをあらかじめ単純な文だけで学習させておくと，その後，複雑な文構造の学習も可能になることもわかった．そこで，この研究では，学習を4段階に分けて，それぞれの学習段階で入力される文例を以下のように段階的

に調整している。

第1段階　関係節を含まない単文のみ10,000文
第2段階　10,000文のうち1/4を関係節を含む複文・3/4が単文
第3段階　10,000文のうち単文と複文がちょうど半々
第4段階　10,000文のうち3/4を関係節を含む複文・1/4が単文

それぞれの段階が5回ずつくり返され，50,000文ずつ延べ200,000文が学習されることになる。

　すべての学習終了後，結合強度を固定して，ネットワークの出力が調べられた。通常の多層パーセプトロン型ネットワークでは，学習結果の評価はRMSエラー（root mean square error）によってなされる。これは，ネットワークの出力と教師信号（＝目標となる正しい出力）との差（エラー）を2乗して平方根をとったものである。しかし，この課題においては，文末のような特別な場合を除くと，ネットワークが「完全な予測」をすることは不可能である。たとえば，boy who dogs という単語系列の次に来る単語は，boyを目的語にできる動詞（chase, feed, hear, see）か，新たな関係節の始まりとなる関係代名詞（who）の5種類あり，そのどれが来るかまでは予測できない。そこで，RMSエラーに代わる適当な評価指標を用いる必要がある。

　実は，ネットワークの出力層の各ユニットは各単語に対応しており，それぞれの単語が次に生起する確率に応じて活性化されるようになる。そこで，ネットワークの出力が次に生起する単語の確率を正しく近似しているかどうかを調べればよいことになる。エルマンは，第4段階目と同じ割合で作られたテスト用の文例を用いて，それぞれの単語ごとに出力ユニットの活性化を調べ，全テスト文例についてそれを平均した。

　図I-3-7は，boyとboysとについてどの出力ユニットがどれくらい活性化するかを示したものである。活性化の程度がネットワークの予測する次の単語の生起確率ということになる。図I-3-7をみると，boyの場合には，次に来る単語は「単数主語に対応する動詞」か「who」であるという予測がなされていることがわかる。図I-3-7の下のboysの場合には，「複数主語に対応する動詞」か「who」が予測されている。また，どちらの場合にも，名詞やピリオドに対応するユニットはまったく活性化されておらず，boyやboysの後にそうした単語が続かないことが正しく予測されている。

　図I-3-8は，boys who Mary chasesに続く単語が，「複数主語に対応する動詞」であることをネットワークが正しく予測していることを示している。

　玉森・乾（1999）は，エルマン（1991）の研究を発展させ，エルマン（1991）では関係代名詞としてだけ使われていたwhoを疑問文としても使うような，さらに複雑な文法をネットワークに学習させることが可能であることを確認している。玉森・乾（1999）では，さらに，ネットワークが名詞の格関係までをきちんと獲得していることも確認している。

34   第3章 単純再帰ネットワーク（エルマンネット）による文法の獲得

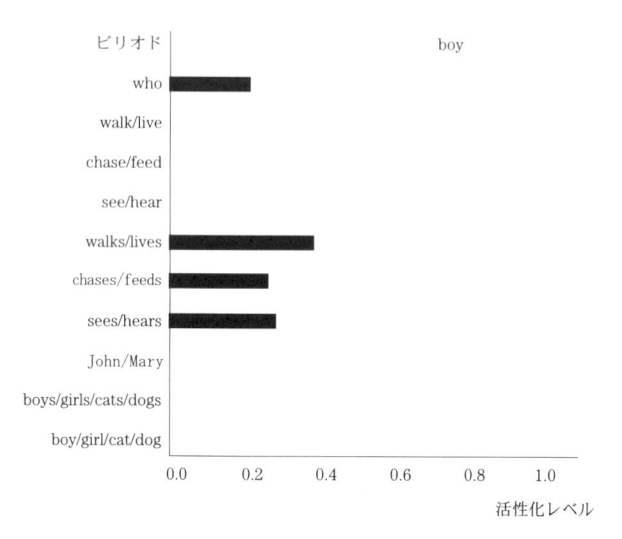

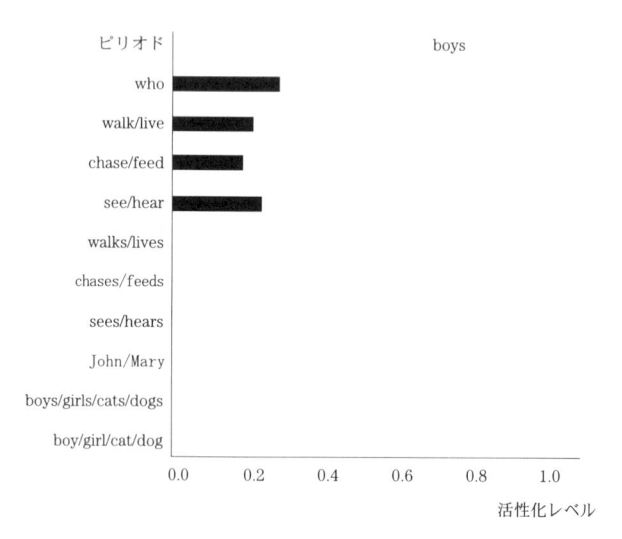

```
ピリオド                              boy
    who  ████
walk/live
chase/feed
 see/hear
walks/lives ███████
chases/feeds █████
 sees/hears █████
 John/Mary
boys/girls/cats/dogs
boy/girl/cat/dog
       0.0   0.2   0.4   0.6   0.8   1.0
                                    活性化レベル
```

```
ピリオド                              boys
    who  █████
walk/live ████
chase/feed ███
 see/hear ████
walks/lives
chases/feeds
 sees/hears
 John/Mary
boys/girls/cats/dogs
boy/girl/cat/dog
       0.0   0.2   0.4   0.6   0.8   1.0
                                    活性化レベル
```

図 I–3–7　boy(上) と boys(下) が入力されたときにエルマンネットが予測する語（Elman, 1991 より作図）

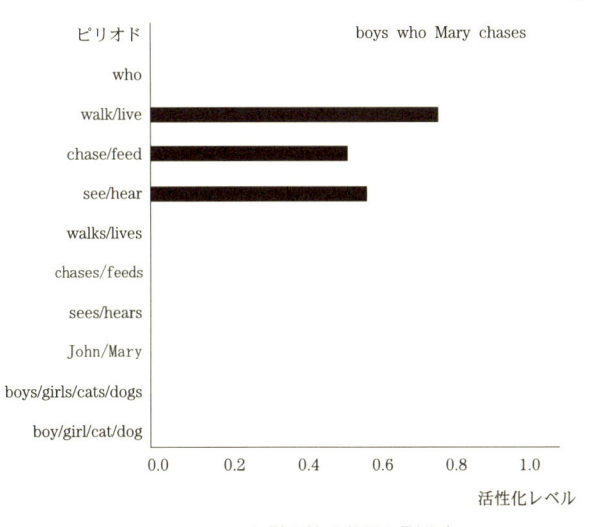

```
                          boys who Mary chases
      ピリオド
        who
    walk/live ████████████████████████
   chase/feed ████████████████
    see/hear  █████████████████
   walks/lives
  chases/feeds
   sees/hears
   John/Mary
boys/girls/cats/dogs
 boy/girl/cat/dog
      0.0   0.2   0.4   0.6   0.8   1.0
                              活性化レベル
```

図 I-3-8　boys who Mary chases に引き続く単語の予測（Elman, 1991 より作図）
関係節を挟んだ主語と動詞の数の一致も正しく予測できることがわかる。

2.2　学習環境の段階づけから内部環境の段階づけへ

（1）乳幼児の言語習得との対比

　比較的単純なネットワークが，かなり複雑な文構造をもつ文の文法規則（関係節を挟んでの主語と動詞の数の一致や目的語の必要性の有無）を学習できることはエルマン（1991）の重要な発見であった。しかしその際に，ネットワークに「単純な文構造の文から複雑な文構造の文へ」と段階をふんで文入力を行なわなければならないこともわかった。ネットワークがまず単純な文構造を習得してから，次に複雑な文構造を習得するということは，人間の子どもの言語習得過程と基本的に同様であり，たんに文法学習のシミュレーションができただけでなく，人間の言語習得過程全般をシミュレートすることもできたと考えることができるであろう。

　人間の子どもたちの言語習得環境も，段階的に構成されていると考えることができる。外国語学習の教材など意図的にそうした構成がなされるのはもちろん，母語の習得においても，乳幼児に対する母親などの養育者の発話の平均長（MLU：Mean Length of Utterance）が短いこと（Brown & Beluggi, 1964 など）や構造的にも単純であること（Drach, 1969）は言語発達研究者が古くから明らかにしてきたことであった。

（2）作業記憶の容量の制限

　それでも，エルマン（1993）は，環境側が段階づけられていたことを問題視している。人間の子どもたちが言語を習得する環境は必ずしもこうなっていないというのである。そして，学習環境のほうが段階づけられていなくても，学習者側が段階的に変化することが

できれば，複雑な文構造の習得が可能となるのではないかと考えた。

エルマン (1993) は，ケイル (Kail, 1984) などの研究例から，子どもの作業記憶容量（メモリースパン）がはじめは小さく，発達とともに増大することに注目した。子どものメモリースパンの容量の大きさが発達の指標であることは，従来からよく知られていて，知能テストの下位検査に数字の復唱が取り入れられている。

ネットワークにおける作業記憶に相当するのは，文脈層（図I-3-4参照）である。そこで，人間の子どもにおけるメモリースパンの増大をシミュレートするには，この文脈層を構成するユニットの数をはじめは少なくしておき，その後，徐々にふやしてやることが考えられる。

メモリースパンの増大をネットワークに組み込む方法は他にも考えられる。それは，文脈層からのフィードバックを制限するという方法である。メモリースパンの制限は，最初の数語が提示された後，第2隠れ層と文脈層との間のフィードバックループが十分はたらかなくなるようにすることで実現できる。そして，何語目から制限をかけるかを徐々に遅らせていくことで，メモリースパンの増大がシミュレートできるわけである。

エルマン (1993) では，後者の方法が用いられた。学習段階を5段階に分け，学習の第1段階では，3または4語目ごとに文脈層のすべてのユニットの活性化レベルを中立的な0.5にすることによって「作業記憶を消去」した。こうすることで，ネットワークのメモリースパンが3～4語分しかないことになる。第2段階ではこれを4～5語分にふやし，第3段階と第4段階では，さらにそれぞれ5～6語分，6～7語分にふやしていく。そして最後の第5段階では，こうした制限をまったく行なわないことにし，メモリースパンが徐々に増大することに対応づけたのである。

(3) エルマン(1993)のシミュレーション結果

ネットワークには，最初から複雑な文構造を含む文例が学習環境として与えられた。先行研究の結果，はじめからこの文例セットをネットワークに提示した場合にはネットワークは学習できないことが確認されていた。

学習は上述のように5段階に分けてなされたが，メモリースパンを制限し徐々に増大させることにしても，初期において十分な学習がなされないと複雑な文構造の学習は困難であることがわかった。それでも，第1段階の学習を最終的には，12エポック（10,000の文例すべてを学習することを1エポックとし，それを12回くり返す）にすると，その後は各学習段階とも先行研究と同じ5エポックずつでも学習が進行していくことがわかったのである。

(4) 小さく始まることの重要性

このシミュレーション結果は，再帰ネットワークが複雑な文法規則を習得できることを示したことにとどまらない重要な示唆を与える。それは人間の認知発達一般にかかわる重要な発見である。メモリの大きさがパソコンの能力の指標になるように，より大きなメモリをもつことの重要性はよく知られている。逆にいえば，人間の子どもの作業記憶が小さ

いことは子どもの認知能力の弱点と考えられてきた。しかし，エルマン (1993) のシミュレーション結果は，複雑な文法学習などでは，メモリースパンを制限することが，むしろ有利にはたらくことを示したことになる。

エルマン (1993) の論文には,「小さく始まることの重要性(the importance of starting small)」という副題がつけられている。エルマンはこのシミュレーション結果から，作業記憶の小ささという従来消極的にとらえられてきた乳幼児の認知特性が，むしろ複雑すぎる文を除去するフィルターとしての積極的な意味をもつことを発見したのである。シミュレーション研究は，すでに知られていることを模擬的に再現してみるだけの研究にすぎないという批判があるが，シミュレーション研究からまったく新たな発見が生まれることを示したこともこの研究の重要な成果である。

エルマンは，言語心理学者のベイツ (Bates, E.A.) らと協力して，コネクショニズムの視点から発達そのものを再検討する大著を書いている (Elman et al., 1996/1998)。この本は，乾ほかによって訳本も出版されているので，ぜひ読んでみることをすすめる。また，この章で紹介したエルマンの研究についての批判的論文が波多野 (1997) によって書かれている。波多野論文の掲載されている『心理学評論』第40巻第3号には，この波多野論文へのコメント（乾，1997b；宮田，1997）を含め，乾 (1997a)，大嶋 (1997) など言語理解や言語学習に関するニューラルネットワークモデル研究も掲載されている。

＊＊引用文献＊＊

Brown,R. & Bellugi,U. 1964 Three processes in the child's acquisition of syntax. *Harvard Educational Review*, 34, 133–151.
Chomsky,N. 1957 *Syntactic Structures*. The Hague : Mouton.
Drach,K.M. 1969 *The language of the parent: A pilot study. Working paper no.14*. Berkerley: University of California.
Elman,J.L. 1990 Finding structure in time. *Coginitive Science*, 14, 179–211.
Elman,J.L. 1991 Distributed Representations, Simple Recurrent Networks, and Grammatical Sturucture. *Machine Learning*, 7, 195–225.
Elman,J.L. 1993 Learning and development in neural networks: the importance of starting small. *Cognition*, 48, 71–99.
Elman,J.L., Bates, E.A., Johnson,M.H., Karmiloff-Smith,A., Parisi,D. & Plunkett,K. 1996 *Rethinking Innateness: A connectionist perspective on development*. Cambridge, MA: MIT Press. 乾 敏郎・今井むつみ・山下博志（訳）1998 認知発達と生得性－心はどこから来るのか－ 共立出版
波多野誼余夫 1997 Connectionist infants は統語規則を獲得しうるか 心理学評論, 40(3), 319–327.
乾 敏郎 1997a 文理解過程のネットワークモデル 心理学評論, 40(3), 303–316.
乾 敏郎 1997b 子供の統計的系列学習能力－波多野論文に対するコメント－ 心理学評論, 40(3), 328–336.
Kail,R. 1984 *The development of memory*. New York: Freeman.
宮田義郎 1997 人間は統語規則を獲得しうるか－波多野論文へのコメント－ 心理学評論, 40(3), 337–339.
大嶋百合子 1997 ことばの意味の学習に関するニューラルネットワークモデル－人称代名詞の場合－ 心理学評論, 40(3), 361–376.
王森彩弥香・乾 敏郎 1999 Elman ネットによる統語範疇の配列と格関係の学習 認知科学, 6(3), 359–368.

第4章

レスコーラ・ワグナー学習則
―学習心理学とコネクショニズムの接点―

▶ 山口　誠

　コネクショニストモデルで用いられる学習則にはいろいろなものがあるが，レスコーラ・ワグナー学習則 (Rescorla-Wagner learning rule) というものを聞いたことがあるだろうか。工学系の人が書いたニューラルネットの本にはまず出てこない。心理学を学んだ人は，動物の条件づけに関する「レスコーラ・ワグナーモデル」なら知っているが「コネクショニストモデルのレスコーラ・ワグナー学習則」は聞いたことがない，と言うかもしれない。本章ではレスコーラ・ワグナーモデルがコネクショニズムとどう関係するのかを解説する。比較的単純なモデルであるゆえに正確に把握することが可能であり，初学者にとっては格好の入門となるであろうし，また実験心理学研究で頻繁に検討の対象になっている点でも重要である。前半はおもに理論についての解説である。表計算ソフトでごく簡単にシミュレーションをすることができるので興味があればぜひ実際に試みるとよい。このモデルはシミュレーションによらずに数学的に予測を導くことも可能であり，この点もさまざまなモデルのなかで特異な点である。後半ではこのモデルに関する実験的研究の方法などについて解説する。現在ではこのモデルの影響力は認知心理学から神経科学など多岐にわたっている。

1. 条件づけ理論とコネクショニズム

1.1　レスコーラ・ワグナーモデル

　動物学習心理学で生まれたレスコーラ・ワグナーモデル (Rescorla & Wagner, 1972) は有名な理論なので，動物心理学の専門家以外で知っている人も多いであろう。しかし「レスコーラ・ワグナー学習則」という言い方は初めて聞いたという人が多いであろう。しかしこれは筆者の造語ではなく，最近実際に使われることばである。たしかに，レスコーラ・ワグナーモデルというのは，元は古典的条件づけの理論であって，コネクショニズムとは別の文脈で 1970 年代に生まれた理論である。そのモデルがコネクショニズムとどのように関係するのかをこれから解説するが，その前に古典的条件づけの用語などについて

簡単におさらいをしておこう。

ラットに音や光などの刺激を提示すると，多少驚きなどを示すかもしれないが，とくに顕著な反応を示すことはない。しかしそれらの刺激の後に強い電気ショックを与えるとうずくまって動かなくなるなどの恐怖反応を示す。ここで電気ショックを無条件刺激とよび，これにより引き起こされるうずくまり反応を無条件反応とよぶ。そしてこのように，いわば中性の刺激と無条件刺激との対提示を何回かくり返すと，その中性刺激を提示しただけでラットはうずくまり反応を示すようになる。ここで，当初は中性であったが反応を引き起こすようになった刺激を条件刺激とよび，それにより引き起こされる反応を条件反応とよぶ。このように，本来は無条件反応を引き起こさない中性刺激に対して，被験体があたかも無条件刺激が続くことを予期するかのような反応を示すようになる学習が古典的条件づけである(昔は無条件反射，条件反射と言っていたが，無条件反応，条件反応というのが現代的な用法である)。

一方，コネクショニズムではさまざまな学習則が用いられるが，誤り訂正学習 (error correction) というグループはその代表格であり，そのなかにデルタルール（デルタ則）という学習則がある。これは後に誤差逆伝播則に発展した有力な学習則である。レスコーラ・ワグナーモデルはこのデルタルールと同等であるということが後に指摘されたので (Gluck & Bower, 1988 ; Sutton & Barto, 1981)，心理学者がこの学習則について言及するとき，「デルタルール」ではなく「レスコーラ・ワグナー学習則」という呼び名のほうを用いることも多くあるのである。その類似性については多くの文献で言及されているが，数式を省いて単純化した説明が多いので，ここできちんとその関係をみてみたい。

レスコーラ・ワグナーモデルは古典的条件づけにおける条件刺激の反応喚起力（連合強度ということばがよく用いられ，コネクショニストモデルの結合強度に相当する）の変化を予測する数理モデルである。数式はいろいろな書き方がされるのでこれと違う書き方の文献も多いが，以下の式で条件刺激 x の連合強度 w_x を更新する：

$$\Delta w_x = \alpha_x \beta_{us}(\lambda - w_{total}). \tag{1}$$

α は条件刺激の明瞭度，β は無条件刺激の明瞭度を表わし，ともに 0~1 の値であり学習率ともよばれる。λ は無条件刺激の生起を表わし，生起するときは 1(動物学習心理学の文献では 100 とすることも多くある)，生起しないときは 0 の値をとる。w_{total} はある試行で提示された複数の刺激の連合強度の総和を示す。かっこのなかが正なら連合強度は増加，負なら減少する。なお，たとえば β を重要でないとし省略したりして，これより簡単な式を載せている場合も多くある。ちなみにこういう形の数式は差分方程式とよばれるものである。

おもしろいことに，この数式にことばによる解釈を与えることがよく行なわれる。w_{total} は「無条件刺激の生起についての被験体の予測」，λ は「無条件刺激の実際の生起」という解釈を与えることができるので，つまりかっこのなかは被験体の「驚き」である，ということになる。この「驚き」を減少させる方向に，つまり w_{total} が λ に近づい

ていくように，連合強度を更新していくのである，というような解釈がよく用いられる．このように解釈を与えることで親しみやすくなるかもしれない．しかしこのような解釈は必要不可欠なものではない．事実，このような解釈を与えることは動物心理学に擬人的な概念を導入するものだと言って否定的である研究者もいることを頭の片隅に置いておいてほしい．

ここで実際の計算例をみてみよう．簡単にするためにここでは (1) 式の β を省略し，各刺激の顕著さ α をすべて同じとすることにする．すると α に添え字が必要なくなり，

$$\Delta w_x = \alpha(\lambda - w_{total}) \tag{2}$$

という形の式を用いることになる．さきほどの式よりは少し簡単で親しみやすくなった．例として，2 種類の条件刺激を用いた条件づけの実験を考えよう．ここでは 2 種類の条件刺激を A，B で表わすことにする．まず，A の条件づけを行ない，単独で一貫して電気ショックと対提示されるとする．今は A だけの条件づけを行なっているので，たんに $w_{total} = w_A$ である．最初は (2) 式のかっこの部分が正であるので連合強度が増加することになるが，学習率がかけられているのですぐに 1 になるのではなく，しだいにふえていって図 I–4–1 左のような学習曲線を描く．A の条件づけを十分に行なったら今度は A と B を同時に提示して電気ショックがそれに続くとする．今度は A と B が同時に提示されているので $w_{total} = w_A + w_B$ となる．A には十分に条件づけがなされているので $w_A = 1$ とし，B にはまだ条件づけを行なっていないので $w_B = 0$ である．そして (2) 式を適用すると，$w_{total} = 1$ であるからかっこの部分は $(1-1) = 0$ となり，どちらの刺激の連合強度も変化せずまったく学習が行なわれない．つまり，ある刺激は無条件刺激と対提示されると必ず条件づけられるとは限らず，同時に提示される他の刺激によって条件づけが妨害されることがあるというユニークな予測をするのである．この辺がレスコーラ・ワグナーモデルと，より古い条件づけの諸理論との違いである．今度は，すでに条件づけられている A を消去する (つまり A の後に電気ショックを提示しない) ことにする．$w_A = 1$ で，かっこの部分は負であるので連合強度は減少し，しだいに 0 に向かって漸近して図 I–4–1 右のような学習曲線を描く．

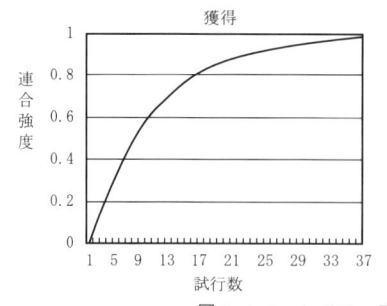

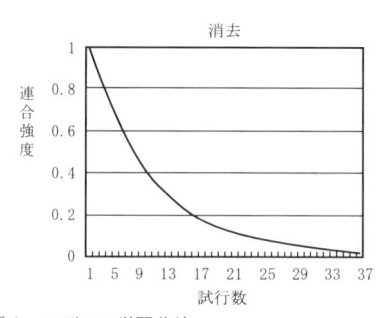

図 I–4–1 レスコーラ・ワグナーモデルの学習曲線

○○○○○○○○○○○○○○○○○○○　コラム2　○○○○○○○○○○○○○○○○○○○
表計算ソフトを用いたシミュレーション

　1.1 節で取り上げたモデルの式（もっと一般に，差分方程式全般）は表計算ソフトと相性がよく，いとも簡単にシミュレーションが行なえる。動物学習心理学の教科書にたいてい載っている，図 I–4–1 のような条件づけの獲得曲線を Excel で描いてみよう。(2) 式の $\alpha = .1$ として，まず A1 のセルに 0 を入れ，右の B1 に以下の式を入れる：
$$= A1 + .1\char`\^(1 - A1)$$
この式を右方向に何十個かコピーして貼りつけ，グラフにするだけである（図 I–4–1 左）。横軸を n とするとこの曲線は $x = 1 - (1 - \alpha)^n$ と同じである（本章 1.3 参照）。ここでは学習率を .1 としたがいろいろ変えて試してみられたい。次は条件づけの消去をみてみると，今度は A1 に 1 を入れ，B1 の式は
$$= A1 + .1\char`\^(0 - A1)$$
にする。これでさきほどと上下対称の曲線が描ける（図 I–4–1 右。$x = (1 - \alpha)^n$ と同じ）。

　レスコーラ・ワグナーモデル以外の理論でもこれらと同じ形の学習曲線を仮定するものが多い。もっと複雑なシミュレーションもできるので詳しくは山口・富田 (1999) や山口 (2000) を参照されたい。なお，最近は従来プログラムを書いてシミュレーションをしていたことを表計算ソフトで実行することが科学の全般で行なわれ始めている。これは表計算ソフトが事実上パソコンの標準装備になったことや，グラフを瞬時に作れ，しかもグラフの表示の詳細についてかなりの程度融通がきくこと，豊富な内蔵関数が使えることなどが理由である。心理学の分野でもすでに他にも例がみられる。

○○○○○○○○○○○○○○○○○○○○○○○○○○○○○○○○○○○○○○○

1.2　デルタルール

　今度は階層型コネクショニストモデルについて考えよう。階層型というのはフィードバック結合がないということである。ここでは図 I–4–2 のような 2 層のモデルについて解説する。階層型ネットワークの層の数の数え方は研究者間で一致がなく，入力層を数え

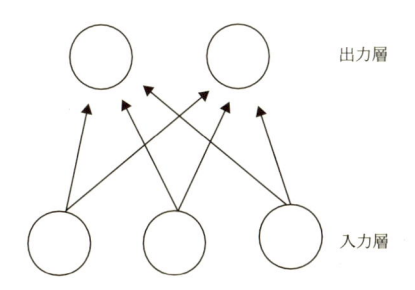

図 I–4–2　階層型 2 層コネクショニストモデル

る人と数えない人がいるので，ネットの構造を中間層の数で表現する場合もある。図 I–4–2 のモデルでは中間層はない。後にこのように複数の出力ユニットをもつモデルについても紹介するが，ここでは出力ユニットが 1 つだけのものを考える。入出力関数と

して非線形のシグモイド関数を使うものが流行している (第 6 章図 II-6-9 (P.74) 参照) が，ここでは単純に線形の恒等関数 (下で解説) を用いることとする。このモデルにデルタルールという学習則を採用すると，結合の強度 w_i を以下の式で更新する：

$$\Delta w_i = \varepsilon(t - a_{out})a_i. \tag{3}$$

ここで ε は十分に小さな正の定数，t は教師信号 (望ましい出力) であり，a_i と a_{out} はそれぞれ入力ユニット i と出力ユニットの出力を表わす。a_i は提示された刺激については 1，提示されない刺激については 0 とする。a_i がかけられるということは，提示されない刺激については 0 がかけられるので何も学習しないことになる。恒等関数を用いているので，$a_{out} = \sum w_j a_j$ となり，出力ユニットへの入力の総和がそのまま出力となる。

この式では学習率は ε だけだが，(1) 式では α，β の 2 つある。また (1) 式では α に添え字がついているように，刺激ごとに異なる学習率をあてはめることが可能である。(3) 式の入力ユニットの活性 a_i が (1) 式の学習率と対応するとしている説明をみたことがある (式の意味を考えずに形だけみるとそうみえる) が，これは誤りである。(3) 式の a_i に相当するものは実は (1) 式には入っていないのであり，提示されない刺激について学習しないというのは (1) 式ではいわば暗黙の了解であり，慎重を期するならきちんとことばで説明する必要がある。また (1) 式では「(実験で用いられている刺激すべてではなく) ある試行で提示された刺激の連合強度の総和」というようにことばで説明することが必要だが，デルタルールの $a_{out} = \sum w_j a_j$ の書き方ではその必要がない。提示されない刺激に相当するユニットの a_j は 0 なので，そのユニットの結合強度 w_j は加算されないということは式に入っているのである。つまり，話を簡単にするために 2 つのモデルをただたんに「同じである」と言っている文献も多くあるが，このように若干異なる部分もあるので，「想定を加えることによって両者を一致させることができる」というのが正確である。このように，表現方法が異なる 2 つのモデルが実は同等であるということを見いだすのは興味深い。(1) 式を少し簡単にした (2) 式はレスコーラ・ワグナーモデルであったが，表記が異なっているだけでデルタルールとも一致し，どちらにも解釈することが可能である。一応数式の表記方法としては，レスコーラ・ワグナー流よりデルタルール流のほうが洗練されているといえるかもしれないが，実際の条件づけ研究では 2, 3 種の条件刺激しか使われないことが多いので，レスコーラ・ワグナー流の表記でも誤解を招く心配はあまりない。実験心理学の文献ではデルタルール流よりレスコーラ・ワグナー流の表記が多く用いられている。

○○○○○○○○○○○○○○○○○○○　**コラム 3**　○○○○○○○○○○○○○○○○○○○

勾配降下法

　デルタルールについては，最初は，「望ましい出力とモデルの出力との差が小さくなるように結合強度を変化させていく」というように直感的に理解すればよい。しかしさらに勾配

(gradient) の概念を理解して，この学習則が勾配降下法 (gradient descent method) として導出できることを理解することも重要であり，他の学習則について理解する手がかりにもなる．有名な誤差逆伝播法も同じ原理であり，本質的に理解するのに勾配降下法の理解は必要である．高等学校ではベクトルや微分を別々に習ったが，これらが合流した，ベクトルの微分などについて扱う数学の分野はベクトル解析とよばれる．勾配もベクトル解析に登場し，物理学などで活躍する．

○○

1.3 閉じた形の解

レスコーラ・ワグナーモデルについて従来はたいていシミュレーションしか行なわれていなかったのが筆者には不満であった．他の方法として偏微分を用いて漸近値を求める手法もあるが，残念ながらこれでは一意に求められない場合が存在する (結合強度の初期値に依存する場合) し，漸近値以外は求められない．そこで山口 (Yamaguchi, 1999, 2000 ; 山口，1999) は数式処理ソフトとよばれるソフトを援用して閉じた形 (closed form) の解が求められることを示した．

(2) 式を用いて説明するが，このような数式はそれだけでは不便であるということがピンと来ない人は，例として「$\alpha = .01$ として条件づけの獲得の第 80 試行では値はいくつか」という問題を考えてほしい．こういう問題をみると「こういうときは式のどこかに 80 を代入すればよい」と簡単に考える人もいると思うが，このモデルはくり返しの計算により値を更新していくので (2) 式にはどこにも代入する場所がなく，このままでは実際に 80 回計算しないとわからないのである．囲み記事の所で述べた $x = 1 - (1-\alpha)^n$ のような解が閉じた形の解であって，これは試行数 n の関数として明示されており，n に 80 を代入して問いに答えることができる $(1 - 0.99^{80} = 0.55)$ ．

山口の論文では数式処理ソフトに任せて解かせていたが，簡単な場合は手計算で容易に導けるのである．むずかしくないので確認していただきたい．条件づけの消去について考えよう．コラム 2 のところで述べた $x = (1-\alpha)^n$ という解はどのように得られるのであろうか．ここでは試行数を明示するためにモデルの式を

$$\Delta x[n+1] = \alpha(0 - x[n]),$$
$$x[n+1] = x[n] + \Delta x[n+1]$$

という書き方にしておく．さきほどの (2) 式と違う形をしているがこれは表現方法を変えただけであって，式の中身はまったく変えていない．

$$x[n+1] = x[n] - \alpha x[n]$$

まではすぐわかるはずだが，さらに

$$x[n+1] = (1-\alpha)x[n]$$

と変形するといっそうわかりやすくなる．最初は $x[0] = 1$ であるので，第 1 試行後に連合強度を更新すると $x[1] = 1 - \alpha$ となる．第 2 試行後にこれが $x[2] = (1-\alpha)x[1]$ と更新されるのだから，今度は $(1-\alpha)(1-\alpha) = (1-\alpha)^2$ となる．この後も簡単な話で，毎回

の更新で $(1-\alpha)$ がかけられるのである。したがって消去の学習曲線は $x[n] = (1-\alpha)^n$ という式で表わされるのである。このように簡潔な形で表わすことができ，以前からこの解は知られていた。ところが最近の多くの動物心理学の教科書に出ていないのはどうしたことか。こうした初歩的な数理は明記するべきだと思う。ハル (Hull, C.L.) やエステス (Estes, W.K.) らの理論が影響力を失い，彼らの数理的研究の成果が最近の動物心理学の教科書にあまり出ていないためか，動物心理学者の間には数学を学ぶ必要を感じていない人もいるようなのは残念なことである。

ところで，ある程度数学に慣れている方のために，もう少しレベルの高い重要な事項に言及しよう (文科系の学部生の人などはここがわからなくてもとりあえずは気にする必要はないが，科学や統計をきちんと学ぼうとするならこのくらいの水準の数学は必ず必要になってくる)。今まで差分方程式というものを扱ってきたわけだが，これは微分方程式というものに対応するものである。理工系の学問では，有名な「ニュートンの運動方程式」をはじめ，多くの微分方程式が登場する。条件づけの消去についての差分方程式をさきほど扱ったわけだが，これを微分方程式に翻訳すると

$$\frac{dx}{dt} = -\alpha x$$

となり，積分を使ってこれを解いて初期条件を指定すると

$$x = e^{-\alpha t} \tag{4}$$

という解が出る。文科系の人はここで出てきた e というのを知らない人もいると思うが，これはシグモイド関数に出てくるものと同じであり，統計解析でおなじみの正規分布の式 (確率密度関数という) にも出てくる重要なものである。微分学の入門書などで学んでおく必要がある。

これらの式は非常に重要であるばかりでなく，実はわれわれにおなじみのものに関係している。最も身近なところでは，温度の冷却がこれらの式で表わされる。気温が 30°C の夏の日に冷たいジュースを自動販売機で買おうとして，あなたはまちがってホットコーヒーのボタンを押してしまった！ 80°C のコーヒーをすぐには飲む気になれず，部屋にそのまましばらく置いておくことにした。するとコーヒーの温度は (4) 式のような経過をたどって徐々に冷えていくのである。その曲線の形はおおよそ図 I–4–1 右と同じであるが，ただしこの場合は 0 でなく気温の 30°C に漸近するのである。放射性元素による化石などの年代測定にもこの式が使われる。放射性元素はしだいに崩壊するが，なかにはすぐ崩壊しきってしまうものもあれば，何億年もかかってやっと少し崩壊するという気の長いものもある。こうした気の長い放射性元素が年代測定に使われているのである。

2. 実験心理学におけるレスコーラ・ワグナー学習則

2.1　一出力ユニットモデル

　では，この学習則を用いたモデルを実験データとどのように対応させるのであろうか。レスコーラ・ワグナーモデルの本来の適用のしかたは，条件刺激に相当するユニットの結合強度を被験体の条件反応の強度と比較する方法である。条件づけの分野ではこのモデルを検証する実験的研究は枚挙に暇がない (レビューとして Miller et al., 1995)。

　認知心理学でも因果関係の判断の分野などでこの理論が検討されるため，もとは動物心理学の理論だったレスコーラ・ワグナーモデルが 1990 年代ごろから *Journal of Experimental Psychology: Learning, Memory, & Cognition* などの認知心理学の雑誌にさかんに登場するようになるというたいへんおもしろい状況にいたっている。この分野ではさまざまな先行事象 (原因) と後続事象 (結果) についての情報を被験者に提示してそれらの因果関係について推論させる実験事態を用いるが，この構造は古典的条件づけと類似しているともみなせるためにレスコーラ・ワグナーモデルが検討されるようになったのである。因果関係の強さに関して，たとえば「0 (まったく関係がない) ～100 (非常に強い関係がある)」というスケールを用いて被験者に数値による判断を求め，その判断とモデルにより予測される連合強度とを比較するのである。

2.2　多出力ユニットモデル

　前節で述べたのは条件づけやそれと実験構造の類似した認知心理学実験であったが，それだけでは心理学のなかの非常に限られたごく一部の領域にしか関係ないと思われるかもしれない。しかしモデルを実験データと対応させる方法はそのようなすぐに思いつく方法だけでなく，ここではもうひとつの別の方法を紹介する。今までは出力ユニットをひとつとしてきたが，複数の出力ユニットをもつネットワークにも同じ学習則をもたせることができる (これは本来の「レスコーラ・ワグナーモデル」とは離れた適用で「レスコーラ・ワグナー学習則」というほうがしっくりするかもしれない)。こうしたモデルを用いるとカテゴリー学習などの実験課題のモデル化が可能であり，入力層はパターンの特徴を，出力層はパターンが属するカテゴリーを表わす。カテゴリー化や分類といった問題は認知心理学における中心的話題のひとつであることを多くの人が知っているであろう。最近のカテゴリー学習の研究は昔とたいへん異なってきており確率的カテゴリーが用いられたりするため，被験者の行なう課題をモデルに学習させると，ただ 1 つではなく複数の出力ユニットが入力を受け取り得ることになる。そこで，複数の出力ユニットの出力 O_i のパターンを，カテゴリー学習の課題における被験者の反応確率となんらかの方法により対応させる必要がある。確率と対応させるということはつまり 0～1 の値に変換するということである。そのためには以下の式を用いればよいが，これもまた e を使った数式である：

$$P_A = \frac{e^{kO_A}}{\sum e^{kO_i}} \qquad (k>0).$$

例として A, B, C の 3 つの出力ユニットをもつモデルを考え，それぞれのユニットの活性が 0.5, 0.3, 0.2 になったとしてみよう．この式で計算すると，A を選ぶ確率は $k=1$ で 0.39, $k=5$ で 0.63 になる．つまり k は被験者が少しでも出力の大きいカテゴリーを積極的に選ぶか (k が大)，出力の多少の差は気にしないか (k が小) を決めるパラメータである．

3. レスコーラ・ワグナー学習則で考えるコネクショニストモデルの諸問題

3.1 条件性制止と結合強度の解釈

古典的条件づけで条件性制止 (conditioned inhibition) とよばれる現象がある．A と X の 2 種の条件刺激を用い，A が提示されたときには無条件刺激が提示され，A と X が同時に提示されたときには無条件刺激が提示されないという実験手続き (記号で表わすと A+, AX−) を行なうと，X は条件性制止子になるといわれる．すると X は，A と同時に提示されたときに条件反応を生起させないのみならず，本来なら無条件反応を誘発するはずのあらかじめ条件づけられた別の条件刺激と同時に提示されても，本来よりも反応を減弱させる．条件性制止の手続きをモデルに学習させると，X の結合強度は負の値をとることになり，漸近値は −1 である．したがって，あらかじめ条件づけられた刺激と同時に提示されると，その刺激により与えられる出力ユニットへの正の入力を相殺するのである．ニューロンのアナロジーで考えると条件性制止子の結合は抑制性シナプスに相当する．

では次に X を一貫して強化するとする．当然，今度は結合強度は 1 に向かって漸近する．それをまた負の値にもどすことも自由にできる．これは数理モデルとしては何も問題ない．しかしこのようなことをニューロンのこととして考えると，シナプスは興奮性と抑制性との間を自由に移り変われるということになり，実際の脳内のニューロンの性質と異なる．このように，モデルが実物の脳と異なる性質をもつことをコネクショニストモデルの欠点としてあげてあるのをみることがよくある．モデルを脳のモデルといわない限りこの批判はあたらないわけだが，一応実物のニューロンの性質に合わせたいという発想も出てくるであろう．そして脳のモデルとしての研究では興奮性シナプスと抑制性シナプスをわざわざ分けているものもある (たとえば甘利，1978)．したがって，この問題は脳モデルの研究者に重視されていないのは事実であるが，見落とされているわけではない．しかしいずれにせよ，安易に「コネクショニストモデル＝脳内の神経回路網のモデル」，「ユニット＝ニューロン」，「結合強度＝シナプス伝達効率」という図式で理解していると問題が生

じてくるということがこの例でもよくわかる。

3.2 自発的回復

　コネクショニズムの問題点が意外にも，古典的条件の非常に古くから知られる現象により提起されることをみよう。まず条件刺激の条件づけを行ない，次に消去する実験を考える。消去を行なうとそのときは反応を喚起しなくなるが，時間を置いてから再びその条件刺激を提示するとまた若干の反応を喚起することが古くから知られており，自発的回復とよばれる。ネットワークにこの手続きを置き換えると，ある刺激に最初は教師信号として1を与え，次に教師信号として0を与えることになる。第2段階の学習で結合強度は0に漸近するはずだが，自発的回復が起こるということは，時間を置くと結合強度がひとりでに再び増加するということになってしまい，こんなことは明らかにレスコーラ・ワグナーモデルと相性が悪い。このモデルは消去を学習解除 (unlearning) としてとらえているのである。

　しかし自発的回復にはまったく異なる説明が可能であることに注意されたい。消去とは獲得した学習を解除するのでなく，第2の学習 (条件刺激の後に無条件刺激が提示されないこと) を獲得するのだという説明も可能である。この実験事実が示すことは，ある時点で反応を喚起しない刺激が複数あったとして，その刺激について過去にどのような学習が行なわれたかによって異なる性質をもつということである。これに対しレスコーラ・ワグナーモデルのような学習則は，過去を問わず現在の結合強度が等しいものを等しく扱い，この想定は道との独立性 (path independence) とよばれる。このように動物学習研究から道との独立性を否定する結果が得られているので，これと矛盾しないモデルを作ることも大きな問題である。現代ではあまり影響力のないエステスの刺激抽出理論では自発的回復が説明されるが，動物心理学のより新しい理論に目を向けると，ほとんどの現代的理論はこれを説明できない (レビューとして Bouton, 1993)。自発的回復のような，パブロフの時代から知られている古典的な現象が現代的理論の盲点となっているのは実に皮肉なことである。

○○○○○○○○○○○○○○○○○○○　コラム 4　○○○○○○○○○○○○○○○○○○○
コネクショニズム＝非線形？

　本章で紹介されたモデルではシグモイド関数を使わない線形モデルであることに疑問をもたれた方もいるかもしれない。ニューラルネットというとすなわち非線形という認識が科学 (とりわけ工学) の世界で広がっているが，心理学のコネクショニストモデルは非線形であることを必要としないはずである。たとえば，線形のモデルでは排他的論理和 (XOR) を実現できないと理解している方もいるであろうが，2つの要素 (elemental) ユニット A, B に加えて，その2つが両方提示されたときのみオンになる A∩B ユニット (形態 [configural] ユニット) を用いれば実現できる (図 I–4–3)。これは線形分離不可能な課題を線形分離可能な課題に変換しているのである。したがって，線形モデルでは複雑な学習はできないというのは誤解である。

ただしこの方式では要素数がふえると形態ユニットが非常に多くなってしまう点がエレガントでないと指摘されている。たしかに，日常的な課題を遂行するのに必要なユニット数が脳のニューロン数をはるかに上回るというのでは話にならない。そこでユニットの数などを制限すると，学習に制約があるということが示されたのである。もっとも，必要なユニット数の増大の問題がどれほど深刻なものかは，モデルをニューロンのモデルととらえるかどうかにもよるであろう。コネクショニズム (ニューラルネット) の研究は生理学者，心理学者，工学者により行なわれており，それぞれの分野は異なる目的をもち，異なるレベルの説明をめざしているのである。初学者はこの点を理解せず混同している人がいるので注意していただきたい。

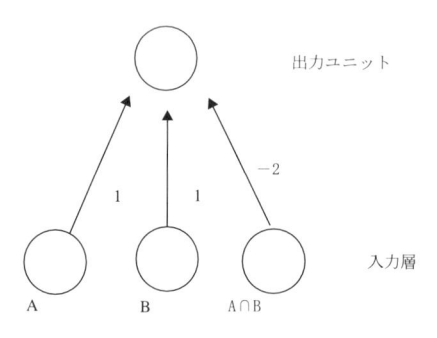

図 I–4–3　排他的論理和を実現するモデル

AとBが両方入力されるときは，その要素である A，B ユニットに加え，A∩B ユニットが活性化する。図に書き込まれた結合の値で，入力が A あるいは B 単独の場合は出力が 1 になり，A，B 両方が入力されると出力が 0 になることを確認せよ。

4. さらに勉強したい人に

これまでみてきたように，動物の古典的条件づけもコネクショニズムに示唆をもつものである。動物学習の分野では神経科学的研究がさかんであり，海馬の神経回路網モデルなどが考案されている (Gluck & Myers, 1997)。こうした脳のモデルでも本章で解説したものと本質的に同じ学習則がよく用いられる。因果関係の判断では最近のチェン (Cheng, 1997) の規範的理論が大きな話題になっている。これは複数の原因が存在する状況について確率論を援用してきちんと定式化したものであり，すでに多くの実験的研究の対象となっている。実験的社会心理学の分野でも同じような実験が行なわれ，本章で紹介されたコネクショニストモデルなどが検討されている (Van Overwalle & Van Rooy, 1998)。カテゴリー学習の実験的研究については最近神経科学との接近が顕著である。海馬損傷による健忘症患者は学習事態についての記憶は阻害されるのにかかわらずカテゴリー学習は

阻害されないことをスクワイア (Squire, L) らが多くの研究で示し (たとえば, Knowlton et al., 1996), カテゴリー学習は大脳基底核が関与するとの主張が生まれた (Ashby et al., 1998)。カテゴリー学習のモデルとしては ALCOVE (Kruschke, 1992) があり, これは従来から大きな影響力をもっている範例 (exemplar) モデルをコネクショニストモデル化したものである。学習則の数式は複雑になるが, これも勾配降下法であるので根本的原理は同じである。また, 本章では相互結合型モデルにいっさいふれなかったが, この種類のモデルにも同じ学習則を使うことが可能である。レスコーラ・ワグナーモデルと聞いて「古くさい学習心理学」などと思い浮かべた方もいると思うが, 実はさまざまな領域の最先端の研究につながっているのである (影響力の大きさについては Siegel & Allan, 1996 も参照)。なお筆者の論文のうち, 山口 (2000) や山口・富田 (1999) は比較的平易なものであるので興味があれば参照していただきたい。

＊＊引用文献＊＊

甘利俊一 1978 神経回路網の数理 産業図書
Ashby, F.G., Alfonso-Reese, L.A., Turken, A.U. & Waldron, E.M. 1998 A neuropsychological theory of multiple systems in category learning. *Psychological Review*, 105, 442–481.
Bouton,M.E. 1993 Context, time, and memory retrieval in the interference paradigms if Pavlovian conditioning. *Psychological Bulletin*, 114, 80–99.
Cheng, P.W. 1997 From covariation to causation: A causal power theory. *Psychological Review*, 104, 367–405.
Gluck, M.A. & Bower, G.H. 1988 From conditioning to category learning: An adaptive network model. *Journal of Experimental Psychology: General*, 117, 227–247.
Gluck, M.A. & Myers, C.E. 1997 Psychobiological models of hippocampal function in learning. *Annual Review of Psychology*, 48, 481–514.
Knowlton,B.J., Mangels,J.A. & Squire,L. 1996 A neostriatal habit learning system in humans. *Science*, 273, 1399–1402.
Kruschke, J.K. 1992 ALCOVE: An exemplar-based connectionist model of category learning. *Psychological Review*, 9, 22–44.
McClosky,M. & Cohen,N.J. 1989 Catastrophic interference in connectionist networks: The sequential learning problem. *The Psychology of Learning and Motivation* (Vol. 24, pp.109-165). San Diego, CA: Academic Press.
Miller,R.R.,Barnet,R.C. & Grahame,N.J. 1995 Assessment of the Rescorla-Wagner model. *Psychological Bulletin*, 117, 363–386.
Rescorla, R.A. & Wagner, A.R. 1972 A theory of Pavlovian conditioning: Variations in the effectiveness of reinforcement and nonreinforcement. In A.H. Black & W.F. Prokasy (Eds.) *Classical conditioning II: Current research and theory.* NewYork: Appleton-Century-Crofts. 64–99.
Siegel,S. & Allan, L.G. 1996 The widespread influence of the Rescorla-Wagner model. *Psychonomic Bulletin and Review*, 3, 314–321.
Sutton, R.S. & Barto, A.G. 1981 Toward a modern theory of adaptive networks: Expectation and prediction. *Psychological Review*, 88, 135–170.
Van Overwalle,F. & Van Rooy, D. 1998 A Connectionist Approach to Causal Attribution. In S.J.Read & L.C.Miller (Eds.) *Connectionist and PDP models of Social Reasoning and Social Behavior.* Lawrence Erlbaum Associates.
Yamaguchi, M. 1999 New methods for solving the Rescorla-Wagner model. *Behavior Research Methods, Instruments, & Computers*, 31, 684–688.
Yamaguchi, M. 2000 Application of the new method for the Rescorla-Wagner model to a probabilistic learning situation. *Psychological Reports*, 87, 413–414.
山口 誠 1999 Rescorla-Wagner 方程式は解ける 早稲田心理学年報, 31, 43–48.
山口 誠 2000 コネクショニスト学習のはなし – Tutorial – 早稲田心理学年報, 32, 21–27.

山口　誠・富田達彦　1999　時にはこういう風に表計算ソフトを使うのも有意義だ－数理モデルの実現－　学術研究－教育心理学編－, 47, 13-24.

第5章

脳損傷とニューラルネットワークモデル
―神経心理学への適用例―

▶ 浅川伸一

　本章では、ニューラルネットワーク研究者と神経心理学研究者との共同研究を紹介している。これらの研究では、コンピュータ上に特定の機能を遂行するためのニューラルネットワークモデルを実現し、ネットワークの一部を破壊することによって対応する部位が損傷を受けたときに生ずる症状をプログラムの出力として表現している。さらに、コンピュータ上でのモデルに対して、さまざまな操作を加えることで、その症状についての真の理解、病状予測、治療計画の立案、予後の予測など、有効な情報を引き出すことができると考えられる。倫理上の制約から、実際の人間の脳を破壊して実験を行なうことは事実上不可能であることを考えれば、ニューラルネットワークは神経心理学に対して強力な道具を提供しているといえるだろう。ここでは、文献としては古典に属するが、この分野のパイオニアたちの初期の仕事を紹介する。いずれも、コンピュータ上に実現されたニューラルネットワークの破壊実験結果と患者の課題成績とを比較することで脳内機構を解明しようとした試みである。最初にパターソンら (Patterson et al., 1989) のトライアングルモデルを使った失語症研究を、次にファラーとマクレランド (Farah & McClelland, 1991) の意味記憶の構造に関する研究を紹介する。最後に、損傷からの回復過程もシミュレーションできることを示している。

1. ボックスアンドアローモデルを越えて

　神経心理学の分野ではボックスアンドアローモデルをもとにした考察と症例検討が行なわれることが多い。課題遂行に必要な下位機能をそれぞれのボックスで表現し、ボックス間を流れる情報を矢印で表現する。脳内の各領野で行なわれている処理がボックスに対応し、領野間の線維連絡が矢印に相当する。したがって神経心理学症状は、ボックスで表現されている機能がそこなわれる (損傷) か、または、ボックス間を結ぶ矢印が途切れる (離断) ことによって症状を記述しようとするのがボックスアンドアローモデルの神経心理学的解釈である。ここには、異なる症状が異なる脳内機構を反映しているという暗黙の了解が存在している。このようなボックスアンドアローモデルの考え方は一定の成果をあげて

きたし，現在も有効な手法である。

図I-5-1 には典型的なボックスアンドアローモデルであるコルトハート (Coltheart, 1985) の 2 重経路 (dual route) 仮説を示した。欧米の失読患者のなかには，単語の綴りと発音と関係が規則的な単語 (regular word) と不規則な単語 (irregular もしくは exceptional word) との間で乖離がみられる患者が存在する。このような乖離を説明するために考え出されたのが 2 重経路仮説である。

図 I-5-1 の左の経路が障害されると書記素音韻対応規則に従う読みしかできなくなる表層失読 (surface dyslexia) とよばれる症状が現われる。一方，左の経路のうちとくに意味系が障害されると tall を long, her を woman などと読み誤る深層失読 (deep dyslexia) とよばれる症状が現われる。ただし，深層失読については無意味語の音読についても障害されることがこの症状を特定するときに重要な判断材料とされているので，深

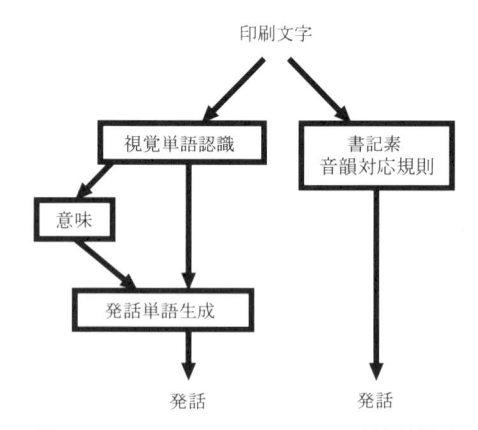

図 I-5-1　コルトハート (1985) の二重経路仮説

層失読については両経路の複合的な障害と考えられる。

ボックスアンドアローモデルは患者の症状をよく説明しているため有効であると考えられている。しかし，ボックスアンドアローモデルに対して以下のような 2 つの本質的な欠点を指摘できる。

① モデル内を流れる情報についての言及が曖昧であるため，典型的な反応パターンがどのようにして生じ，反応パターンがなぜ一貫しているのかが説明できない。それぞれの経路における情報処理様式や神経回路の損傷によって生じる誤処理，誤動作のモデルを考える必要がある。

② 伝統的な神経心理学では，2 重乖離の原理 (principle of double dissociation)，離断の原理 (principle of disconnection) など (山鳥,1985) によって特定の認知機能の機能局在が論じられる。この立場は特定の認知機能の責任領野が，任意の部位に局在していることを暗黙のうちに仮定している。しかし，ニューラルネットワーク研究の

破壊実験では単一部位の損傷によって複数の認知機能障害を同時に説明できる可能性がある。反対に，複数の部位を破壊または離断しなければ高次認知機能障害は発生しないかもしれない。とくに高次認知機能においては，シミュレーションによって確認してみるまでわからないという側面が強い。実際の患者に対して破壊実験を行なうことは不可能であるから，コンピュータ上での破壊実験は，病態の真の理解のためには欠かせない研究である。わが国においてはこのようなシミュレーション研究はきわめて少ないといわざるを得ない。

ニューラルネットワークモデルの存在意義はまさにこのような点にある。いったん学習が成立したネットワークを破壊することで症状を模倣させることができるのである。3節に示す研究は図I-5-1の2重経路仮説に対して疑問を投げかける研究である。この研究で採用されたモデルでは，単一経路モデルでも異なる読みのパターンが再現できることが示される。パターソンら (Patterson et al., 1989) のことばを借りれば2重経路仮説というセントラルドグマへの挑戦である。

なお，コルトハートはみずから2重経路仮説に基づくニューラルネットワークモデルを提出していることを付記しておく (Coltheart et al., 1993; Coltheart & Rastle, 1994; Coltheart et al., in press)。

2. ニューラルネットワークによる脳損傷の表現方法

回路の一部を破壊することによって脳損傷の症状がコンピュータ上で再現できることを示す前に，脳損傷に対応するニューラルネットワークの破壊方法を整理しておく。それぞれの方法が，特定の病変に対応するため，破壊方法を適切に選択することが重要になってくる。

損傷をシミュレートするためには

1. ユニットの除去
2. ユニット間の結合の切断
3. 雑音の付加
    (a) 入力そのものに雑音を加える場合
    (b) 学習が成立した結合強度に雑音を加える場合
4. 活性値の制限
    (a) 上限を下げる
    (b) しきい値を高く設定する

などが考えられる。

ユニットの除去はニューラルネットワークモデルから一部のユニットを取り除くことを意味し，皮質にある神経組織そのものが損傷を受けた場合に相当する。たとえば，3層のニューラルネットワークを考えた場合には，入力層のユニットを取り除くことは入力の無

視，あるいは半側空間無視や部分盲に相当する．一方，出力層のユニットを取り除くことは麻痺などの症状に対応すると考えられる．

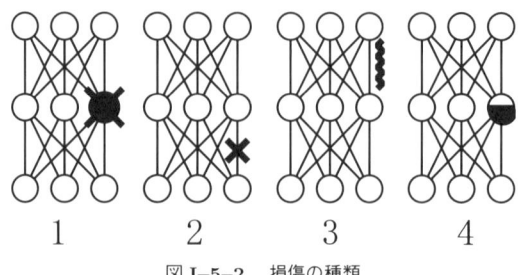

図 I-5-2 損傷の種類

高次脳機能を扱った研究では中間層ユニットを取り除くことがよく行なわれている．中間層ユニットは刺激の内部表現である，あるいは，中間層ユニットは脳内に蓄えられた記憶表現である，ととらえれば取り除かれた中間層によってさまざまな機能障害が発生すると予想される．

結合の切断は，ユニット間の結合強度を 0 にすることに等しく，ニューロン (もしくは皮質) 間の線維連絡が切断された場合に対応する．神経心理学の用語では離断仮説に対応する．この場合，中継核のニューロンが損傷を受けた場合の症状，もしくは皮質下 (白質) の連絡線維に脳硬塞が発生した症状に対応する．

雑音の付加にはさらに細かく 2 種類の方法が考えられる．入力に雑音を加える (a) の場合は回路への入力が劣化していることを表現し，結合強度に雑音を加える (b) ではなんらかの外生要因によってシナプス結合強度が変性している状況に対応する．

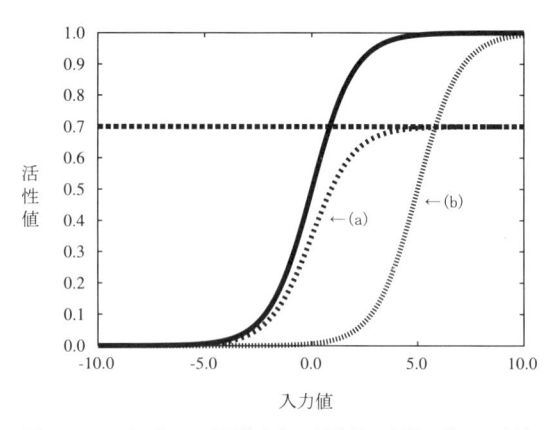

図 I-5-3 シグモイド関数をもつ活性値に制限を設ける方法

活性値に制限を設けることは損傷の結果，ユニットの性能が劣化した結果と解釈できる．上限を設定する方法には一定レベル以上の活性値を強制的にある値にしてしまう方法

と関数の形を変化させる方法とがある。図I-5-3では，関数の形を最大 0.7 にしかならない場合 (a) と，しきい値を 5 に設定して活動しにくくした場合 (b) とのシグモイド関数 (S字状の曲線) の概形が描かれている。オリジナルのシグモイド関数に比べてより大きな値でも活性化しにくいことが読み取れる。

ここに示したいくつかの方法と実際の脳損傷との対応をとることはむずかしい。梗塞や血栓，あるいは外傷などでの損傷の程度によっては，上にあげた複数の破壊方法を組み合わせて用いることも考えられる。

3. トライアングルモデルによる失読症のシミュレーション―パターソンらの研究―

パターソンら (Patterson et al., 1989) はニューラルネットワークモデルによって脳損傷による読みの障害—難読症を説明しようと試みている。彼女らのモデルは 1 節で紹介した表層失読患者の典型的な読み誤りを例証できる。彼女らは，失読症患者の示す読み誤りの症状のなかには，正しい発音と読み誤りとの間の音韻的特徴の類似性が関係していることを明らかにした。

彼女らのモデルでは視覚提示された単語 PINT を /pAnt/ と読みまちがえるような誤りが生じる[1]。この種の誤りは従来，視覚的誤りとして分類されてきた。なぜなら英語では単母音文字 I はけっして /A/ と発音されることはないので，患者は刺激文字 PINT を PANT と見誤ったと解釈されてきたからである。ところが彼女らのモデルでは入力 PINT を与えても /pAnt/ のような誤りを生じることがある。このことから，視覚的誤りと分類されていた読みのエラーは，必ずしも視覚に起因する誤りとはいえないことを示している。PINT→ /pAnt/ の読み誤りは，まったく同じ読み誤りが実際の患者でも報告されており，興味深い結果といえる。

3.1 モデルの構成

モデルはザイデンバークとマクレランド (Seidenberg & McClelland, 1989) に基づいている (図I-5-4)。各層のユニット数は書記素層 400，中間層 200，音韻層 460 であり，各層から次層への結合が全結合である。すなわち書記素層 → 中間層間の結合数は $400 \times 200 = 80000$，中間層 → 音韻層間は $200 \times 460 = 92000$ の結合が存在する。書記素層に入力された単語が中間層を介して音素層へ出力される。各ユニットの活性値は $[0,1]$ 間の実数で，任意の単語は各ユニットの活性値の違いとして表現される。

3.2 入力表現

音素表現はラメルハートとマクレランド (Rumelhart & McClelland, 1986) で開発された表現と同じで，連続する 3 音素が 1 ユニットとして表現されている。この方法では，

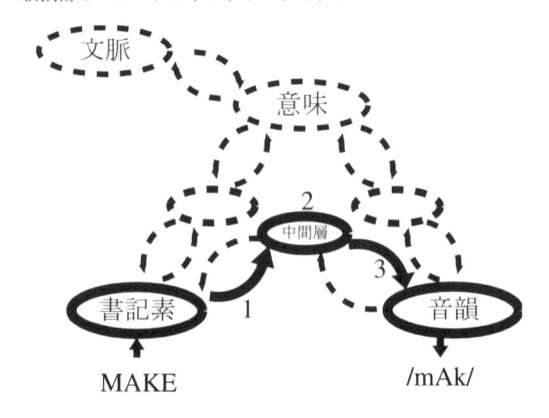

図 I–5–4 ザイデンバーグとマクレランドのトライアングルモデル
図中の実線の部分がパターソンらのシミュレーションに関係する部分である。図中の数字は後述する損傷の場所を表わしている

中央の文字の発音を表現するために，前後の文字も使用されており，局所文脈情報表現 (あるいはトリプレット表現) とよばれることもある。トリプレット表現において MAKE という単語は [語の境界,M,A],[M,A,K],[A,K,E],[K,E,語の境界] を表現する 4 つのユニットの活性化として表現される。このような表現ではユニット数が (文字数+語の境界を表わす記号) の 3 乗だけ必要になるが，彼らは表現の簡略化を行ない 16 ユニットにまでユニット数を減らしている。たとえば [母音, 摩擦音☆2, 閉鎖音☆3] という表現は POST, SOFT などの単語で使われる表現である。このような 3 音素を 1 ユニットで表現すれば文字位置情報を明示的に表現しないため，入力層のユニット数を文字数最長の単語に設定する必要がない。

書記素層での情報表現も音韻表現と同様に，1 番目の文字に 10 文字，2，3 番目の文字に 10 文字ずつからなるテーブルを乱数を用いて作成し，最終的にこの表現を 400 個の書記素層ユニットに変換して書記素層における情報表現としている。上記の連続する 3 文字から構成される局所文脈類似法により単語の類似性が表現されている。たとえば MAKE は MADE や MATE などに類似度が大きく，MILE や SMALL とは隔てて表現されることになる。

3.3 学習

結合強度，しきい値ともに $[-0.5, +0.5]$ の範囲で乱数によって初期化された。学習はバックプロパゲーション法によって行なわれた。学習に用いた単語は 1 音節語 2897 語であり，計 250 エポックで学習が成立するまでくり返された。各語の頻度情報は対数変換して用いられた。すなわち最高頻度語の THE は 0.93，最低頻度語では 0.05 であった。これは 250 エポック中それぞれ 230 回と 12 回学習することを意味する。

実行手順は，最初に入力パターンが書記素層に提示され，その活動が中間層から音韻層へと伝播される。

パターソンらは音韻誤差得点 (ターゲットと音韻層に現われた出力との差の 2 乗和) が単語呼称課題の潜時と正確さとに関係すると仮定して，心理実験データとの比較を行なっている。誤差得点が低いことは速くて正確な反応が生じることを意味する。すなわちノイズが少ないということが正確な反応を意味し，誤差が少ないということがより速く反応基準に達すると仮定している[☆4]。

モデルの学習中のふるまいで注目すべき点は，頻度効果と規則性効果との交互作用についてである。心理実験では，低頻度語に比べて高頻度語のほうが視覚提示された単語を発話するまでの潜時が短いことが知られている (頻度効果)。規則性効果とは不規則語のほうが反応潜時が長いことをさす。頻度効果と規則性効果との交互作用とは，成人の心理実験結果では，高頻度語の場合には規則性効果が生じないが，低頻度語では規則性効果が認められることをさす。モデルの訓練初期には，高・低頻度語とも大きな規則性効果が認められたが，250 回の学習終了後，高頻度語での規則性効果が消失した。このことは，心理実験の結果と定性的に一致するとみなすことができる。

3.4　破壊実験

学習成立後の図 I–5–4 に数字で示した 3 つの部位を破壊した。損傷のシミュレーションでは該当部位のユニットまたは結合強度を 0.1, 0.2, 0.4, 0.6 の割合で 0 にすることでなされた。図 I–5–5 に中間層の破壊 (図 I–5–5 左) と中間層から音韻層へ結合の離断 (図 I–5–5 右) の 2 種類の損傷の影響を示した。図 I–5–5 から以下のようなことが読み取れる。

- 中間層の破壊と中間層から音韻層への結合を離断した場合とでは同じ傾向にあること
- 音韻誤差得点は，破壊の程度の関数として単調に増加すること
- 正しい発音のほうが損傷の影響が大きいこと。すなわち損傷の程度が大きければ，正しい発音と誤りとの差が小さくなる。
- 規則語の正解と読み誤りとの差よりも，不規則語の正解と読み誤りとの差のほうが小さいこと。

実験 2 では，訓練中に提示されなかった新奇語や音韻対応規則に従ってはいるが実際の英語には存在しない非単語を読ませることが行なわれた。モデルが新奇語を読むことができることは，モデルが一般的な発音規則を習得できたことを意味するが，非単語を読むことができることについては注意が必要である。図 I–5–1 の右の書記素音韻対応系が障害された場合，非単語の読みは一般に図 I–5–1 の左の経路を通過しなければならないと考えられてきたからである。そして彼らのモデルには図 I–5–1 の左の経路に対応するニューラルネットワークが実現されていない。このことは従来の読みの誤りの分類に対して，さらには，背景となるボックスアンドアローモデルによる症例の検討に対して再考をせまるものであるといえよう。

彼女らはさらに，図 I-5-5 で示した結果が単語の頻度効果 (実験 3) による説明より，音韻的な類似性から説明できる (実験 4) 可能性を示唆している．

これらの結果と表層失読の患者の以下のような読みの特徴との対応が示唆される (Patterson et al., 1989, p.172, type II の症状)．

- 規則語の音読より不規則語の音読のほうが成績が悪いが，規則語の音読も障害されている．
- 音読の潜時は異常に遅い．1 単語を音読するのに苦労している．
- 非単語の音読が障害されている．
- 規則化 (不規則語を規則語のような音読規則にあてはめて発音する) だけでは誤りの大部分を説明できない．
- 意味性の誤りは認められない．

モデルの成績と患者の症状との間の上記のような類似点から，ニューラルネットワークモデルが神経心理学に対して有効な道具になり得ると考える．

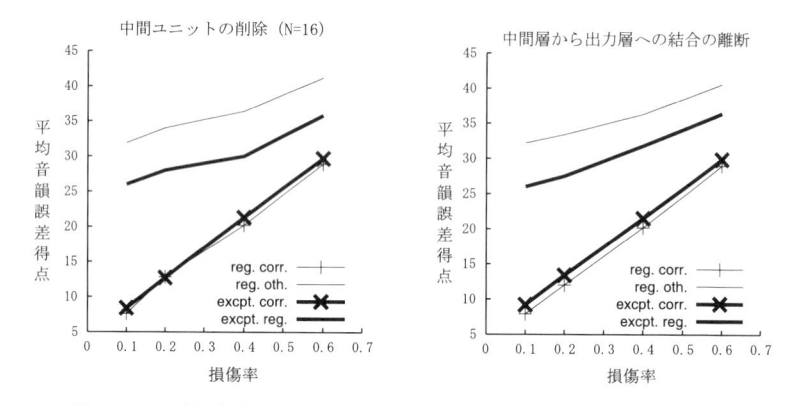

図 I-5-5　破壊実験結果 (Patterson et al., 1989 の図 7.3 をもとに作成)

左が中間層を破壊した場合，右は中間層から音韻層への結合を離断した場合．reg.corr.:規則語を正しく発音した場合，reg.oth.:規則語を正しく発音できなかった場合，excpt.corr.: 不規則語を正しく発音した場合，excpt.reg.: 不規則語を規則語の発音規則で発音した場合．たとえば COVE を /kOv/ と発音すると reg.corr. に，/kUv/ と発音すれば reg.oth. に相当する．一方，MOVE を /mUv/ と発音すると excpt.corr. に，/mOv/ と発音すれば excpt.reg. に分類された．

4. 記憶障害あるいは意味記憶の構造について−ファラーとマクレランドの研究−

意味記憶は，個々の対象についてカテゴリーごとに構成されているのか，それとも意味記憶はモダリティーごとに構成されているのか，についてファラーとマクレランド (Farah

& McClelland, 1991) が行なった研究を紹介する。彼女らのモデルによれば、モダリティーに依存した意味記憶表象を考えれば、カテゴリーに基づく意味記憶表象は説明できることを意味し、認知心理学でしばしば話題になる記憶表象論争に対するひとつの解答を与えている。

4.1 神経心理学的症状

実際の脳損傷患者のなかには、動物や植物などの生物の知識について障害がある一方で、非生物の知識については健常のまま保たれている患者が存在する。ウォリントンとシャリス (Warrington & Shallice, 1984) は、生物の知識と非生物の知識との間で選択的な障害が起こるのは、異なる感覚運動経路からの情報の重みの差異を反映しているためではないか、と述べている。すなわち、生物はおもに感覚的な性質によって互いに区別することが多いが、非生物はおもに機能によって分類される。ある動物、たとえばヒョウは、他の肉食動物と比べておもに視覚的な特徴によって差別化される。これとは対照的に、机の知識については、他の家具との違いを記述するときにはおもに機能、すなわち何のために使うのか、によって差別化される。それゆえ、障害のある知識と健全に保たれている知識との違いは、生物–非生物の違いなのではなく、対象を記述している特徴が感覚–機能の違いであるのかもしれない。

ファラーとマクレランドのモデルは上記の感覚–機能仮説が意味記憶障害を説明できることを例示するために作成された。分散表現された2種類の意味記憶、すなわち視覚的意味記憶と機能的意味記憶とが損傷を受けたとき、生物–非生物の知識が障害されることを説明できる。

4.2 モデル

ファラーとマクレランドのモデルを図 I–5–6 に示す。3つのユニット群、すなわち記憶を表現する意味記憶系と、入出力を表現する2つの周辺系、視覚ユニット群と言語ユニット群とがある。言語ユニット群と視覚ユニット群との間を除いて、すべてのユニットに群

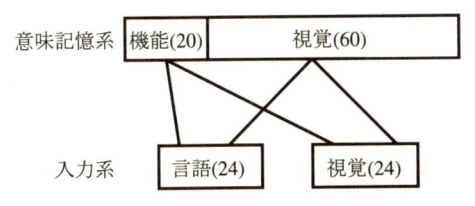

図 I–5–6　ファラーとマクレランド (1991) の意味記憶モデルの概念図

カッコ内の数字は数値実験で用いられたユニット数を表す。意味記憶内で機能的記憶と視覚的記憶のユニット数が異なるのは、彼女らの論文中の実験1（心理実験）の結果を反映している。

間および群内結合が存在する。各ユニットの活性値は $(-1, +1)$ の間をとる実数値であり，しきい値はない。各ユニットの活性値は同期的に更新された。すなわち，それぞれのユニットの活性値を計算するタイミングは全ユニットについて同時である。各周期ごとに，あるユニットに対して出力を送っているすべてのユニットの活性値と結合強度からそのユニットの活性値が計算される。

ニューラルネットワークの入力刺激はそれぞれ 10 個ずつ，生物と非生物を表わす刺激が乱数を用いて作成され，モデルに提示された。生物と非生物とを表わす項目は，視覚情報と名前情報との比率が変えられた。生物項目では平均して 16.1 の視覚意味記憶ユニット，2.1 の機能意味記憶ユニットを，非生物では 9.4 の視覚意味記憶ユニット，6.7 の機能意味記憶ユニットを用いて表現された。

誤差修正学習手続き (デルタルール) によってネットワークが訓練された。絵画パターンが提示されたときには対応する意味記憶パターンと言語パターンが産出されるように，また，言語パターンが提示されたときには対応する意味記憶パターンと視覚パターンが産出されるように訓練された。各訓練試行では，生物，もしくは非生物に対応する絵の名前が名前ユニット群あるいは絵画入力ユニット群に対して提示され，そして，ネットワークは解が安定するまで 10 サイクルの活性値の更新が行なわれた。ユニット間の結合強度の学習については前述のとおりデルタルールが用いられた。

4.3 破壊実験

図 I–5–6 のモデルを訓練後に，任意のユニットを削除した結果を図 I–5–7 に示す。視覚的意味記憶への損傷によって，生物の知識が影響を受け著しく成績が悪くなっているが，非生物の知識には影響が少ないことがわかる。モデル内にはカテゴリーに依存した知識（生物–非生物の違い）が明示的に表現されてはいないことに注意してほしい。図 I–5–7 は，意味記憶における知識がモダリティーに依存した表現（機能的，視覚的表現）をもっていれば，損傷によってカテゴリーに依存した知識（生物に関する知識）が選択的に損傷を受けたかのような出力を生み出すことを意味する。

彼女らは，実験 3 でモダリティに依存した意味記憶障害，すなわち，耳で聞いたときには理解できるが，目でみたときには特定のカテゴリーについての知識に障害を生じる患者のシミュレーションを行ない，実験 4 では，0.2 節で説明した雑音を加える方法によるシミュレーションを行なっている。

結果から，モダリティ依存の意味記憶構造だけを用いて，カテゴリ依存の障害を説明できることが確認された。

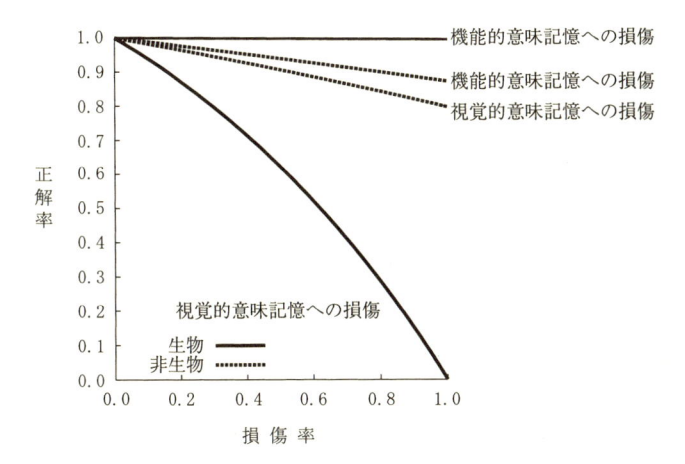

図 I-5-7 生物−非生物別の意味記憶内の損傷の程度と課題成績との関係
(Farah & McClelland, 1991 の表 3 と図 2 より改変)

彼女らは各条件で 0, 0.2, 0.4, 0.6, 0.8, 0.99 の 6 点について各 5 回ずつしか数値実験を行なっていないため実際の曲線は滑らかにならない。そこで，指数関数に回帰させてプロットしなおした。指数回帰を用いれば唯一のパラメータを変化させることで 4 つの条件にそれぞれ対応する曲線を描くことができる。

5. 回復過程のシミュレーション

ここでは回復過程をニューラルネットワークにおける再学習問題ととらえて議論する。なお本節では，高次認知機能に焦点を当てるため，入力系に異常はない，すなわちニューラルネットワーク回路に入力される情報は，損傷前後で変化がないものと仮定する。

一般に梗塞などによって一時的に認知機能に障害を呈しても，リハビリテーションによって回復する場合と回復不可能な場合とがある。回復不可能な場合には，次のようなことが予想されよう。

① 損傷によってそこなわれた認知機能を補完するだけの学習能力がない。
② 加齢の影響で学習速度が遅い。
③ 回復不能な程度に該当部位が損傷を受けている。
④ ある種の病変によって神経細胞が壊死するために受ける能力の低下と再学習による効果とが拮抗する状態になってそれ以上学習が進まない。

ここでは①の場合に絞って考察することにする。②の場合が想定されるのは，長期にわたる追跡調査が事実上不可能なので入院時だけでは変化が観察されないという可能性を考慮したものである。③の場合は片麻痺などの運動機能の障害の場合に観察されることであるが，高次認知機能の場合には，完全に機能しない場合だけではなく，部分的には答えることができたり，正解できる場合とできない場合があることがある。④のような進行性の病

変については今回取り上げない．実際の臨床医の判断では特定の症例では，発症後 1 か月程度で予後が予想できるそうである．このことは②の可能性も否定できないが，加えて，損傷によって脳内の表象が変化し，問題を再学習するときに困難な場合があることを予想させる．

5.1 モデル

①の認知機能を補完するだけの学習能力がない場合，あらかじめ構造化された形の脳内表現の一部が利用不能になった状態であると考えられる．発症後の再学習過程では利用できるユニットが少なくなることで，発症前と異なる内部表現を獲得する必要がある．本来ならシナプス結合を維持するために使われていた栄養因子を残存するユニットが利用することによって再学習が起こると考える．

5.2 理論的限界について

簡単のため出力ユニットが 1 個しかない場合のパーセプトロンを考える．すなわち入力パターン x を 2 分割する問題を考える．$x \in G^+$ であれば正，$x \in G^-$ であれば負を出力するように学習が成立しているものと仮定する．学習すべき問題が n 次元空間で線形分離可能であっても，損傷によって m 個のニューロンが欠落することで，$n-m$ 次元空間で線形分離可能か否かに帰着する．このときパーセプトロンの循環定理によって患者は誤った学習をする．すなわち発症後の回復過程では，理論的な上限が存在し，患者が到達できる正解率の上限は $1 - \frac{1}{2}P(G^+ \cap G^-)$ で与えられる．

5.3 制約つき誤差逆伝播学習法

従来の誤差逆伝播法での学習方程式は，最急降下法

$$\frac{dw_{ij}}{dt} = -\frac{\partial E}{\partial w_{ij}} \qquad (1)$$

のように表わされてきた．この学習方程式は，乳児の言語獲得にたとえることができ，損傷からの回復をモデル化する場合には不向きである．そこで損傷後には，脳内での特定の栄養因子がはたらかず新たにシナプスを形成するのにコストがかかることを考慮して，損傷後の再学習時には $\sum |w_{ij}| = $ 一定 のような拘束条件を設けた学習方程式を提案する．具体的には再学習時は，結合強度 w の更新時に

$$w_{ij} \to \frac{w_{ij}}{\sum_{i,j} w_{ij}} \qquad (2)$$

のような規格化を行なう．上式は，Malsberg のモデルを階層的なネットワークに適用したとみなすことができる．

5.4 数値例

ラメルハートら (Rumelhart et al., 1986) のパリティ問題を例にとって数値実験を行なった結果を図 I–5–8 に示す．パリティ問題とは ON–OFF の 2 値をとる入力に対してON の数が偶数ならば 0，奇数ならば 1 を出力する問題である．

たとえば ON を 1，OFF を 0 と表現すれば $[0000] \to 0$，$[1011] \to 1$ のような出力を与える規則を学習することを意味する．入力層のユニット数 4，中間層 8，出力層 1 のニューラルネットワークにあらかじめ誤差逆伝播法を用いてパリティ問題を解くように訓練した．図 I–5–8 はいったん学習が成立した後，任意の中間層を削除し，上記の誤差更新式にしたがって学習させたときの誤差の減少のようすを学習回数の関数としてプロットしたものである．損傷の程度が大きいほど誤差は減少せず，しかも一定量以上誤差が減少しないことを示している．この傾向は損傷を受けた中間層の数が多ければ多いほど顕著である．高次認知機能の損傷から回復過程のモデルとして，内部状態空間の縮退による限界を考察するほかに，シナプス結合強度の和が損傷前と比べて変化しないという制約のもとにネットワークを訓練する方法を紹介した．この種の研究は極端に数が少なく，実際のリハビリテーション過程との対応は今後の課題である．

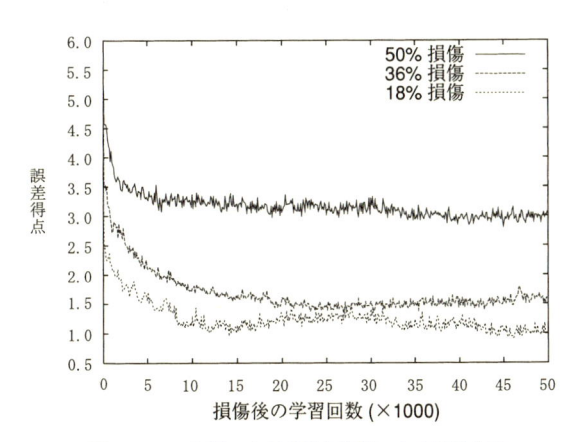

図 I–5–8　制約つき誤差逆伝播法による学習曲線

6. まとめ

ニューラルネットワークモデルを神経心理学の分野に応用する場合について私見を述べておく．

6.1 機能的脳画像研究との関連

以前の神経心理学の進歩は遅かったと聞いている。患者の死後の剖検結果でしか特定の脳機能の責任領野を特定できなかったからである。これが脳の可視化技術の進歩によって状況は激変した。機能的核磁気共鳴法 (fMRI), 陽電子造影法 (PET), 近赤外線分光法 (NIRS) などを用いて特定の認知課題を遂行している間の脳の賦活状態をみることができるようになってきた。これらの研究で明らかになったことは，単純な課題遂行中でさえ，従来考えられてきた担当領野以外にきわめて多くの部位が活性化することと，従来の担当領野であると考えられてきた部位が必ずしも活性化せずむしろ活動を低下させる可能性も考えられることである。活動低下は一見矛盾した結果のようにとらえられがちである。機能的脳画像の研究者たちは，それぞれの手法がもつ独自の技術的問題点や，賦活画像どうしの引き算を行なう際に用いられる統制課題との関連などを考慮しなければならないと考えている。しかし，ニューラルネットワークの視点で考えれば，不思議なことではない。その領野への入力が抑制性の結合であると考えればよいだけである。このようにニューラルネットワークの視点にたてば，活性低下の問題は矛盾なく説明できる。

6.2 神経心理学者との共同研究のすすめ

現在わかっている事実を可能な限り取り入れるのは当然のこととして，まだ明らかでない点，疑わしい点には大胆な仮説を設けてモデルを作ることが重要である。検証は計算機が行なってくれる。計算機上では実際の患者には要求できないような極端な要求や課題を課すことができ，その結果得られるデータも現象の理解に役立つ。こうして得られた知識や予測をもう一度症例の検討にもどって考えてみる，という良好な関係がこの分野の研究をさらに一歩前に進める力になるだろう。モデルだけがひとり歩きした測定なき理論 (theory without measurement) も現象 (症例) の記述のみに終始した理論なき測定 (measurement without theory) も，どちらも研究としては不備がある。ニューラルネットワーク研究と神経心理学研究とは共同研究が望まれている分野であり，筆者も神経心理学者との共同研究をよびかけたい。

6.3 紹介したモデルのその後

はじめに述べたとおり，ここで紹介した研究はこの分野の古典に属する。今日的視点からみれば，ここで紹介する研究にはそれぞれ問題点が指摘できるが，ここでは敢えて言及しなかった。おもな理由は，この章の目的が研究の紹介であって批判ではないからである。ここではオリジナルの研究の意義を感じとっていただければと思う。

それぞれの著者による修正モデルも提案されている (Plaut et al., 1996; Harm & Seidenberg, 1999; Seidenberg et al., 1996; Seidenberg & McClelland, 1989; Seidenberg et al., 1994)。とくに最近の研究では，もうひとつの読みのモデルであるア

トラクタネット (Hinton & Shallice, 1991; Plaut & Shallice, 1993) の概念を取り入れている。アトラクタネットでは，失読症患者が音読に異常に時間がかかる問題——逐次読み (letter-by-letter reading) の現象を説明できると考えられ，興味深いニューラルネットワークモデルである。対応する日本語の読みのモデルとして伊集院ら (Ijuin et al., 2000) をあげておく。

注)

☆1： 一般には PINT を /pint/ と読みまちがえるエラーのほうが多い
☆2： f,v,ʃ など
☆3： p,b,t,d,k,g など
☆4： 反応時間のニューラルネットワークモデルについてはマクレランドの GRAIN モデルがある (McClelland, 1993)

＊＊引用文献＊＊

Coltheart, M. 1985 Cognitive neuropsychology and the study of reading. In M.I. Posner & O. Marin (Eds) *Attention and Performance XI* chapter 1. Hillsdale, NJ: Erlbaum. 3–37.

Coltheart, M., Curtis, B., Atkins, P. & Haller, M. 1993 Models of reading aloud: Dual-route and parallel-distributed-processing approaches. *Psychological Review*, 100 (4), 589–608.

Coltheart, M. & Rastle, K. 1994 Serial processing in reading aloud: Evidence for dual-route models of reading. *Journal of Experimental Psychology: Human Perception and Performance*, 20, 1197–1211.

Coltheart, M., Rastle, K.,Perry, C., Langdon, R. & Ziegler, J. (in press). DRC: A dual route cascaded model of visual word recognition and reading aloud. *Psychological Review*.

Farah,M.J. & McClelland,J.L. 1991 A computational model of semantic memory impairment: Modality specificity and emergent category speciffcity. *Journal of Experimental Psychology: General*, 120 (4), 339–357.

Harm, M. W. & Seidenberg, M. S. 1999 Phonology, reading acquistion, and dyslexia: Insights from connectionist model. *Psychological Review*, 106(3), 491–528.

Hinton, G. E. & Shallice, T. 1991 Lesioning an attractor network: Investigations of acquired dyslexia. *Psychological Review*, 98(1), 74–95.

Ijuin, M., Fushimi, T., Patterson, K., Sakuma, N., Tanaka, M., Tatsumi, I., Kondo, T. & Amano, S. 2000 A connectionist approach to naming disorders of Japanese in dyslexic patients. In *Proceedings of the 6th International Conference of Spoken Language Processing*. Beijing. 32–37.

McClelland, J. L. 1993 Toward a theory of information processing in graded, random, interactive network. In D.E. Meyer & S. Kornblum (Eds.) *Attention and Performance XIV: Synergies in experimental psychology, artificial intelligence and cognittive neuroscience*. Cambridge, MA: MIT Press.

Patterson,K.,Seidenderg, M.S. & McClelland, J.L. 1989 Connections and disconnections: Acquired dyslexia in a computational model of reading processes. In R.G.M. Morris (Ed.) *Parallel Distributed Processing: Implications for Psychology and Neurobiology*, chapter 7 Oxford: Oxford University Press. 131–181.

Plaut, D. C., McClelland, J.L., Seidenberg, M. S & Patterson, K. 1996 Understanding normal and impaired word reading : Computational principles in quasi-regular domains. *Psychological Review*, 103, 56–115.

Plaut, D. C. & Shallice, T. 1993 Deep dyslexia: A case study of connectionist neuropsychology. *Cognitive Neuropsychology*, 10(5), 377–500.

Rumelhart, D. E., Hinton, G. E. & Williams, R. 1986 Learning internal representations by error propagation. In D. E. Rumelhart., J. L. McClelland. & the PDP research group (Eds.)

Parallel distributed processing: Explorations in the microstructures of Cognition. Volume 1 chapter 8. Cambridge, MA: MIT Press. 318–362.

Rumelhart, D. E. & McClelland, J. L. 1986 On learning the past tenses of English verbs. In D. E. Rumelhart & J. L. McClelland (Eds.) *Parallel Distributed Processing: Explorations in the microstructures of cognition*, Volume 2 chapter 18. Cambridge, MA: MIT Press. 216–271. （この章は邦訳書では省略されている）.

Seidenberg, M. S. & McClelland, J. L. 1989 A distributed, developmental model of word recognition and naming. *Psychological Review*, 96(4), 523–568.

Seidenberg, M. S., Petersen, A., Plaut, D. C. & MacDonald, M. C. 1996 Pseudohomophone effects and models of word recognition. *Journal of Experimental Psychology: Learning, Memory, and Cognition*, 22(1), 48–62.

Seidenberg, M. S., Plaut, D. C., Petersen, A. S., McClelland, J. L. & McRae, K. 1994 Nonword pronunciation and models of word recognition. *Journal of Experimental Psychology: Human Perception and Performance*, 20(6), 1177–1196.

Warrington, E. K. & Shallice, T. 1984 Category specific semantic impairments. *Brain*, 107, 829–854.

山鳥 重　1985　神経心理学入門　医学書院

第 II 部

第6章

ニューラルネットワークモデルによる自然認識の分析と評価

> 松原道男

　日常生活で，たとえば犬がいるということを私たちが認識する場合，犬の明確な定義に基づいて認識しているであろうか。「犬はどんな動物ですか」と聞かれたならば，「4本足で，大きなとがった口があって，ワンとないて…」などと説明するかもしれない。しかし，そのような細かいことを確認したうえで，認識しているとはとうてい考えられない。なぜなら，私たちは犬であることを瞬時に認識しており，しかもその認識過程を簡単にことばで説明することができないからである。これは日常生活の話で，たとえば，自然科学者は自然事象を明確な定義のもとに認識しており，また，自然科学はすべて論理的に説明したものであると思うかもしれない。筆者らが携わっている理科教育においても，論理的な説明は重視され，科学的説明の代名詞ともいえる扱いを受けており，評価においてもそれに基づいた言語や記号を用いる方法が一般的である。ところが，科学者の認識といえども，常に論理的に行なっているだけではなく，瞬時に行なっている認識もある。ではことばでの表現が困難なこの認識過程をどのように表現できるのか。それは，ニューラルネットワークがその道具になり得ると考えている。ニューラルネットワークは，論理的な知識表現と違った新しい知識表現を可能にし，認識過程の新しい分析法を与えてくれる道具であるといえる。さらに，知識や認識についての新しい理論を提供してくれるものであり，学習観にも影響を与えるものである。

1. 自然認識における情報処理

1.1　分析的処理と全体的処理

　図 II-6-1 に示したのは，机に置かれた本である。一目で不安定な置き方をしていることがわかり，手を離すと本は床に落ちてしまうと予測できる。また，図 II-6-2 の左の天秤も，左右のおもりが同じ材質でできているならば，左に傾くとすぐに判断できる。しかし，右の天秤になると，どちらに傾くか微妙であり，左右の「うでの長さ×おもりの重さ」，いわゆるモーメントを求める必要がある。このように自然事象を認識する場合，一

目で直観的に判断できる場合と記号や数式を必要とする場合がある。科学的な認識というと，一般的には後者をイメージするのではないかと思われる。

これまでの自然認識の研究で注目されてきたのは，後者の記号や数式によってとらえられる認識の論理的側面である。初期においてはピアジェ（Piaget, J.）の研究が基盤となり，それを発展した研究が行なわれてきた。たとえば，ローソンとカープラス（Lawson & Karplus, 1977）は，科学的概念の理解に関する課題と論理的思考を明らかにするピアジェの課題を用いて調査を行なっている。その結果，論理的思考が発達しなければ，DNAや遺伝，進化，理想気体，生態系などの科学的概念や原理について，理解ができないことを明らかにしている。また，シーグラー（Siegler, 1978）は，天秤の課題について，子どもはいくつかのルールを用いて解答を行なっていることを明らかにしている。これらのル

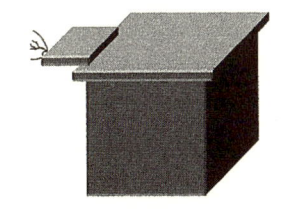

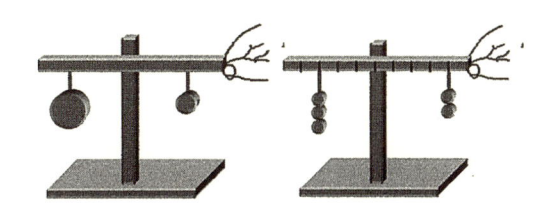

図 II-6-1　机の上に置かれた本　　　　　　図 II-6-2　天秤の課題

ールや論理的思考は，ラルキン（Larkin, 1981）や正司（1988）の研究でみられるように，プロダクションシステムによって表現することができる。その知識観は，知識は論理的記述や明確な定義に基づくというものである。つまり，言語や記号，数式によって容易に表現できるというものである。そして，そのおもな処理は分析的処理で，自然事象を各要素に分離し，その要素の関係からとらえるものである。

一方，自然認識には，図 II-6-1 に示した机の上の本や図 II-6-2 の左に示した天秤の課題のように，みればすぐに判断できるものがある。また，犬を認識する場合も同様である。そして，どうしてそう認識できるのかはことばで説明しにくい。つまり，言語や記号では表現しにくい処理が存在すると考えられる。これをここでは，分析的処理に対して全体的処理ということばを用いる。分析的処理と全体的処理の特徴については，出口（1996）が表 II-6-1 のようにまとめている。

自然認識においては，分析的処理と全体的処理のどちらが重要というのではなく，両処理とも重要な役割を果たす。たとえば，専門家は，電気回路に対して定量的にとらえるといった分析的処理の前に，定性的レベルで回路をとらえるといった全体的処理を行なうことが報告されている（Kleer, 1984）。この全体的処理によって，回路全体の特徴や意味をとらえ，分析的処理を行なう際の観点や解答方略を決定すると考えられている。

表 II-6-1　分析的処理と全体的処理の特徴（出口，1996）

	＜分析的処理＞	＜全体的処理＞
知覚レベル	部分をみる	全体をみる
記憶レベル	言葉や意味を考えておぼえる	イメージでおぼえる
思考レベル	論理的に考える	直観的に考える
行動レベル	ゆっくり行なう	すばやく行なう

1.2　プロトタイプによる情報処理

　全体的処理は，短時間に行なわれるパターン処理ととらえることもできる。たとえば犬を認識する場合，その人が犬についてのカテゴリーの原型であるプロトタイプ（prototype）をもっており，そのプロトタイプにある程度あてはまっていれば，犬と認識できるというものである。つまり，対象とプロトタイプとをパターン照合するととらえることができる。このような犬などの日常生活で用いられる自然カテゴリーやプロトタイプについては，桐村（1985）などの解説が参考になる。天秤の課題にあてはめると，つりあうという状態についてのプロトタイプを，たとえば図 II-6-3 に示したように形成しているとする。これから大きくはずれている場合は不安定に感じ，つりあわないと即座に判断できるものと考えられる。

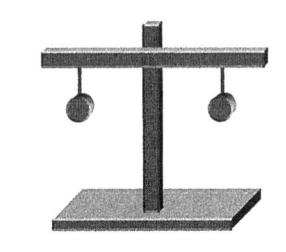

図 II-6-3　天秤のプロトタイプ

　では，プロトタイプは，どのようにして形成されるのかということになるが，知識を記号や数式で表現する考え方では，説明するのがむずかしい。ところが，安西（1988）や戸田山（1999）が指摘するように，ニューラルネットワークは，中間層がこのようなプロトタイプを自動的に生成するといったネットワーク上の特性をもつ。典型的なプロトタイプといわないまでも，対象の特徴を検出する役割があるといえる（Dayhoff, 1990/1992）。そこで，ニューラルネットワークを用いて全体的処理を表現し，プロトタイプや特徴検出などを対象に，その特徴を分析し評価していくことが考えられる。

2. ニューラルネットワークによる自然認識の分析方法

2.1　全体的処理を調べる課題

　ニューラルネットワークによる全体的処理の分析について，ここでは大学生 20 人を対象にした調査について示す。調査は，図 II-6-4 に示した電気回路に関する課題を個別に行なったものである。回路 A の矢印で示した部分と，回路 B の矢印で示した部分との電流の強さを比較し，どちらが強い電流が流れるかあるいは同じかを解答させる定性的な

問題である。問題は，回路 A はそのままで回路 B のみを変える 11 問よりなり，コンピュータ画面に提示した。提示時間は 10 秒間で，その時間内に口頭によって解答させた。このように短時間での解答を求めたのは，全体的処理は時間を要しないことによる。あらかじめ学生には，これから提示する乾電池一つひとつは同じ乾電池であり，抵抗一つひとつも同じ抵抗であることを知らせておいた。また，回路図では，乾電池を長さの異なる 2 本線で示すが，短時間での解答のため見誤らないように，図のように模式的に示すことを

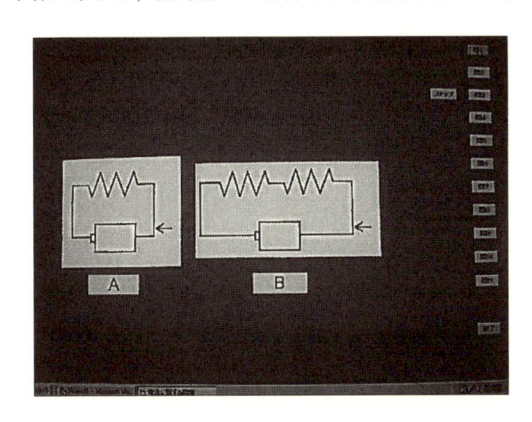

※左図は問1の提示画面である。
問題は11問で，回路Bのみ下図に示したように変わる（一部）。

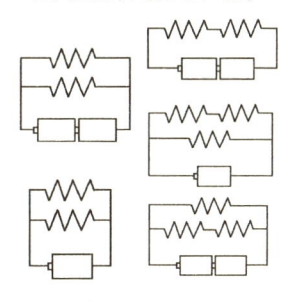

図 II-6-4　全体的処理を調べる課題

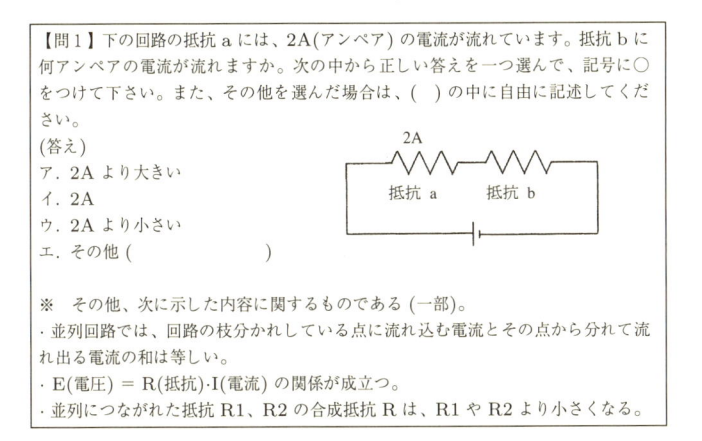

【問1】下の回路の抵抗 a には、2A(アンペア) の電流が流れています。抵抗 b に何アンペアの電流が流れますか。次の中から正しい答えを一つ選んで、記号に〇をつけて下さい。また、その他を選んだ場合は、（　）の中に自由に記述してください。
（答え）
ア．2A より大きい
イ．2A
ウ．2A より小さい
エ．その他（　　　　　　）

※　その他、次に示した内容に関するものである (一部)。
・並列回路では、回路の枝分かれしている点に流れ込む電流とその点から分れて流れ出る電流の和は等しい。
・E(電圧) = R(抵抗)・I(電流) の関係が成立つ。
・並列につながれた抵抗 R1、R2 の合成抵抗 R は、R1 や R2 より小さくなる。

図 II-6-5　分析的処理を調べる課題

知らせておいた。比較のために，全体的処理を用いる課題を行なった後，図 II-6-5 に示した分析的処理を用いる課題も解答させた。この課題は，具体的に電流の値や抵抗の値を示したもので，回路に関する一般的定義や数式を用いて解く 7 問よりなる課題である。解答は，筆記によって行なわせた。

解答から正答率を求めた結果,全体的処理の課題の正答率は 50 % であり,分析的処理の課題の正答率は 84 % であった。このことから,全体的処理の課題の正答率は分析的処理の課題の正答率に比べて低いことがわかる。また,両課題とも 1 問を 1 点として得点化を行ない,全体的処理の得点と分析的処理の得点の相関を求めた。その結果,相関係数は 0.19(p=0.44) であり,有意な相関は認められなかった。このことから,単純な得点化による評価では,全体的処理の得点と分析的処理の得点との間に,関係が認められないことがわかる。

2.2 ニューラルネットワークのモデルの作成

(1) モデル作成の基本

ニューラルネットワークのモデルは,学生一人ひとりについて作成する。ニューラルネットワークは,いろいろな理論に基づいた構造が異なるものが多数存在する。そこで,モデル作成においては,課題および学生の解答を表現できるような,適当なニューラルネットワークを選ぶ必要がある。基本的には,課題をモデルの入力値あるいは初期値とし,学生の解答をモデルの出力値あるいはネットワークの安定した状態として考える。つまり,課題を入力するとその学生の解答と同じ結果を出力したり,安定な状態になったりするモデルを作成する。そして,作成されたモデルを分析することにより,その学生の認識の特徴を類推するものである。

ここで問題になるのは,モデルはあくまでもその人と同じ解答結果を示すものであり,その人が行なっている処理と等価とみなせるかということである。入出力だけの一致と考える場合は,他のいくつかの過程があってもよいことになる(住任,1991)。この問題については,安西 (1988) が指摘するように,「重要なのは特定の認識現象について特定のモデルを構成し,その結果を蓄積していくこと」であると思われる。ここに示すモデルは,その人が行なっている処理と必ずしも等価であるとは限らない。しかし,認識の特徴が明らかである解答を用いてモデルを作成し,その特徴が表われるようにモデルの構造と分析法を決定することによって,等価性を高めていくことを考えた。課題および学生の解答の形式から,モデルは,入力ユニットから出力ユニットまですべて順方向のみに結合されている多層ネットワークを採用し,学習規則として,ラメルハートら (Rumelhart et al., 1986/1988) によるバックプロパゲーションを用いた(以下,BP モデルと略す)。

(2) モデルの構造

モデルは,図 II–6–6 に示したように,入力層,中間層,出力層からなる。入力層のユニットは,45 個のユニットで表現し,視覚的に簡略化して抵抗と電池を示している。横のユニット 3 つを組にし,最も多い場合で乾電池 2 つ (V1〜V2),抵抗 4 つ (R1〜R4) の計 6 つを示すことができる(図のアミの部分)。出力層のユニットは 9 個とし,横のユニット 3 つを組にして,回路 B の電流が「弱い」「同じ」「強い」の 3 つの解答を表現する。入力層のユニットはすべての中間層のユニットに連結し (45×4 の連結),中間層の

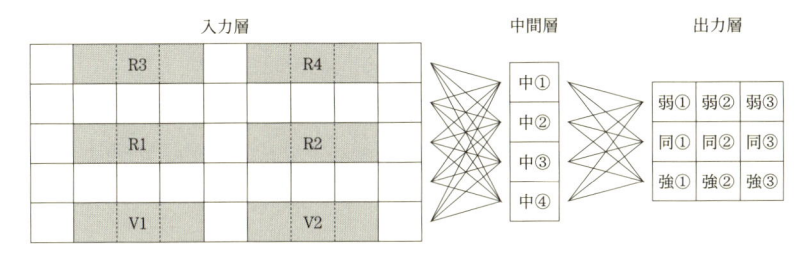

図 II-6-6　ニューラルネットワークの構造

	R3		R4	
	R1		R2	
	V1		V2	

入力層　　　　　中間層　　　　出力層

中間層: 中①, 中②, 中③, 中④

出力層:
弱①	弱②	弱③
同①	同②	同③
強①	強②	強③

ユニットはすべての出力層のユニットに連結している（4×9の連結）。情報は入力層から出力層に向かって送られるが，各連結部分では異なった結合強度がかけられる。とくに，中間層の各ユニットは，入力層から入力してきた情報を集約するはたらきがあり，さきに述べたプロトタイプの形成や，入力情報をいくつかの特徴パターンとしてとらえる特徴検出の役割を果たす。中間層のユニット数は，後に述べるように認識の特徴が明らかである解答について，その特徴が表われるように決定した結果，4つとなった。

　入力層における課題の表現は，数値的には各問題の乾電池と抵抗を「1」とし，それ以外を「0」とした。出力層のユニットは，「回路 B のほうが電流が弱くなる」という解答に対して，上横3つのユニット（弱①〜弱③）が「1」を出力し，それ以外のユニットが「0」を出力するようにした。同様に，「同じ」という解答に対して，中央横3つのユニット（同①〜同③）のみが「1」を出力し，「回路 B のほうが電流が強くなる」という解答に対して，下横3つのユニット（強①〜強③）のみが「1」を出力するようにした。たとえば，図 II-6-4 に示した問1を例にあげると，回路 B のほうが電流が弱くなると解答した場合の入力値と出力値は，図 II-6-7 のようになる。

入力層のデータ	出力層のデータ
(問1の場合)	(電流が弱いという解答)
000000000	111
000000000	000
011101110	000
000000000	
011100000	

図 II-6-7　入力層と出力層のデータ例

　なお，入力層のユニット数については，最小で乾電池2つと抵抗4つの計6つ，出力層のユニットは「弱い」「同じ」「強い」の計3つでよい。ここで，敢えて多くしたのは，次の理由による。
- 入力層における課題を視覚的な表現に近づけるため。
- 乾電池や抵抗と関係のないユニットの結合強度は，0 に近い値になることを示すため。
- 結合強度の大小をもとにした特徴検出に関する判断を容易にするため。

（3）モデルによる演算

　モデルの初期の状態においては，各連結部分の結合強度は 0 に近い値がランダムに設定されている。したがって，各問題を入力してもその学生の解答と同じ値を出力しない。そこで，各連結部の結合強度を変化させる必要がある。BP モデルでは，以下のように結

合強度を変化させる。詳しくは麻生（1988），菊地（1990）などの解説が参考になる。まず，入力層のユニット i から中間層のユニット j の結合強度を w_{ji} とし，ユニット i からの出力値を S_i とすると，ユニット j への入力値（x_j）は式 (1) のようになる。

$$x_j = \sum_i S_i w_{ji} \qquad (1) \qquad \text{（図 II-6-8 参照）}$$

ユニット j の出力値（S_j）は，式 (2) のシグモイド関数で示される。

$$S_j = \frac{1}{1 + e^{\frac{-(x_j - \theta_j)}{T}}} \tag{2}$$

図 II-6-8　ユニットの入出力

ここで，「θ」はしきい値である。「T」は温度とよばれる定数である。θ が 0 の場合，ユニット j の出力値 S_j は図 II-6-9 のようになり，ユニット j の入力値 x_j が小さければ小さいほど 0 に近い値が出力され，大きければ大きいほど 1 に近い値が出力される。中間層のユニットから出力層のユニットへの処理も同様である。

　BP モデルでは，入力のデータに対して，期待する出力層の出力値（教師信号）を考える。ここでいう教師信号は，モデルで示そうとする学生の解答である。出力層の出力値が教師信号と一致するように，バックプロパゲーションという次のような結合強度を変化させる演算を行なう。

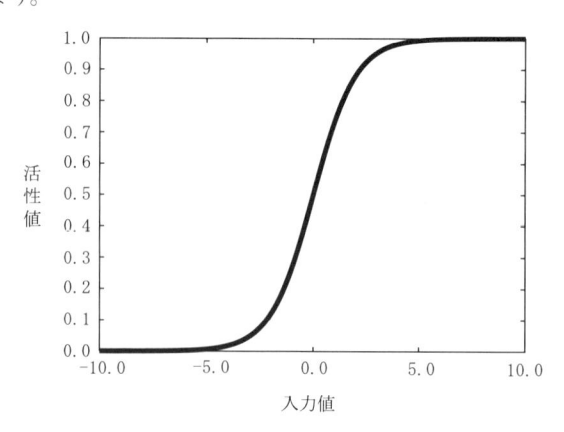

図 II-6-9　シグモイド関数によるユニットの出力値

出力層のユニット k の出力値 S_k，教師信号 t_k，ユニット k への入力の和 x_k から，誤差 (δ_k) を式 (3) により求める．

$$\delta_k = (t_k - S_k)f'(x_k) \tag{3}$$

$f'(x)$ は $f(x)$ の微分であり，$f(x)$ は式 (2) から，$f'(x) = f(x)(1-f(x))$ となる．中間層のユニット j の誤差 δ_j については，式 (4) によって求める．

$$\delta_j = \left(\sum_m \delta_m w_{mj}\right) f'(x_j) \tag{4}$$

以上のようにして求めた誤差をもとに，ユニット i からユニット j の結合強度 w_{ji} の変化 (Δw_{ji}) を式 (5) により求める．

$$\Delta w_{ji} = \eta \delta_j S_i \tag{5}$$

η は学習率で定数である．ここでは 0.2 に設定した．S_i はユニット i の出力値である．変化させた結合強度をもとに，入力層から再びデータを入力し，出力層の出力値と教師信号（その学生の解答）の誤差を求める．この処理をくり返し，すべての問題において出力値と教師信号が一致するように演算をくり返す．ここでは，出力層の出力値の平均誤差が 5 % 以下になるまで，約 5000 回演算をくり返した．以上のように，ネットワークの結合強度を変化させることにより，自動的に中間層の細胞が特徴検出を行なったり，プロトタイプを形成したりするようになる．なお，本モデルの作成および演算については，CRC 社のニューラルネットワーク構築ソフト RHINE を用いた．

2.3 ニューラルネットワークのモデルによる分析方法

モデルの分析については，まず，回路の特徴のとらえ方が明確である全問正答の解答を表現したモデルに着目する．全体的処理の課題を全問正答した学生は 1 人であった．そのモデルの結合強度を表 II–6–2 に示した．表 II–6–2a に入力層から中間層の結合強度を図 II–6–6 のニューラルネットワークの構造に対応するように示した．同様に表 II–6–2b に中間層から出力層の結合強度を示した．結合強度は，0 に近いものから，絶対値の大きいものまである．乾電池や抵抗を表現していないユニットの結合強度（表 II–6–2a の白い部分）は，0 に近い値になっている．中間層の 4 つのユニット一つひとつは，特徴を検出する役割がある．そこで，まず，絶対値 1.5 以上を基準にして，中間層の 4 つのユニットがそれぞれ，回路 B のほうが電流が「弱い」「同じ」「強い」のどの出力結果に，積極的に関与しているかを明らかにする．これについては，出力層のユニットが，それぞれ「弱い（弱①〜弱③）」「同じ（同①〜同③）」「強い（強①〜強③）」に対応しているので，それぞれの出力層のユニットに対して，どの中間層のユニットの結合強度が 1.5 以上であるかを分析すればよいことになる．出力層の横 3 つのユニットは同じ意味を表現しているため，表 II–6–2b からわかるように，その 3 つのユニットへの結合強度は同じような値になる．表 II–6–2b において，結合強度が 1.5 以上の荷重を □ で囲んでいる．中間層の中

76　第6章　ニューラルネットワークモデルによる自然認識の分析と評価

表II-6-2　全問正答モデルの結合強度

a: 入力層から中間層への結合強度

中①	-0.299	-2.669	-2.852	-2.948	0.293	-0.189	-0.316	-0.052	0.225
	0.038	-0.089	0.215	-0.245	-0.032	0.018	0.097	0.169	0.135
	-0.184	-0.506	-0.617	-0.824	-0.228	2.943	2.872	3.082	0.273
	0.185	0.193	0.008	-0.211	-0.297	0.061	-0.088	0.011	0.255
	0.050	-0.596	-0.860	-0.943	-0.294	-2.654	-2.983	-2.836	0.023
中②	-0.214	4.652	4.421	4.411	0.251	-2.254	-2.474	-2.397	-0.083
	-0.022	0.206	-0.140	-0.244	-0.134	0.135	-0.025	-0.068	-0.209
	-0.158	-0.143	-0.562	-0.335	-0.136	-2.238	-1.960	-2.089	-0.164
	0.217	0.299	0.204	-0.266	0.052	-0.176	0.146	0.065	-0.044
	-0.174	-0.375	-0.726	-0.735	0.114	2.328	1.947	2.225	0.181
中③	0.010	-0.517	-0.822	-0.729	-0.208	-0.101	0.231	0.245	0.200
	0.293	-0.004	0.269	-0.044	0.226	0.190	-0.056	0.133	-0.278
	0.150	0.986	1.032	0.990	0.192	1.261	1.143	1.261	0.010
	-0.092	0.119	0.243	0.279	0.049	-0.206	0.041	-0.226	0.097
	-0.198	1.249	1.362	1.356	-0.185	-0.998	-0.891	-1.079	-0.044
中④	-0.237	3.760	3.640	3.594	0.234	-1.561	-1.760	-1.690	0.139
	0.269	-0.075	0.289	0.156	-0.283	-0.183	0.205	0.264	0.200
	0.252	-0.246	-0.575	-0.251	0.296	-1.708	-2.139	-2.041	0.124
	0.029	-0.109	0.143	-0.061	0.043	0.076	-0.234	-0.098	0.060
	-0.092	-0.480	-0.414	-0.454	-0.269	2.041	2.092	1.732	0.148

b: 中間層から出力層への結合強度

	弱①	弱②	弱③
中①	5.797	5.801	5.797
中②	-4.292	-4.159	-4.371
中③	-2.945	-2.916	-2.935
中④	-3.186	-3.302	-3.111

	同①	同②	同③
中①	-6.208	-6.201	-6.204
中②	-3.026	-3.053	-3.089
中③	3.191	3.191	3.179
中④	-3.353	-3.330	-3.289

	強①	強②	強③
中①	-5.643	-5.659	-5.654
中②	4.010	4.083	4.034
中③	-3.254	-3.518	-3.500
中④	2.900	2.803	2.843

□ 積極的な意味をもつ
⃞ 消極的な意味をもつ
▨ 乾電池や豆電球を示した
　ユニットの結合強度

①のユニットが「電流が弱い」に積極的に関与し、中③のユニットが「同じ」、中②と中④のユニットが「電流が強い」に積極的に関与していると判断できる。

　次に、中間層のユニットの1つが、たとえば、「電流が強い」ということに関与していた場合、「電流が強い」ということを全体的にどのようにとらえているかを明らかにする。これについては、表II-6-2a から、その中間層のユニットに連結する入力層のユニットの結合強度を分析した。表II-6-2a の場合、中②と中④の結合強度である。そして、絶対値1.5 以上を基準にして、その結合強度が 1.5 以上であれば、電流が強いということに積極的な意味をもち、結合強度が −1.5 以下であれば、「電流が強い」ことに消極的な意味をもつと考えた。表II-6-2a においては、結合強度が 1.5 以上の積極的な意味をもつ結合強度を□で囲み、結合強度が −1.5 以下の消極的な意味をもつ結合強度を⃞で囲んでいる。中②と中④は、同じく「電流が強い」に関与しているため、同じ結合強度パターンになっている。図II-6-6 の構造と対応させると V2, R3 に対して積極的な意味をもち、R2, R4 に対して消極的な意味をもつ結合強度のパターンになっている。そして、「電流が弱い」についても同様に、表II-6-2a の中①の結合強度を分析した。この表II-6-2a を簡略化し

て示したのが図II–6–10である。図II–6–10には,「回路Bのほうが電流が弱くなる」と「回路Bのほうが電流が強くなる」の2つのとらえ方を示し,乾電池や抵抗に対して積極的な意味をもつ場合を□で示し,消極的な意味をもつ場合を「■」で示した。

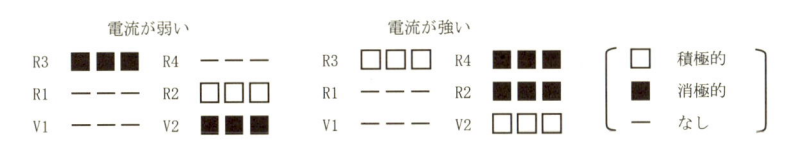

	電流が弱い				電流が強い			
R3	■■■	R4	ーーー	R3	□□□	R4	■■■	□ 積極的
R1	ーーー	R2	□□□	R1	ーーー	R2	■■■	■ 消極的
V1	ーーー	V2	■■■	V1	ーーー	V2	□□□	ー なし

図II–6–10　全問正答の結合強度のパターン

　図II–6–10より,全体的処理の課題を全問正答した場合,「回路Bのほうが電流が弱くなる」ことについて,抵抗R2に対して積極的な意味をもち,抵抗R3と乾電池V2に対して消極的な意味をもっている。いいかえれば,回路Aに抵抗が1つ直列につながった回路の構造になれば,電流が弱くなると判断することを示す。一方,全問正答の場合,回路Aに乾電池が直列に1つふえたり,抵抗が並列に1つふえたりした回路の構造になると,電流が強くなるといった全体的処理の判断を行なうことを示す。これは,科学的に妥当なとらえ方といえ,その特徴が表われているといえる。同様な特徴は,中間層のユニットを3つにした場合にもみられた。

　これらのことから,以上の構造でニューラルネットワークを作成し,入力層から中間層への結合強度と中間層から出力層への結合強度について,絶対値1.5以上を基準にして分析すれば,学生が回路についてどのような全体的処理を行なっているか分析できると判断した。絶対値1.5や中間層のユニット数などは,このケースに限るものであり,課題や表現対象が異なれば変更する必要がある。というより,全問正答の場合,科学的なとらえ方の特徴が表われるように,中間層のユニット数や結合強度の基準を以上のように決定したといえる。

　なお,複数の出力ユニットが,電流が弱くなるあるいは強くなるに対応し,入力層から中間層の結合強度のパターンが異なる場合,異なる部分は相殺して結合強度パターンをとらえた。また,1つの乾電池や抵抗を3つのユニットで示しており,その3つの結合強度は同じような値になるが,1.5あるいは−1.5に近い場合,3つのすべてでなく,1つか2つが1.5以上や−1.5以下という場合がある。この場合,3つのうち2つ以上が1.5以上,あるいは−1.5以下という場合に,それが積極的あるいは消極的意味をもつとみなした。このような処理のために,1つの抵抗と乾電池を1つのユニットで表現せず,3つのユニットによって表現した。

3. ニューラルネットワークによる全体的処理の分析結果と評価

3.1 モデルによる分析結果

各学生のモデルから，全体的処理における回路の特徴のとらえ方をまとめたのが，表 II-6-3 である。電流が強くなるといったとらえ方は，P1～P5 の 5 つに分けられ，電流が弱くなるといったとらえ方は，N1～N5 の 5 つに分けられた。P1 と N1 が科学的なとらえ方である。それぞれのとらえ方は，基準になる回路 A (乾電池 1 つ：V1，抵抗 1 つ：R1) に，乾電池や抵抗が次のように加わった構造になったときと考えられる。

表 II-6-3 回路の特徴のとらえ方 (人)

*P1とN1が科学的なとらえ方

強くなる \ 弱くなる		N1*	N2	N3	N4	N5	計
		R2のみ	R2・R4	R3・R3・R4	R3・R3	R2なし	
P1*	V2・R3	1	9	−	1	1	12
P2	V2のみ	−	2	−	1	1	4
P3	V2・R4	−	−	1	−	1	2
P4	V2・R2・R4	−	−	−	−	1	1
P5	V2なし	−	1	−	−	−	1
計		1	12	1	2	4	20

〔P：電流が強くなるというとらえ方〕
 P1：乾電池が直列 (V2) に加わるときと，並列の抵抗 R3 が加わるとき。
 P2：乾電池が直列 (V2) に加わるときのみ。
 P3：乾電池が直列 (V2) に加わるときと，並列の抵抗 R4 が加わるとき。
 P4：乾電池が直列 (V2) に加わるときと，直列抵抗 R2 や並列の抵抗 R4 が加わるとき。
 P5：乾電池が直列 (V2) に加わるときは関係ない。

〔N：電流が弱くなるというとらえ方〕
 N1：抵抗が 1 つ直列 (R2) に加わるときのみ。
 N2：抵抗が 1 つ直列 (R2) に加わるときと，R4 の抵抗が加わるとき。
 N3：抵抗が 1 つ直列 (R2) に加わるときと，R3，R4 の抵抗が加わるとき。
 N4：抵抗が 1 つ直列 (R2) に加わるときと，R3 の抵抗が加わるとき。
 N5：抵抗が 1 つ直列 (R2) に加わるときは関係ない。

「回路 B のほうが電流が強くなる」ことについては，ほとんどの学生が，少なくとも乾電池が直列 (V2) に加わった構造になったとき (P1～P4) ととらえていることが考え

られる。そのなかで，科学的なとらえ方である並列抵抗 R3 も加わった構造とする学生（P1）は，全体の 60 % 程度である。「回路 B のほうが電流が弱くなる」ことについては，科学的なとらえ方である N1 の回路 A に直列抵抗 R2 が加わった構造とする学生は 1 人であり，その他の学生は，他の抵抗が加わった構造のときも電流が弱くなるととらえている学生が多い。とくに，R4 の抵抗が加わった構造のとき，電流が弱くなる（N2 と N3）ととらえている学生が多い。

3.2 全体的処理の評価と教育的意義

モデルによる分析結果から，全体的処理においては，電流が強くなるのは乾電池が直列に加わった構造のときと，並列の抵抗が加わった構造のときととらえる学生が多い。一方，電流が弱くなるのは直列抵抗 R2 だけでなく，それ以外の抵抗も加わった構造のときととらえる学生が多い。つまり，直観的には，抵抗のつなぎ方によらず，抵抗が多い構造であれば電流が弱くなるととらえる学生が多いといえる。この結果は，中学生を対象に同課題を OHP によって提示し，短時間で解答させた調査結果と同じである（松原，1998）。

教育的な立場からは，今回例にあげた電気回路については，数式などを用いた分析的処理で正しい答えを導き出せるだけでなく，全体的処理によって回路全体の構造からその状態を正しくとらえることが望まれる（Chohen et al., 1983）。たとえば並列抵抗に流れる電流の値を数式などから求めることができるとともに，並列に抵抗を加えると全体として電流が強く流れるといった，回路全体の構造をとらえることが必要である。ところが，調査で明らかになったように，分析的処理の課題については比較的正答率が高いが，全体的処理においては科学的なとらえ方とは異なったとらえ方をしており，正答率が低くなっている。

今回協力してくれた学生のほとんどは，課題が電気回路であると知らされると，たいてい「苦手だ」ということばが返ってくる。この苦手だと思う理由のひとつには，数式などを用いた分析的処理では解答できるものの，全体的処理で直観的にとらえる結果が，それとは異なっていることがあげられるのではないかと思われる。しかも，分析的処理は記号化され自覚されやすいが，全体的処理はイメージ的なものであり自覚されにくいため，なんとなく理解できないといった印象が残っているのではないかと考えられる。

そこで，今回のように全体的処理の特徴を分析し評価することによって，それを学習者に明示し，たとえば，「あなたは，電流が流れにくいのを〜というように考えていないか」といった助言によって，本人にもあまり気づいていなかったとらえ方を自覚させることができると思われる。また，そのような指摘により，電気回路にかぎらず自然認識において，分析的処理を中心に用いていた学習者が，必要に応じて，全体的処理も意識して用いることができるようになるのではないかと思われる。

以上のように，ニューラルネットワークを用いて，自然認識を全体的処理の観点から分析，評価することによって，従来の分析的処理の観点だけではとらえられない自然認識の

特徴を評価できるとともに，分析的処理と全体的処理の両処理の活用をうながし，自然認識を育成していくことができるものと思われる．

＊＊引用文献＊＊

麻生英樹　1988　ニューラルネットワーク情報処理-コネクショニズム入門，あるいは柔らかな記号に向けて- 産業図書

安西祐一郎　1988　人間の知　辻井潤一・安西祐一郎　機械の知人間の知　東京大学出版会　123-232.

Chohen,R., Eylon,B. & Ganiel,U. 1983 Potential difference and current in simple electric circuits: A study of student's concepts. *American Journal of Physics*, 51(5), 407-412.

Dayhoff,J.E. 1990 *Neural Network Architectures: An Introduction*. New York: Van Nostrand Reinhold. 桂井　浩(訳)　1992　ニューラルネットアーキテクチャ入門　森北出版

出口　毅 1996 分析的処理方略と全体的処理方略の情報処理特性　風間書房

菊池豊彦　1990　入門ニューロコンピュータ　オーム社

Kleer, J.D. 1984　How Circuits Work. *Artificial Intelligence*, 24, 205-280.

桐村雅彦　1985　認知と記憶　小谷津孝明(編)　記憶と知識　(認知心理学講座 2)　東京大学出版会 59-85.

Larkin,J.H. 1981 Enriching formal knowledge: A model for learning to solve textbook physics problems. In J.R.Anderson(Ed.) *Cognitive Skills and Their Acquisition*. Hillsdale: Lawrence Erlbaum Associates. 311-334.

Lawson,A.E. & Karplus,R. 1977 Should theoretical concepts be taught before formal operations? *Science Education*, 61(1), 123-125.

松原道男　1998　電気回路における生徒の全体的処理の評価　日本理科教育学会研究紀要　39(1), 1-9.

Rumelhart,D.E., McClelland,J.L. & the PDP Research Group 1986 *Parallel Distributed Processing.: Explorations in the microstructures of Cognition*. Cambridge MA: MIT Press. 甘利俊一(監訳)　1988　PDPモデル -認知科学とニューロン回路網の探索-　産業図書

Siegler,R.S. 1978 The origins of scientific reasoning. In R.S.Siegler (Ed.) *Children's Thinking: What Develops*? Hillsdale: Lawrence Erlbaum Associates. 109-149.

正司和彦 1988 誤答の定性的分析　教育情報科学研究会 教育とシステム (講座教育情報科学 1) 第一法規 221-245.

戸田山和久　1999　自然主義的転回の果てに科学哲学に何が残るか　岡田　猛・田村　均・戸田山和久・三輪和久(編)　科学を考える　北大路書房　310-336.

往住彰文 1991 心の計算理論　東京大学出版会

第7章

集団システムの安定性とコネクショニストモデル

▶ 藤澤隆史・藤澤　等

　人間の認知過程を並列分散処理モデルを用いて解明する研究が進んでいる。これらはマッカロックとピッツ (McCulloch, & Pitts, 1943) が考えた神経細胞モデルに始まり，パーセプトロン (Rosenblatt, 1961) や連想記憶モデル（たとえば，Hopfield, 1982），ラメルハートら (Rumelhart et al., 1986/1988) の PDP へと発展した。それらはコネクショニストモデルとよばれるように，その基本的構造は複数のユニットからなるネットワークであり，そのユニットは神経細胞であったり概念（単語）であったりしている。しかし，このようなネットワークは神経回路や知識構造だけでなく，人間をユニットとした集団や社会にもあてはまるはずである（藤澤，1997a, b）。事実，集団についてのコンピュータシミュレーション研究はおもに理論生物学や数理社会学，あるいは経営工学などの分野で行なわれてきた。社会心理学においても社会的インパクト理論 (Nowak, 1990) などの研究が行なわれているが，個人と集団を結びつけたシミュレーション研究は未だ十分な発展をしているとはいいがたい。そこで本章では集団ネットワークシステムをコネクショニスティックなモデルとして扱い，その基礎となるネットワークシステムの安定性について考察し，ネットワーク構造が，個人や集団全体に与える影響について議論をしよう。

1. ネットワークシステムとしての集団

1.1　個人と集団へのアプローチ

　人間は「社会的動物」であると言われるように，多くの時間を家族や職場，クラブなどさまざまな「集団」のなかで過ごしている。他の生物に比べてとくに人間が「社会的」であるという理由は，人間社会が他の生物の社会に比べて機能構造ともに複雑な様相を呈しているからであり，また社会システム（集団システム）の構成要素となる個人は社会システムに高度に依存することで，その環境に対する適応を営んでいると考えられるからである。つまり，個人と集団は互いに切っても切り離せない関係にあるといってよい。したがって，「個人」もしくは「集団」を理解しようとするならば，それはその両方を視野に入

れなければならず，半ば必然的にシステミックなアプローチ（システム論）を採用しなければならないといえるだろう．

さて一口に「集団」とはいってみても，現実場面における集団は多種多様であることに気づく．先に挙げた家族や職場，クラブなどはどれをとってみても，それぞれの集団目的が異なる．また集団を構成している人間も異なれば，メンバーに対するかかわり方も異なるに違いない．これらの集団や個人に関する具体的な社会心理学的研究については他書（たとえば，廣田，1963）に譲ることにしよう．以下の節では具体的な例示を用いながらも，ある程度，集団の抽象的な側面を考えてみよう．家族や比較的少人数のサークルでは，集団サイズが小さく，互いが互いのことをよく知っている．それに対して，会社組織やクラブのように集団サイズが大きい場合，自分とよく接する数十人のことはよく知っていても，それ以外の人については顔と名前だけで後のことはよくわからないということがよくある．そこでこれらの「集団のサイズ」や「そのなかでどれだけの人と関係しているか」といった集団の構造的な要因が，その集団のダイナミックスにどのように影響し，また，そのような集団に組み込まれた個人がどのようにふるまうのかについて検討してみよう．

1.2 集団システムのネットワーク構造

例として，集団サイズが 12 人 ($n = 12$) であるネットワークについて考えることから始めてみよう．同じ 12 人からなる集団においても，ある人がどれぐらいの人と知り合いである（結合している）のかによって，異なったネットワークシステムであると考えることができる．ここで，ある人がそれ以外の人と結合している人数を「結合度 c」とよぼう．図 II–7–1(a) は，12 人がお互いに自分を除いた他の 11 人と結合していて ($c = 11$)，直接的にコミュニケーションすることができる．逆にいえば，各個人は他の 11 人全員の影響を受けるということになる．

それに対して図 II–7–1(b) では，各個人は自分以外の 11 人のなかで 3 人としか結合していない ($c = 3$)．したがって他の 8 人とは無関係である．他の人を介して間接的に影

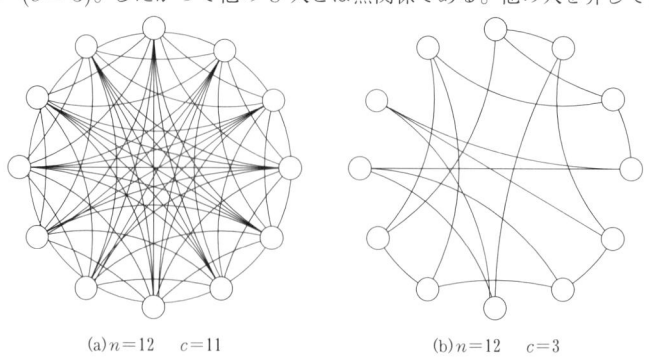

(a) $n = 12$　　$c = 11$　　　　　　(b) $n = 12$　　$c = 3$

図 II–7–1 結合度が異なる 2 つのネットワーク

響を受けることはあるかもしれないが，直接的な影響は受けないということになる。

さて，同じ12人からなる集団において，結合度 c という構造パラメータがどのように集団のふるまいを変化させるだろうか。12人がお互いに結合している集団では，そのなかの1人の状態の変化が即座に他の11人に影響すると考えられる（ただし，他の11人の状態を変えてしまうほど影響するかどうかまではわからない）。たとえば，互いにたいへん仲のよいサークルがあったとしよう。そのなかの1人が，いつもとは違って突然，突飛なことを言い出した（たとえば，あることに対してみんなが賛成なのに1人だけ反対！と言った）とする。このような事態は他のサークルメンバーに非常な動揺を与えることになると予想できる。このように，結合度 c が高い集団（システム）では，各個人（要素）の状態の変化に対して，他の要素も敏感に反応してしまうのである。それに対して，結合度 c が低い集団の場合，1人の人が突飛なことを言い出したとしても，直接的な影響を受けるのは数人ですのだから，集団全体としての動揺は低いに違いない。逆にいえば，1人の突飛な状態変化（と直接的・間接的に影響を受けた数人の変化）をあるがまま受け入れるキャパシティをもっているということになるだろう。このように，集団をひとつのネットワークシステムとしてとらえると，結合度 c という構造パラメータを媒介としてそのふるまい方に違いがあることは容易に想像できる。後の節ではこのようなネットワーク構造に関するパラメータが，ネットワークのふるまいにどのような影響を与えるのかについて詳しく議論していこう。

1.3　人間関係のバランス仮説

人間関係（対人関係）の理論のなかのひとつにバランス理論（認知均衡理論）とよばれるものがある。バランス理論とは，人間は自分自身が認識している個々の対象物（人・物・ことがら）の関係には論理的一貫性（バランス）を求める傾向があり，もしバランスがとれていないのなら，人間はそのインバランス（またはアンバランスや不協和）を解消するように動機づけられ，またそのように行動するであろう，というものである。バランス理論とよばれるもののなかには，認知的不協和理論 (Festinger, 1957) や適合性理論 (Osgood & Tannenbaum, 1955) などさまざまなものが提唱されているのだが，ここではバランス理論の先駆的業績となったハイダー (Heider, 1958/1978) の POX モデルについて紹介しよう。

ハイダーのバランス理論では，おもに3つの認知要素からなるシステムのふるまいについて議論している。すなわち，ある人 P(person)，この人と関係のある人 O(other)，この2人に関係していることがら X(entity) からなるシステムを考える。たとえば，P は主張 X に対して「賛成」意見であったとする。しかし P が好いている O さんは，同じ主張に対して「反対」であったとしよう。このような事態は P にとってバランスのとれていない状態（インバランス）であると考えられる（図 II–7–2a）。このような場合，P は3つの要素からなる認知体系についてバランスな状態への回復へと動機づけられるの

である。したがって，インバランスな状態を回復するための方法としてはおもに，① P は主張 X について「反対」する（図 II–7–2e），② P は O さんのことをきらいになる（図 II–7–2f），③ P は「O は実際のところ主張 X について「賛成」している」と解釈をゆがめてしまう（図 II–7–2g），などが考えられる。

ここで 3 つの認知要素からなる POX モデルは図からも明らかなように P, O, X というノードをもち，それぞれを結ぶ認知要素という結合からなるネットワークである。そして，バランス状態とはこのネットワークの安定的状態のことである。つまり，バランス理論とは 3 つのユニットからなる全結合ネットワークの安定に関する理論だということができるのである。

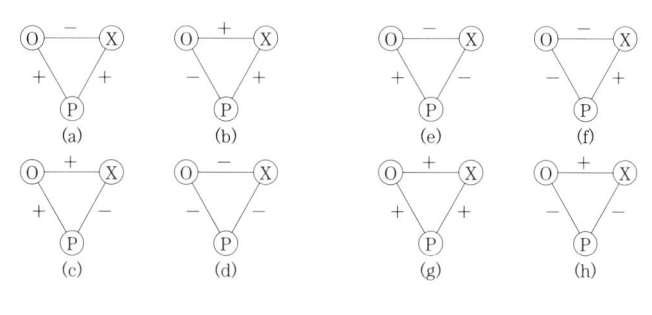

インバランスである状態　　　バランスである状態

図 II–7–2　ハイダーの POX モデル

1.4　n 人関係への拡張―ユニットモデル―

前節において説明したハイダーのバランス理論は 3 要素の関係からなるシステムの安定均衡を問題として議論してきた。しかし，集団というシステムを問題とする場合，そのシステムの要素となるのはその集団を構成するメンバーの人数 (n) だけ存在することになる。カートライトとハラリー (Cartwright & Harary, 1956) は，ハイダーの仮説を n 人に拡張した場合について検討し，どのような構造であれば n 人ネットワークの安定均衡が保証されるのかについて，「グラフ理論」を用いた説明を行なった。たとえば 8 人からなる集団を考えて，その間にある関係（＋，－，関係なし）を定義した場合，グラフ理論における「構造定理」というものを用いれば，集団がバランス状態にあるのか，インバランスな状態にあるのかが判定できる（図 II–7–3）。しかし残念なことに，彼らの研究は定義した構造特性についてネットワークがバランスであるかインバランスであるかという指摘にとどまっている。したがって，ネットワークがインバランスな状態である場合「A さんはこのように関係を改善するであろう」といった個人の，ひいては集団全体のダイナミックスに関する知見が得られたことにはならないのである。

さてここで，n 人と結合しているバランス仮説に基づいた個人モデルを考えてみよう。

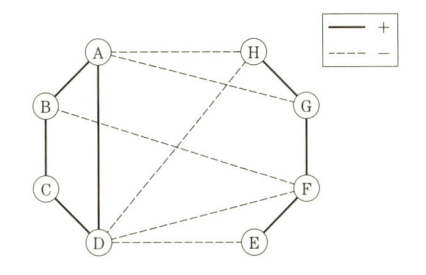

図 II-7-3　バランス状態にある 8 ユニット ($n=8$) のネットワーク
構造定理を用いればバランス状態であることが判明する。

モデルを説明するにあたって単純な状況を想定し，各個人が「体育大会」のチーム（紅組か白組）を選択する場面であるとしよう。各個人は好きな人とは同じチームに，きらいな人とは違うチームに所属するように動機づけられるものとする。また各個人間の関係はハイダー流に $+$（好き）か $-$（きらい）かといったようなものでなく，$+1$（たいへん好き）から -1（たいへんきらい）というように「好意の程度」があるものとしよう。したがって，ある個人 A さんの B さんに対する「好意度」が 0.5 である場合には「やや好き」であり，0 である場合には「好きでもきらいでもない」ということになる。図 II-7-4a は A さんが，B・D・E さんと同じチームに，C・F さんとは違うチームになった場合である。まず，A さんと B さんの 2 者関係の場合，A さんは好きな B さんと同じチームであるから，さきの POX モデルに照らし合わせればバランスのとれた状態であるといえる。また A さんは他の好きな人（D・E）とは同じチームに，きらいな人（C・F）とは違うチー

(a) 完全にバランスである状態
(b) インバランスである状態
(c) 完全ではないがある程度バランスである状態

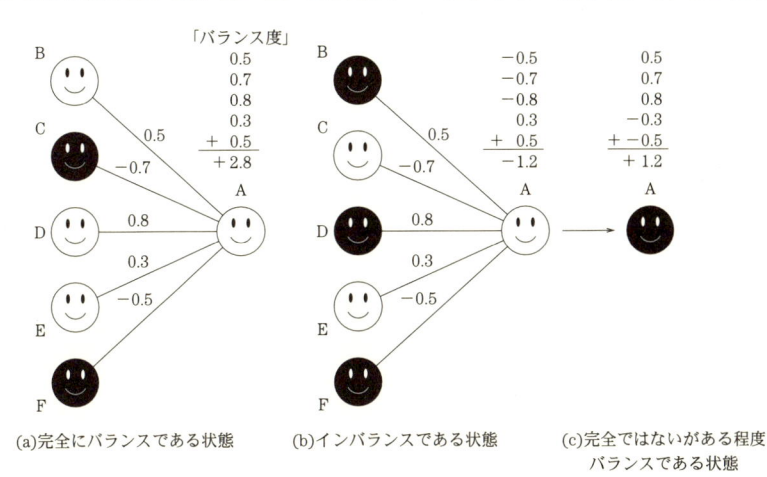

図 II-7-4　ユニットモデルとバランス度

ムになれたのだから他の人ともバランスがとれており，完全にバランスのとれた状態であることがわかる。

ここで，ある個人がどの程度バランスを保てているのかについての指標として「バランス度」というものについて考えてみよう．Aさんにとって，好意度が0.8である（好きである）Dさんと同じチームであることはバランスであると考えられるだろう．同様に，好意度が−0.5である（ややきらいである）Fさんと違うチームであることも，やはりバランスであるはずである．すなわちバランス度とは，相手が自分と同じチームであるならば，その相手との好意度をそのまま足し合わせ，また逆に自分とは違ったチームであるならば，その相手との好意度の符号を逆転させて足し合わせるということになる．したがって，図II-7-4aの場合におけるAさんのバランス度は，好意度の符号はすべて正の値としてカウントされるので，+2.8だということになる．

次にある個人がインバランスな状態である場合について考えてみよう．図II-7-4bの場合，Aさんは好きなEさんとは同じチーム，またきらいなFさんとは違うチームであるということではバランスがとれているが，好きなBさん，Dさんとは違うチーム，嫌いなCさんとは同じチームという面ではインバランスな状態にある．上記の計算方法に基づけばAさんの現在のバランス度は−1.2となり，このことは明らかにAさんにとって不満足な状況であると考えられる．さてここで，Aさんが行なうことのできる状況改善の手段は所属チームを「白組」から「紅組」へと変更することである．図II-7-4cにはAさんの所属が「紅組」となった場合のバランス度（+1.2）が示されている．したがってその結果，Aさんは「白組」から「紅組」へとチーム所属を変更し，バランス度が上昇するように動作するであろう．

さらに，ここで注目してほしいことは図II-7-4cの例におけるAさんのバランス度（+1.2）は，図II-7-4aのAさんの場合（+2.8）とは違ってそれほど高い値でないということである．一般的に，ある個人が結合している他者の数がふえればふえるほど，図II-7-4aのような完全なバランス状態は達成されない．図II-7-4cのAさんの場合，不満足な「白組」から満足な「紅組」へと所属変更したものの，好きなEさんとは結果的に違うチームに所属することになってしまっている．このことはAさんにとってみれば一種の「妥協」であるということになるだろう．このような事態は現実場面の人間関係においても頻繁に見受けられるのではないだろうか．なかよしであるBさんとCさんからそれぞれ違うチームに誘われた場合，Aさんは非常に葛藤してしまう．3人がいっしょのチームに所属できれば問題はまったく解決するのだが，BさんやCさんにはAとは別の友人がいるためにそれぞれのチームに所属しているわけであり，現実にはAは不本意ながらどちらかのチームに所属しなければならないことが考えることができるだろう．

さて本節の要約として，上記の例における個人モデルのふるまいについて簡単にまとめておこう．ある個人のバランス度が定義された場合，各個人モデルは以下のように動作する．

① 「バランス度」が 0 以上である場合，その個人は現在の状態を維持する（チーム変更しない）
② 「バランス度」が 0 未満である場合，その個人は現在の状態からもう一方の状態へ遷移する（チーム変更する）

次節では，このような個人モデルが互いに結合した集団モデルのふるまいについてみていくことにしよう。

2. 集団ネットワークとシステム安定性

2.1 妥協点の模索―ネットワークの収束状態―

さて，上記のような性質をもった個人モデル（以下，ユニット）が互いに結合した集団モデル（以下，ネットワーク）を構成した場合，ユニットもしくはネットワーク全体はどのようにふるまうのだろうか。本節ではそのふるまい方について解説をしていこう。図II-7-5 は，8 つのユニットからなるネットワークを表わしている。ユニットはそれぞれ2 つのとるべき内部状態（○と●，前節の白組・紅組に相当）がランダムに割り当てられている。また，ユニットは他のすべてのユニットと結合しており，結合の大きさの値（以下，結合強度：前節の「好意度」に相当）として +1 〜 −1 までの実数値がランダムに割り当てられている。一見この何もかもが無秩序にみえる状態からスタートするとして，各ユニットが上記のような性質をもって動作した場合，ネットワークはどのようにふるまうと考えられるだろうか。また，ネットワーク全体のバランスはどういったものになるだろ

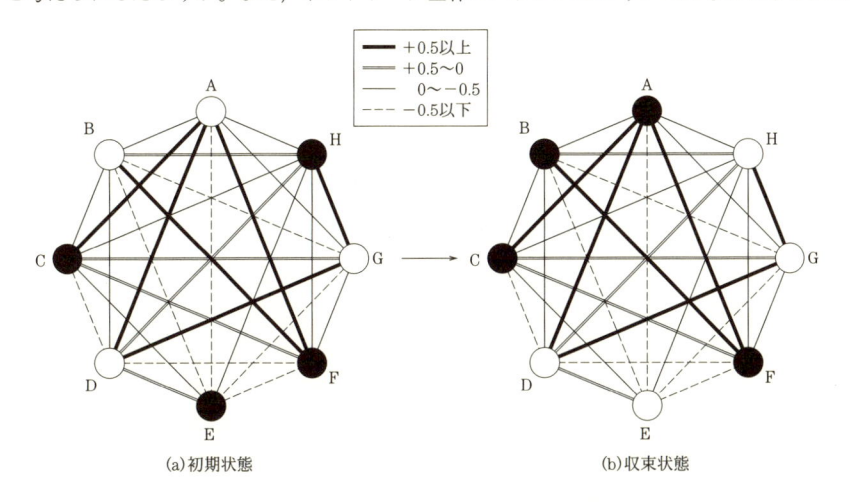

図 II-7-5　ネットワーク ($n = 8, c = 7$) 初期状態と収束状態

うか．

　各ユニットは自分の順番が廻ってくる（この順番もランダムに割り当てられる）と，まず「バランス度」の計算を行なう．バランス度が 0 以上ならば現在の状態を維持，0 未満ならば状態を変えることでバランス度を上昇させるように動作する．初期段階において，各ユニットは自分の順番のたびにその内部状態を変化させ非常に不安定である．たとえば，ある時点においてユニット A はバランス状態にあったとしよう．しかしながら次の時点において，なんらかの理由で他のユニット B や C の状態が変わってしまったとすれば，その結果はユニット A のバランス度を低下させることになるだろう．したがって，ユニット A はバランス度を回復させるために内部状態を変更せざるを得なくなる．またそのことは，他ユニットに影響を与えることになりその状態変化を引き起こす．そのことがまた……といったように，各ユニットの状態変化の情報がネットワーク内を「循環」してしまうからである．

　しかし，しばらくするとネットワークはすべてのユニットがある程度のバランスを達成した「妥協点」に到達し，これ以上どのユニットも状態変化をしようとはしない状態に落ち着くことになる（これをネットワークの「収束状態」とよぶ）．ここで重要なことは，前節でも議論したように各ユニットが完全バランスであるかというと，けっしてそうではないということである．たとえば，A さんは好きな B さんと違うチームになってしまったとしても，好きな C さんや D さんと同じチームに，またきらいな E さんとは違うチームになったことを鑑みれば，現在の状況で妥協するしかないということである．またこのような状況は他のすべてのユニットについていえることである．しかしながら，各ユニットのそのような妥協の結果，ネットワーク全体はこれ以上変化しない状態，つまり収束状態に落ち着くのである．さて，ネットワークの収束状態を図 II–7–5b に示そう．一見，図 II–7–5a と同じく秩序のないようなものにみえるが，注意深くみてみると互いの「結合強度」が高い値であるユニット同士は同じ内部状態になっており，低い値であるもの同士は互いに違う内部状態であることがわかるだろう．図をみやすくするために各ユニットの配置を書き換えたものを図 II–7–6 に示す．初期のランダムな状態からネットワークがいかに組織化されているかがわかる．しかしながら，ユニット A とユニット D は結合強度が高い値であるにもかかわらず異った内部状態であり，ユニット G とユニット E は低い値であるにもかかわらず同じ内部状態であることにも注目しておこう．

　このように，各ユニットがみずからの「内部状態」と「結合強度」とのバランスを志向するように動作すれば，ネットワーク全体のバランスもまた達成され，収束状態となることがわかった．ただし，各ユニットが達成することのできたバランスは「完全バランス」ではなく,「ある程度のバランス」であり妥協の上に成り立っている．したがって，ネットワーク全体が達成したバランスはユニット同士の相互作用の結果がもたらした一種の「妥協点」だということになるだろう．

```
——  +0.5 以上
——  +0.5～0
——  0～−0.5
－－－ −0.5 以下
```

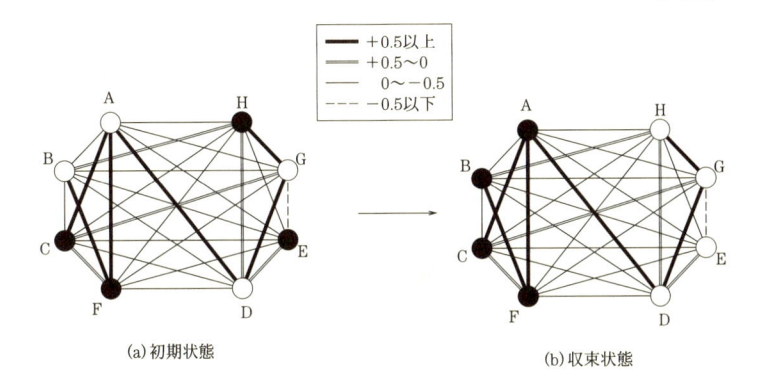

(a) 初期状態 → (b) 収束状態

図 II–7–6　図 II–7–5 を並び替えたもの
初期状態ではバラバラであった内部状態が収束後では組織化されている。

2.2　非対称ネットワークの不安定性―構造安定性について―

　これまではおもに互いの関係が対称である場合について論じてきた。関係が「対称」であるとは，A さんと B さんの関係が＋（−）ということは「互いに好き（きらい）あっている」ということを意味している。しかし，現実の人間関係において必ずしもそうとは限らないことに気づく。すなわち，A さんは B さんのことが好きであるのに B さんは A さんのことがきらいであるということがある。「片思い」はその典型だろう。このような互いの関係が非対称であるような事態にバランス理論を適用した場合，2 人のふるまいはどのようなものになるであろうか。

　非常に極端な例を考えてみよう。学生である A 君は同じクラスメートである B さんのことがたいへん好きだとする。その「好意の程度」といえば少しストーカー的であるといってもよいかもしれない。一方，B さんは A 君のことがたいへんきらいだとしよう。さてこの 2 人が来年度の「科目選択」をしなければならない場面を想定しよう。同じ科目選択をすれば同じクラスに配属されるとすれば，この 2 人の間に何が起こるだろうか。B さんが科目 X を選択したとする。もちろん A 君は B さんと同じクラスになりたいので科目 X を選択するだろう。しかし，B さんは絶対に A 君とはいっしょのクラスになりたくないと思っており，科目の選択にはそれほどの重要性を感じていないので科目 Y に変更する。その情報を伝え聞いた A 君はもちろん科目 Y に再変更する。というように，2 人の間で科目選択の堂々巡りが始まってしまい，2 人の科目はいつまでたっても決まらないという事態に陥ってしまうことになる。現実には 2 人のうちどちらかが折れるのだろうが，この例のようにユニット間の関係が非対称である場合，そのネットワークシステムのふるまいは落ち着かず不安定なものとなる。理論生物学者であり，またシステム論者でもあるアシュビー（Ashby, 1952）は，上記の例のような 2 ユニットが結合している非対

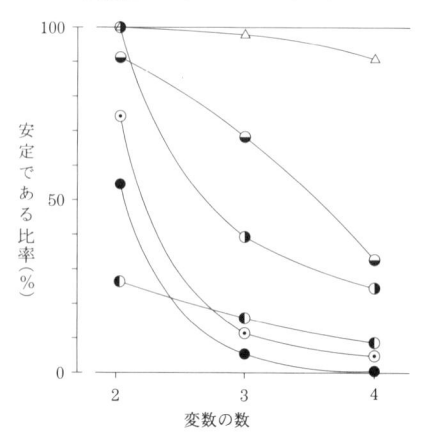

図 II–7–7　ユニット数（変数の数）とネットワーク安定性
(Ashby, 1952)

称ネットワークシステムだけではなく，n 個のユニットからなる非対称ネットワークの安定性についての考察を行なっている．彼のシミュレーション研究では，ユニット間の結合強度として $+9 \sim -9$ までの整数値がランダムに割り当てられている．つまり，ユニット A からユニット B に対する結合強度 (w_{ab}) と，ユニット B からユニット A に対する結合強度 (w_{ba}) は異なったものとして扱われており，ともにランダムな値が割り当てられている．その結果，ユニット間の関係は非対称 ($w_{ab} \neq w_{ba}$) なものとなっている．

さて，このような非対称な関係で構成されている n 人ネットワークのふるまいはどのようなものになるだろうか．結果は図 II–7–7 をみてもわかるように，ユニット数 (n) の値がふえるにしたがってネットワークの動作は不安定になってしまうというものであった．すなわち，関係が非対称であるということは前述した「片思い」のペアをネットワーク内に作り出してしまう可能性がある．ペアの例では，関係が非対称であるために自分たちのとるべき状態（例では科目選択）が定まらず状態変化の堂々巡りになってしまったことを思い出そう．

このようなペアが存在するネットワークでは，たとえこのペア以外のユニットのとるべき内部状態が決まったとしても，このペアの状態変化に影響されて再び他のユニットまでも新たに自分の状態を決めなおさなければならなくなる．すなわち，ネットワークはいつまでたっても収束しないということになるのである．システム理論では，このような収束しないシステム（ネットワーク）をさして「構造不安定」なシステムとよび，同様に収束するシステムを「構造安定」なシステムとよぶ．ネットワークシステムにおいて「集団現象」を論じる場合，ネットワークが創発するマクロレベルでのパターンを問題としなければならない．すなわち，ユニットの相互作用によって組織化されたネットワークの収束状態を「集団現象」のメタファーとして解釈するわけである．したがって，非対称ネット

ワークのように収束状態を生まない構造不安定なシステムではそのマクロパターンを「集団現象」として論じることが困難である（実をいえばネットワークが収束しなくとも，そのマクロパターンを論じることはできる）。したがって以降は，ユニット間の関係が「対称結合」である構造安定なネットワークシステムにかぎって論じることにしよう。

2.3 ネットワーク構造が生み出すもの―ネットワークの性質―

　前節まではおもに，バランスの達成を志向するユニットが互いに結合しネットワークを構成した場合，一般的にどのようにふるまうのかについて議論を行なってきた。本節からは本章の冒頭でも問題提起した，ネットワーク構造，とくに結合度 (c) とよばれるパラメータがネットワークのふるまいに与える影響について具体的に論じてみよう。

　今までと同様，まず手始めに比較的少ないユニット数のネットワークから議論してみよう。図 II–7–8a に示されたネットワークは図 II–7–5 とまったく同じものである。図 II–7–8a をみてもわかるように，このネットワークは 8 ユニットからなっており ($n = 8$)，また各ユニットは他の 7 ユニットすべてと結合している ($c = 7$)。このようなネットワークを「全結合ネットワーク」とよぶ。もちろん各ユニット間の結合部分には「結合強度」として $+1 \sim -1$ までの値がランダムに割り当てられている。前節でも議論したように，各ユニットはみずからの「内部状態」と「結合強度」とのバランスを求め相互作用し，その結果ネットワークはある収束状態に落ち着く。図 II–7–8(a) は，ある時点において収束状態にあるネットワークを示している。

　ここで結合度 c の異なるネットワークの性質を明らかにするためにひとつの実験をしてみよう。すなわち，〇の状態をとっているユニット A を●の状態に変化させてやる。たとえば，白組に所属していた A さんが心変わりをして，紅組への所属変更を希望するようになった場合を想像すればよい。ユニット A の内部状態が変化することは，他のユニット，たとえばユニット B に動揺を与えることになる。しかしながら，ユニット B に

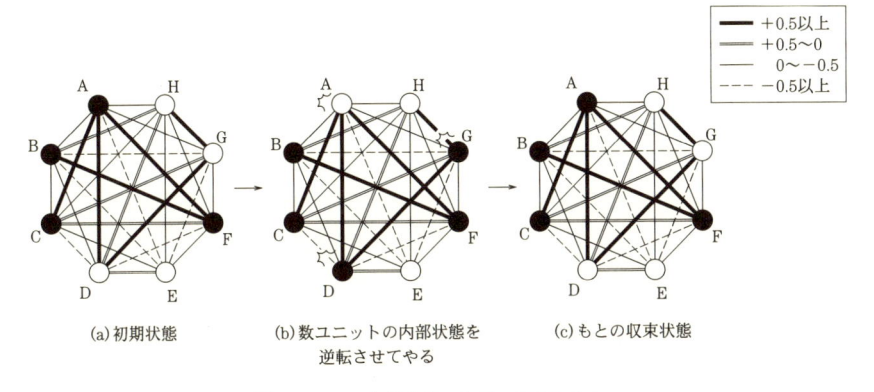

(a) 初期状態　　(b) 数ユニットの内部状態を逆転させてやる　　(c) もとの収束状態

凡例：
　　　+0.5 以上
　　　+0.5〜0
　　　0〜−0.5
　　　−0.5 以上

図 II–7–8　全結合ネットワークのふるまい

とってその時点でのバランス状態というものは A 以外の C や D, その他のユニットとの関係を考慮に入れながら, 長い相互作用を通じて形成した妥協状態であったことを思い出してほしい. A の状態が変わってしまったからといって, みずからの内部状態を変更することはそれこそ自身のバランスを大幅に崩してしまうことになる. これは B だけでなく他のユニット（C, D…）にとっても同様であり, どのユニットも状態変化をすることがない. したがって, 結局ユニット A の状態変化は受け入れられず, もとの状態にもどってしまうことになる.

それでは, 状態変化するユニットがもう少し多い場合はどうであろうか. 1 人では達成できなかったチーム変更も, 何人かで協力すれば受け入れられる可能性があるだろう. ここでは全ユニット数である 8 ユニット中, 3 ユニットが状態変化をしたとしよう（図 II-7-8b）. すなわち 3 ユニットはみずからの内部状態を反転させる（○ならば●, ●ならば○）. 結果は驚くべきことに 3 ユニットの状態変化は受け入れられず, 状態変化を起こした 3 ユニットはもとの状態にもどってしまうことになる（図 II-7-8c）. 全結合ネットワークの場合, ネットワークが達成しているそのバランス状態は, 各ユニットがすべての他のユニットとの関係を通じたものであるため非常に頑健である. すなわち, 8 ユニット中 3 ユニットの状態が変化したとしても, 残りの 5 ユニットのお互いの関係を考慮に入れると, やはり内部状態を変化させることはみずからのバランス状態を崩してしまうことになるからである. したがって, 状態を反転させたユニットはもとの鞘におさまることとなり, ネットワーク全体は変更前の状態を回復させるということになる.

それでは次に結合度が低いネットワークのふるまいについて検討してみよう. 図 II-7-9a は同じく 8 ユニットからなるネットワーク（$n = 8$）だが, 各ユニットはすべてのユニットと結合しているわけではなく, ランダムに 3 ユニットと結合している（$c = 3$）. おのおののユニットは互いに間接的には結びついていると考えられるのだが, 直接的な結合は 3 つに限られている. このようなネットワークを「部分結合ネットワーク」とよぶ. さ

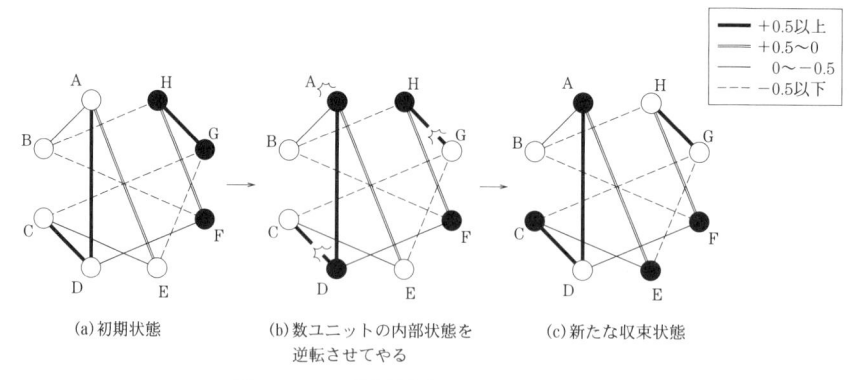

図 II-7-9　部分結合ネットワークのふるまい

て，このような部分結合ネットワークにおいて，同じく3ユニットが状態変化を起こした場合を考えてみよう（図II–7–9b）。結果は，部分結合ネットワークの場合，全結合ネットワークとは異なり，ネットワークは新たなバランス状態に到達し収束する（図II–7–9c）。図に示すように，ユニット A・D・G がそれぞれ内部状態を変更した場合を考える。ユニット F は B・D・H と結合している。ユニット F にとって，3ユニット中1ユニットの状態が変わることは，全結合ネットワークにおける7ユニット中1ユニットの場合とは異なって，大きな影響を受けることになる。しかもユニット F と B の結合強度は非常に低い値（非常にきらいあっている）となっているために，B が F と同じ内部状態となることは F のバランス状態を乱す結果となる。したがって，F は状態の変更をしなければならず，その結果，F と結合している D・H も新たな影響を受けてしまう。したがって，おのおののユニットはこのような連鎖的な状態変化をくり返し，その結果，ネットワークは新たなバランス状態に到達するということになるのである。

3. 集団システムにおける安定性のジレンマ

3.1　ネットワークの状態回復と回復時間—2つの機能的安定—

　前節での議論によって，結合度 (c) という構造パラメータがネットワークシステムの性質を異なったものにするということが明らかとなった。本節からは，こういった構造パラメータとネットワークシステムの性質の関連性について，より詳しく議論していこう。本節での議論に際して，各ユニットの内部状態（○と●）は，「集団現象」という全体性をより想起しやすいように「文化的な風習 A と B」と再解釈しよう。また，各ユニット間の結合強度（+1 〜 −1）は互いの「類似度」とする。「文化的風習」は，言語やファッション，習慣，何であってもかまわないものとし，同様に「類似度」も，肌の色や性別といった外見的なものから，趣味・嗜好といった内面的なもの，何であってもかまわないものとする。もちろん，各ユニットはバランス仮説に基づいて動作するので，互いに「類似度」が高ければ同じ「文化的風習」を採用し，「類似度」が低ければ異なった「文化的風習」を採用するということになる。

　さて前節の議論によれば，ネットワークの結合度 c が高い値であるとき，ネットワークが達成しているそのバランス状態（妥協点）は少数のユニットの状態変化によって打ち破れることがなく，また結合度 c の値が低ければその逆の結果となるというものであった。すなわち，互いが互いのことを（よい意味でも悪い意味でも）よく知りあっている集団においては，一度形成された「文化的風習パターン」というものは非常に堅固であり，少数者による革新過程 (Moscovici et al., 1969) を認めないような強い「社会的規範」が成立しているといいかえることができるだろう。このような「……さんは風習 A を採用すべきだ」といったような社会的規範は個人の自由な選択（風習 B の採用可能性）を奪い去

るという意味においてネガティブな面が強調されがちだが，集団システムにおける「秩序の維持」という側面からみればひとつの「機能的な安定」と考えることができるだろう。したがって，バランス状態にあるネットワークが「少数ユニットの状態変化によってバランス状態を崩されること（以下ノイズ）」に対して，以前の状態をどれほど回復できるかということをひとつのネットワーク安定度の指標としよう。またこの指標を「状態安定度 (Ss)」とよぶことにする。

次に，文化的風習パターンの維持という空間的な秩序を考えることができるなら，同様に時間的な秩序も考えることができるだろう。すなわち，少数ユニットの状態変化という刺激に対して，なかなかネットワークのふるまいが落ち着かず，バランス状態を回復させるのに長い時間を要するのであれば，そのネットワークが安定的であるとはいいがたい。したがって，バランス状態をノイズによって攪乱されたネットワークが再びバランス状態を取り戻すまでの時間を「回復時間 (Rt)」と名づけ，その「回復時間の短さ」をもうひとつの機能的安定度の指標としよう。またこの指標を「時間安定度 (Ts)」とよぶことにする。ここでひとつ注意しておかなければならないことは，回復時間 Rt とはノイズ以後に再びネットワークがバランスを達成するまでの時間であって，再び得たそのバランス状態というものが「ノイズ以前と同じであるかどうか」は問題としていないということである。したがって，ノイズに対して「状態安定度 Ss は低い」ものの「時間安定度 Ts が高い」ネットワークというものが存在することになる。

3.2　ネットワーク構造とその機能的安定

さて，ネットワークシステムにおけるこれら 2 つの機能的安定度（状態安定度 Ss と時間安定度 Ts）は，構造パラメータを媒介としてどのように変化するのであろうか。本節では，今まで取り上げてきたユニット数 n，結合度 c との関係を詳細に議論してみよう。

図 II–7–10 は，ユニット数 (n) または結合度 (c) と状態安定度 (Ss) の関係をグラフにしたものである。図より，

① n が増加するほど Ss は減少する
② c が増加するほど Ss は増加する
③ ②においてその増加傾向は対数的である

ということが理解できるだろう。すなわち，集団を構成する人数がふえるにしたがって，少数者による革新過程というノイズ要因に対し，ひとつの文化的風習パターンを維持し続けることが困難となる（＝①）。また集団の人数が一定である場合には，互いのことをよく知っている集団であるほど，その時点での風習パターンを維持することがより容易となる（＝②）。しかしながら，完全に全員が知り合いでなくとも，互いに「ある程度」の人数と知り合いであるならば，かなりその風習パターンを維持することができる（＝③），ということになるであろう。

続いて時間安定度 (Ts) について検討してみるとその結果は図 II-7-11 より，

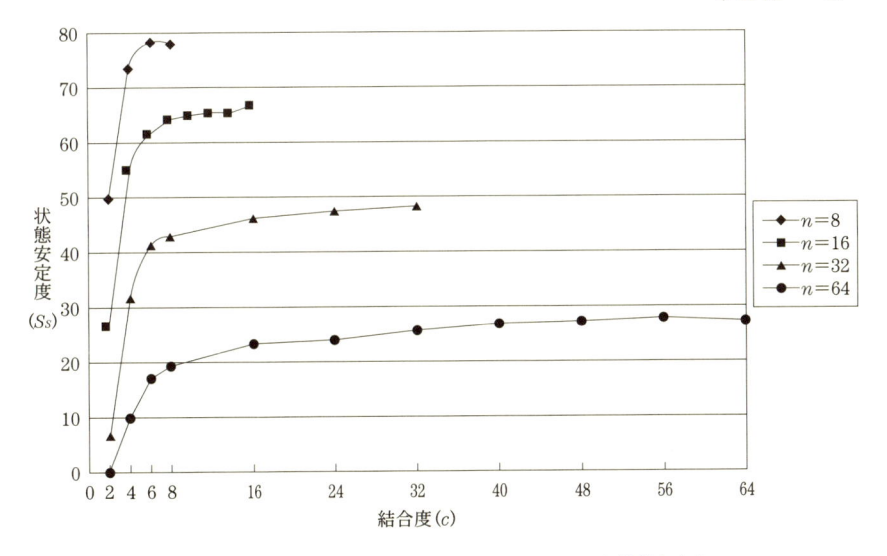

図 II-7-10　ネットワークの構造パラメータ (n と c) と状態安定度 (Ss)

ノイズ率は 40%，Ss はネットワークが 100 試行のうち，状態を完全回復させた試行数。

①' n が増加するほど Ts は減少する
②' c が増加するほど Ts は減少する
③' ②' においてその減少傾向は対数的である

というものになる。すなわち，集団における人数の増加は，ノイズ要因に対して風習パターンに収束するまでの時間の増加を招く（=①'）。したがって①と①'の結果より，ユニット数 (n) の増加は集団システムにおける 2 つの機能的安定の低下をともに招くことになるという結論になるだろう。次に②' について検討してみると，興味深いことにさきの状態安定度 Ss の場合 (②) とは逆説的な結果となっている。つまり，互いのことをよく知っている集団はそうでないものに比べて，ある風習パターンに収束するまでかなり時間を費やしてしまい，集団としてのパフォーマンスが低下することになってしまうという結論になるだろう。

　要約すれば，ユニット数 n が一定である場合，結合度 c の高いネットワークにおいて組織化されている文化的風習パターンは不確定なノイズ要因に対して非常に頑健であり，これは風習採用における強い社会的規範が存在していることに等しい。しかしその反面，そこで達成されている風習パターンというものは，おのおののユニットが相互作用を通じて形成されたものであり，ノイズに対してもとの風習パターンを回復させるためにはある程度の時間を犠牲にしなければならないのである。またこれに対して，結合度 c の低いネットワークでは，各ユニットが直接関係しているのは数ユニットあるために，ネットワーク全体がバランスを達成するのにそれほどの時間を要さない。しかし，そのバランス

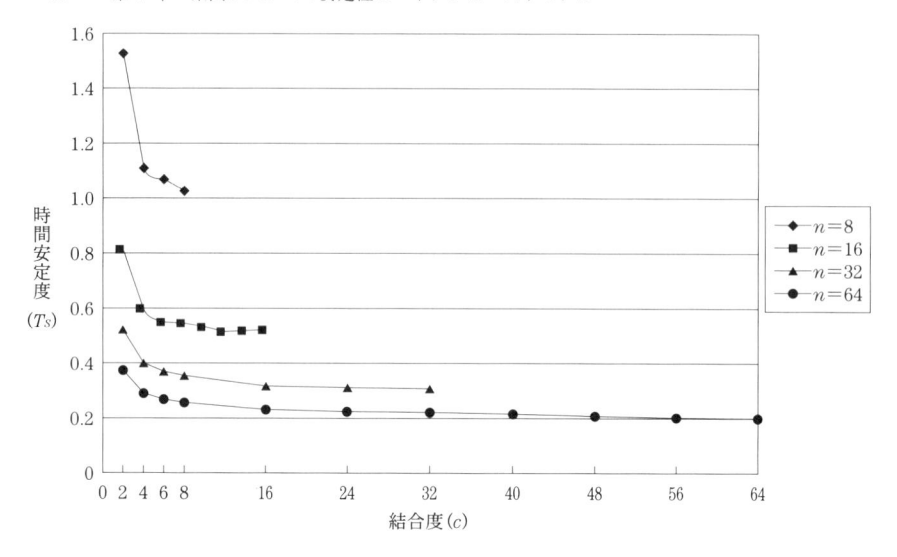

図 II–7–11　ネットワーク構造パラメータ (n と c) と時間安定度 (Ts)

ノイズ率は 40％，Ts は収束状態に到達するまでの時間を n で割ったもの。

状態はなんらかのノイズ要因に影響を受けやすいという側面をもっていることになる。つまり，結合度の低いネットワークにおいて達成されている文化的風習パターンは，ある程度の人数が異なった「文化的風習」を採用したならば崩壊する可能性が高く，規範としてはかなり弱いものである。したがって少数者影響による風習パターン崩壊後は，それまでとは異なった風習パターンを新たに生成してしまうことになる。

3.3　「ゆるやかな結合系」へ向けて―結合度(c)の最適値―

前節の議論において明らかとなったことを再度要約しよう。ネットワークシステムの機能的な安定にとってユニット数 (n) はできるだけ少数であるほうがよい。しかしながら，ネットワークシステムは多かれ少なかれ一定のユニットから構成されていることを考えた場合，そのネットワークには必ず結合度 (c) という構造パラメータが介在することになる。したがって，そのかぎりにおいて 2 つの機能的安定（状態安定度 Ss と時間安定度 Ts）を同時に最大

表 II–7–1　ネットワークの構造 (n, c) パラメータと機能的安定度 (Ss, Ts) の関係

安定の種類		状態安定度 (Ss)	
		高	低
時間安定度 (Ts)	高	n 少	c 少
	低	c 多	n 多

化する結合度 c の値は存在しないという，ネットワークの内在的な矛盾点もまた明らかとなった（表 II–7–1）。さてこのように，状態安定度 (Ss) と時間安定度 (Ts) の両者を同時に最大値として満たすことはできないという，ネットワーク安定性の機能的なアンビバレンツを鑑みれば，これら 2 つの機能的安定度をともにある程度満たすことができるような結合度 c の「最適な値」というものについて明らかにすることは有効である。

「文化的風習パターンの維持」という側面では高結合ネットワークに，また「ある風習パターンに収束するまでの時間の速さ」という側面では低結合ネットワークにひけをとらないようなネットワークシステムをデザインするためには，どの程度の結合度が望ましいのだろうか。

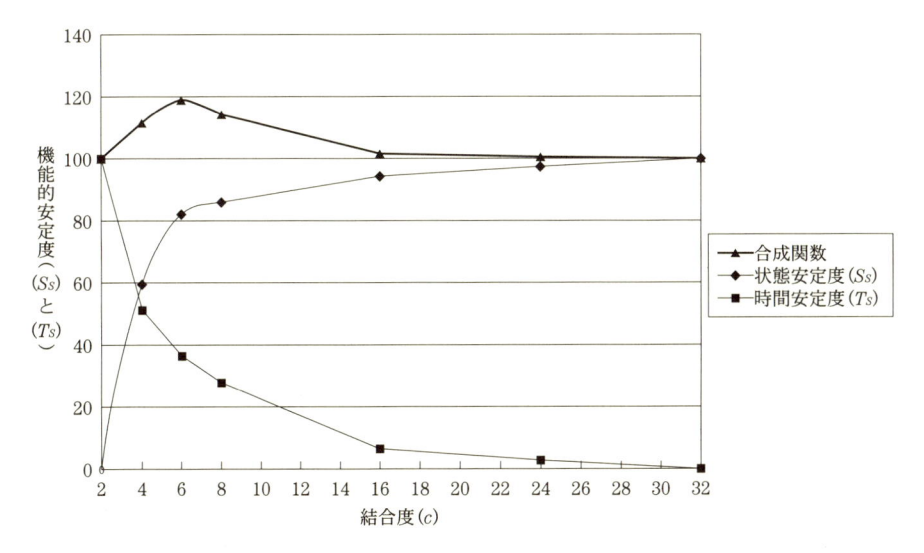

図 II–7–12 ネットワーク ($n = 32$) における結合度の最適値

$c = 6(\sqrt{32} = 5.65...)$ で 2 つの安定度の和は最大となっている。

図 II–7–12 に 32 ユニットからなるネットワークの，それぞれの機能的安定度とその合成（単純和）を示してみよう。$n = 32$ の場合，両者の機能的安定を達成するのに最適な結合度の値は $c = 6$ となっている。シミュレーション結果によれば，最適な結合度 (c) の値はネットワークサイズ（ユニット数 n）によって異なる。すなわち $n = 8$ の場合，最適な結合度は $c = 3$ となる。また $n = 16$ の場合は $c = 4$，$n = 64$ の場合は $c = 8$ という結果となる。論理的根拠は明確でないが，それぞれの場合において最適な結合度 (c) の値はユニット数 (n) の平方根に近い値となっている。したがってある集団システムにおいて，結合度 c の値が高すぎたり，低すぎたりするような場合，その十分なパフォーマンスは期待できないだろう。ネットワークシステムにおける 2 つの機能的安定を保証するよう

な結合度 (c) の最適な値は,シミュレーション結果によれば,ネットワークを構成するユニット数 (n) の平方根程度である。この値はネットワークが全結合である場合の結合数からすると比較的小さな値であり,これはネットワークがシステムとして十分に機能するためには「ゆるやかな結合系」である必要性を示唆している。逆にいえば,ネットワークシステムはその結合度 c の最適値をはずれるにしたがって,収束状態パターンの維持,もしくは回復時間の速さ,というどちらかの側面において機能的な不安定を招き,システムとしての存在意義を弱めることになるのである。

4. まとめ

　本章では「集団システム」のダイナミックス,とくにその安定性(構造的安定性と機能的安定性)について,コネクショニストモデルを用いて検討を行なった。各ユニットが対称結合で,結合強度とのバランスを保ちながら内部状態を変更するように動作する場合,ネットワークは必ず収束する(＝安定する)。しかしながら,ネットワークシステムにおけるその機能的な「安定の程度」というものはユニット数 (n) や結合度 (c) というネットワークの構造パラメータによって変化することが明らかとなった。とくに,結合度 (c) は,集団システムにおける機能的な安定(回復時間と状態パターン維持)に対して逆説的にかかわっている。また,このパラドックスを解消するために,ネットワークシステムには結合度 (c) の最適値が存在し,ネットワークは比較的ゆるやかな結合でなければならないことが分かった。

　これまでネットワークシステムの安定性について,社会心理学的な知見をふまえながら議論を行なったが,ネットワークシステムにおける安定性に限っていえば,先に述べたアシュビー (Ashby, 1952) がそうであったように理論生物学や数理生態学 (たとえば,May, 1973) において活発な議論がなされている。また,複雑なシステムの構造安定性と機能的安定性の関係については鞠子 (1996) が詳細な検討を行なっている。社会心理学分野において,コネクショニストモデルを用いた研究ではエイサーら (Eiser et al., 1998) の研究が挙げられるだろう。彼らの ATTINET は本章と同様にバランス仮説に基づいたユニットからなるネットワークモデルであり,そのシステム・ダイナミックスについて論じている。本章のモデルでは,ユニット間の結合強度は変更不可能であり,ユニットの内部状態を通じてバランスを達成することだけが可能であった。それに対してエイサーらの研究では,結合強度・内部状態の値はともに調節可能であり,どちらを重要視するかはパラメータによって決定されている。彼らはパラメータの値を変更することで,幾通りかのネットワークについての時系列ダイナミックスを検討している。しかしながらその結論としては,ハイダーの仮説が3ユニットだけではなく n ユニットでも成立すること,ネットワークの結合は初期状態で非対称であっても対称へと変化すること(互恵性：reciprocity),そして最後には多重制約のもとでの最適化過程(＝システム安定性)の困

難さを指摘するにとどまっている。いずれであれ，対象をシステミックにとらえるのであればその安定性に関する議論は中心的なテーマであり，したがって，集団システムにおけるダイナミックスをさらに議論するのであれば，本章で検討したパラメータ以外の与件のもとで,「システム安定性」に焦点を当てた研究を行なう必要性があるだろう。

引用文献

Ashby,W.R. 1952 *Design for a Brain.* London : Chapmann and Hall.
Cartwright,D. & Harary,F. 1956 Structual balance : A generalization of Heider's theory. *Psychological Review,* 63, 277–293.
Eiser, J.R., Claessen, M. J. A. & Loose, J. J. 1998 Attitude, Belief and other Minds. In S. J. Read & L. C. Miller (Eds.) *Connectionist models of social reasoning and social behavior.* N. J. : Mahwah. 313–354.
Festinger,L. 1957 *A theory of cognitive dissonance.* Evanston, IL: Row,Peterson.
藤澤　等　1997a　ソシオンシリーズ 0–ソシオン理論のコア–　北大路書房
藤澤　等　1997b　ソシオンシリーズ 1–複合システム・ネットワーク論–　北大路書房
Heider,F. 1958 *The psychology of interpersonal relations.* New York: Wiley. 大橋正夫 (訳) 1978　対人関係の心理学　誠信書房
廣田君美　1963　集団の心理学　誠信書房
Hopfield,J.J. 1982 Neural networks and physical systems with emergent collective computational abilities. *Proceedings of the National Academy of Sciences, USA,* 79,2254–2258.
May, R. M. 1973 *Stability and Complexity in Model Ecosystem.* Princeton University Press.
鞠子英雄　1996　「複雑性–安定性」のドグマ　ハーベスト社
McCulloch,W.S. & Pitts,E. 1943 A logical calculus of the ideas immanent in nervous activity. *Bullentin of Mathematical Biophysics,* 5, 115–133.
Moscovici, S., Lage, E. & Naffrecboux, M. 1969 Influence of a Consistent Minority on the Responses of a Majority in a Color Presentation Task. *Sociometry,* 32, 365–380.
Nowak,A.,Szamerj,J. & Latane,B. 1990 From private attitude to public opinion: A Dynamic theory of social impact. *Psychological Review,* 97,362–376.
Osgood,C.E. & Tannenbaum,P.H. 1955 The principle of congruity in the prediction of attitude change. *Psychological Review,* 62, 42–55.
Rosenblatt,F. 1961 *Principles of Neurodynamics.* Spartan.
Rumelhart,D.E., McClelland,J.L. & the PDP Research Group 1986 *Parallel Distributed Processing.: Explorations in the microstructures of Cognition.* Vol.1&2. Cambridge: MIT Press.

第8章

メンバーの相互作用による組織の自己組織化プロセスのモデル

▶ 石原茂和・石原恵子・長町三生

　電子ネットワークの普及した社会の到来により，組織の形態は急速に変化している。個人のレベルと組織全体のレベルを統合して表現できるモデルが組織研究に求められている。この研究は，個々のメンバーが能力を発展させて，組織全体が学習し問題に対応できるようになるプロセスをニューラルネットワークを用いてシミュレーションしようとする試みである。初期には各メンバーの問題解決能力は分化していない。外部から問題が与えられると，解決能力をもつメンバーが反応する。そしてその問題に対応する能力を向上させていく。このくり返しで，組織のなかに問題に特化したグループが形成され，組織全体の全体の問題解決能力が向上する。この自己組織化プロセスをコホネン (Kohonen, T.) の自己組織化マッピング (SOM) を土台に用いてダイナミックに表わすことができるようになった。組織の各メンバーをユニットに，組織への問題を入力パターンとし，メンバーの能力を入力との結合強度としている。さらに，メンバー間の関係をコホネンの SOM 特有の近傍の概念と対応づけることにより，メンバー同士のコミュニケーションやリーダーシップを表現することができる。本章では 2 つの例を示す。1 つは QC サークルによる能力の向上について，実際の経営組織でのデータを用いたシミュレーションである。2 つめは，仮想の組織において，リーダーシップとそのタイプがどのように自己組織化に影響するかをシミュレーションした。

1. はじめに

　この章では，ニューラルネットワークを用いて，組織の形成やリーダーシップの影響をモデル化する試みについて述べる。

　組織は社会心理学の重要なテーマであり，これまでに膨大な研究が行なわれている。実験的方法とフィールドでの研究の両面で方法論も進歩しているし，影響「力」などの，いわば関係の力に加えて，内面での認知や感情のプロセスまで考慮にいれるようになってきている。心理学的な研究は理論も方法も非常に洗練され，精緻なものとなってきている（たとえば齋藤，1987 など）。

その一方,経営学でも組織研究が行なわれている。実際の経営組織で実験を行なうのはむずかしいせいか,こちらのほうは実践・実証的な研究よりも,概念的な研究が多い。

人間工学での組織研究は対照的に非常に実践的である。古くは,ミスを少なくして生産性の向上をはかることから,作業分担や職務の設計における人間中心(Human-Centered)アプローチ,QCサークルの活性化や昨今とくに話題となっているヒューマンエラー防止まで,チームとよばれる数人の同僚の単位から,会社組織全体の改善までを範囲にしている。最近ではとくに日本型改善から学んだ参加型人間工学の方法論がさかんに議論されている(Nagamachi & Imada, 1994; Nagamachi, 1995)。

そもそも人と人がいっしょに働き,問題解決する場面では何が起きているのか,協同協調とはどのような活動なのか,この根本的疑問は長い間研究対象にされてこなかった。認知科学では,組織での仕事の最小構成単位ともいえる,協同(あるいは協調)作業であるコラボレーションについて研究がさかんになってきている。(たとえば『認知科学』のコラボレーション特集号 1996, 3巻4号など)

以上のようにさまざまな切り口から組織についての研究がされている。ところが現在,労働環境が激変している。いうまでもなく,それはネット化社会の到来のせいである。テレワークやSOHOとよばれるように,会社で顔を合わせて仕事をしなくてもインターネットを使って自宅や自宅近くのサテライトオフィスで仕事ができるようになった。グローバル化の影響で企業の競争は激しくなり,専門分野に集中するために,それ以外の業務を外部依託するアウトソーシング,組織のなかではさまざまな専門家の知恵を共有できるようにするナレッジマネージメントなどなど,ネットを活用した新たな仕事と組織のアイディアや形態が次つぎに登場している。

上に述べたような,いわばバーチャルな組織形態では直接の接触が頻繁ではないことが多い。あるいはほとんど,まったくないことすらある。組織の枠を大幅に広げた仕事のスタイルが一般的になっている今,われわれは,組織というものを今一度考えなおす時代に来ているといえるだろう。

組織の形態が多様化している現在,上に述べたような,ネットでつながっている組織はこれまでの組織論を越えた展開や発展をする可能性がある。その一方で,いわゆる実験変数が意図せずに統制されていたり,コミュニケーションが容易に記録可能だったりするという,研究には都合のよい側面もある。掲示板での文字だけの会話だったり,発言を整理しようとするグループウエア環境ではコミュニケーションの記録がしやすい。

このような組織形態の多様化に対応して,研究の方法論も実験や調査に基づく研究に加え,組織のモデルを作成してシミュレーションを行なうことは意義が深い。個々の行動と相互作用をマクロとミクロの両面でモデル化することにより,組織がどのように変化していくのかをダイナミックに調べることができるし,仮説を検証することもできる。

シミュレーションすべき組織の側面はたくさんあるが,ここでしるすシミュレーションは,自己組織化とそれによる組織の学習,それらに対するリーダーシップの影響をモデル

化する試みである。

1.1 自己組織化とニューラルネットワークによるモデリング

　自己組織化というのは物理学や化学のことばであり，自己組織化についての本を開けば，必ずレーザーや化学反応の話が出てくる。では，人間の組織は自己組織化するのか。人間の行動は自発的であり，当然自己組織化するという答えの前に，少し定義的に考えてみたい。

　自己組織化について，数理的解析のパイオニアである甘利俊一は次のように述べている(甘利，1986)。

　「混沌とした一様性のなかから，特徴的な構造を能動的に作り出していくこと，これが自己組織であろう。いくら複雑な構造であっても，工場で設計図どおりに材料を加工して作ったのでは自己組織とはいわない。とはいえ，生物が DNA を自分で解読しながら，1 つの卵から個体を形成していく過程は自己組織そのものであろう。設計図を内包していても，それを解読し制御しどこまでできたかを判定する機構を同時に自分自身で作り上げていくからである。また，神経系が外界の情報構造に学んでこれに適合する情報処理機構を脳の中につくっていくこと，これも自己組織の良い例であろう。工場の場合とは違って，外界は自己の情報を開示するだけで，これに対処するために脳内でどの細胞とどの細胞をどう契合したらよいかを教えるわけではない。これは脳が自分で作りださなければいけない」

　人間の組織はどのような点が甘利の定義にマッチするだろうか。人間の組織はモノを作っていたり，ゲームをしたり，はたまた事務作業をしていたりさまざまである。モノづくりでは製品ができてくる。ゲーム，たとえばサッカーのような身体を動かすものでは文字通り各人が動いているので，個人と組織のはたらきははたからもよくみえる。事務作業では，はたからみていてもあまり目にみえて何かが出てくるわけではない。しかし，これらに共通していえるのは，組織はなんらかの問題解決をしていることである。モノづくりでは，機能や価格といった要求仕様を満たすものを設計製造するといった問題を解決しなければならない。サッカーでは，相手の攻撃を防ぎ，ポイントを入れるという難題を解決しなければならない。事務作業では，外部や内部からのさまざまな情報を処理加工して，新たな情報を出力しなければならない。そこで，組織は問題解決をしているものであるという前提にたちたい。

　組織は問題解決をしているものだという考えにたつと，甘利の定義が人間組織の自己組織化によくあてはまる。モノづくりも，事務作業でも，対処しなければならない要求仕様や処理しなければならない情報が与えられる。サッカーでは勝つためには防御しながらポイントを入れなければならず，刻々どころか，瞬間瞬間で変わる状況に対処しなければならない。これらに対応する術は外部から教えてもらえるわけではない。サッカーは，練習のときに監督やコーチから対応の方法を教えてもらえるが，試合では自分たちのなかに蓄

積された知識で対処するしかない。モノづくりや事務作業では、まず外部から対処の方法は教えてもらえず、自分たちで対処の方法を考え出さなければならない。

自分たちで対処できるようになるには、問題を解決できる機構を自分たちで作らなければならない。どのような問題であるのか分析し、問題をいくつかの「副」問題へと分割する。この副問題を各メンバーや小グループで分業して解決する必要がある。問題解決の間には、効率のよい分業の方法、知識をもっているメンバーから他のメンバーへの知識の伝授や共有、個人やグループ単位の学習による能力アップなどのプロセスが必要である。こうしてみると、「神経系が外界の情報構造に学んでこれに適合する情報処理機構を脳のなかに作っていくこと」とそっくりである。自己組織化ということばは社会心理学ではあまり使われないが、同様の組織の見方をしている。たとえばスターバック (Starbuck, 1983) は、これまで認知的・行動的な特性がメンバーの相互作用に影響を与えるグループ内環境が組織心理学でのおもな関心事であったが、同時にグループを外部環境に適応する「生体 (organisms)」とみなすこともすでに始まっていると書いている。

1.2 ニューラルネットワークの要素と組織の要因の対応

組織の行動が自己組織化現象とみなすことができることは述べた。これをニューラルネットでモデル化するには、組織のどのような側面や構成単位を表現すればよいのだろうか。以下が対応するおもな表現である。
- 組織の各メンバー＝ユニット
- 組織への問題＝入力パターン
- メンバーの能力＝入力との結合強度
- 組織の状態＝結合強度の集合による表象
- 組織の処理能力の向上＝ネットワークの学習
- メンバー間の関係＝「近傍」範囲
- メンバーの1名1名を1つのユニットに対応させる。

組織で解決しなければならない問題は、ニューラルネットワークへの入力パターンとする。現実の問題はさまざまな要素がある。簡単な算数の問題のように計算の方法1つを知っていれば解決するといったことは現実の問題ではほとんどない。さまざまな知識や処理能力が要求される。したがって、問題の各要素を入力パターンの要素の値として表現する。

メンバーの能力は結合強度に対応させる。問題で要求される各要素の処理能力を、結合強度のベクトルの各要素で表現する。

ニューラルネットワークでは、学習により結合強度が変化する。教師ありの学習では、与えられた教師信号と、入力パターンとの関係が、学習によって結合強度のなかに表象を形成する。教師なし学習では、みずからがあらかじめもっている入力パターンの特徴や類似性の比較計算の能力により、入力パターンを分類する。分類の結果、類似するパターン

同士のグループを形成し、グループの平均的な属性値であるプロトタイプを表象として形成する。これらの表象は外界の情報の構造に適合する処理機構、あるいは外界の情報の構造そのものを表わす処理機構である。

以上の学習によりニューラルネットワークの各ユニットは結合強度が変化し、能力が向上する。これは組織のメンバーの処理能力の向上とみなすことができる。

最後のメンバー間の関係は、「近傍」範囲で表現する。これは、次に説明するコホネンタイプの自己組織化マッピングに特有の考え方で、ある時点で反応しているユニットは、物理的に近い別のユニット群に影響を与えるというものである。この近傍という概念を使ってメンバー間の関係、たとえば同じ部署で物理的に近いとか、コミュニケーションが頻繁で知識を共有する、あるいは影響力を及ぼす、などの関係を表現することができる。

2. コホネンの自己組織化マッピングを用いた組織のシミュレーション

2.1 コホネンの自己組織化マッピングのダイナミクス

筆者らはコホネンタイプの自己組織化マッピング (Kohonen, 1982) をニューラルネットワークモデリングのベースとして選んだ。これをもとにして、人間の組織をモデル化するためにその構造を変更していく。

コホネンの自己組織化プロセスのモデルは外部から与えられる入力パターンに対してそれぞれのユニットの結合強度が変化を続けることによって達成される。図II–8–1 に示すように、その構造は 1 層の相互結合されたユニットであり、各ユニットはいくつかの入力シナプス結合と結合強度をもつ。図および本章での例では、ユニットは 2 次元に配置され、各ユニットは 3 次元の入力を受け取る。コホネンの自己組織化マッピングの基本的なアイディアは、出力ユニットが空間的位置をもつと仮定し、それにより、ある出力ユニットとその近傍のユニット群が存在し、相互作用するというものである。

まず、ネットワークの動作をごく簡単にしるす。各ユニットの結合強度はネットワークが入力パターンを受け取ると、それに最も近い入力シナプス結合をもつユニットが選択される。この選択は競合学習とよばれる。1 つだけ勝者が勝ち残る (WTA:Winner-Take-All) プロセスである。勝者のユニットとその近くに位置するユニット群は、結合強度を入力パターンに少し近づけるように変更する。このプロセスを多数くり返すと、ユニット群の結合強度は入力パターンの構造を表わすようになる。これがコホネンの自己組織化マッピングの特徴である。

次に、コホネンの自己組織化マッピングのアルゴリズムについて述べる。0. は初期状態の設定で、設定した繰り返し数にしたがって、以下の 1.～4. をくり返す。

0. すべての出力ユニットの結合強度 w をランダム値で初期化する

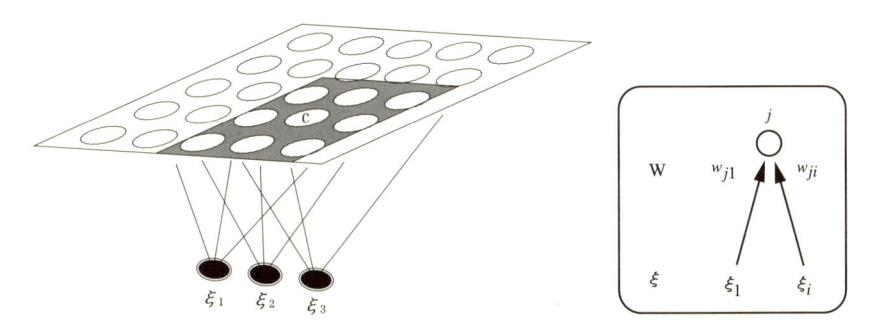

図 II–8–1　コホネンの自己組織化マッピングの基本的構造
(右の囲みのなかは 1 つのユニットに対する入力と結合を表わす)
近傍をグレーの領域で表わしている

1. t 回目の計算の最初に，入力のデータセットのなかからサンプル $\boldsymbol{\xi}$ をランダムに選ぶ
2. The Winner-takes-all (WTA) プロセス

各ユニットにおいて，同じ数のシナプス結合 (w_i) がある。上に述べたように，本研究では，3 次元の入力に対応する 3 つのシナプス結合がある。これをまとめて $\mathbf{W}$ と表現する（太い文字はベクトルを表わす）。すべてのユニットの $\mathbf{W}$ はシミュレーションの初期に，小さいランダムな値に初期化される。

入力パターン $\boldsymbol{\xi}$ は，すべてのユニットに送られる。$\boldsymbol{\xi}$ の各要素を ξ_i とする。最も $\boldsymbol{\xi}$ に近い $\mathbf{W}$ をもつユニット 1 つが反応する。これを WTA とよび，その勝者ユニットを c（Champion の c である）とラベルをつけておく。これを式に書くと下のようになる。$\mathbf{W}_j$ の j は，どれでもよい任意のユニットである。|| はベクトルのノルムを表わす。ベクトルの各要素を 2 乗したものの総和をとり，その平方根を求めたものである。ノルムはベクトルの長さを表わすもので，実数の絶対値を拡張した考えである。

すべてのユニットで $\boldsymbol{\xi} - \mathbf{W}_j$ のノルムを調べ，そのなかで最小のものを c として，次の更新の対象とする。

$$||\boldsymbol{\xi} - \mathbf{W_c}|| = \min ||\boldsymbol{\xi} - \mathbf{W_j}|| \tag{1}$$

入力パターンと，結合強度の各要素の差を求める。上に述べたように，その差を 2 乗して総和をとるので，入力パターンに似ている結合強度ほど，ノルムの値は小さくなる。

3. シナプス結合の更新

勝者ユニット c が決まると，その近傍の影響を及ぼす範囲を決める。この近傍範囲を Nc (Neighbors of c) とよぶ。c を含む Nc 範囲内のユニット群は，入力パターンに近づくようにシナプス結合を変化させる。ここでの j は，Nc 範囲内のユニットである。範囲外の

ユニットには何もしない。シナプス結合の一つひとつは (ベクトル **W** の各要素 w_{ji}) は次の式で更新される。

$$w_{ji}(\text{new}) = w_{ji} + \alpha(t)(\xi_i - w_{ji})$$

また，Nc の大きさは学習が進行するにしたがって，小さくしていく。

ここで α は，更新率のパラメータである。そしてこれは時間 (t) が経つにしたがって値は小さくなる。

4.「**2.**」へもどる（次の回の計算開始，$t = t+1$）

上に述べた WTA と近傍範囲内のシナプス結合の更新により，コホネンの自己組織化マッピングは情報の構造を表わすようになる。もし，ユニットの数が入力パターンの数よりも大幅に少なければ，それはクラスター分析のように，分類を行なうようにふるまう。類似した入力には同じユニットが反応し，類似していなければ別々のユニットが反応する。もし，ユニットの数が多ければ，分類の幅は相対的に細かくなり，分布の形を表わすようになってくる。しかも，入力パターンが集中しているところはより細かく反応し，そうでないところは粗く表わすようになる。そして，2 つの入力パターンが類似していればおのおのに反応するのは近くに位置するユニットであり，類似していなければ互いに遠くに位置するユニットが反応する。これが入力の空間的な関係を保持している（トポロジカルな）マッピングといわれる理由である。

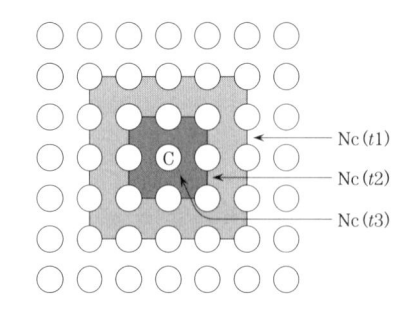

図 II–8–2 勝者ユニット c とその近傍範囲 Nc

このようなトポロジー保持マップ (topology-preserving map) は，ほ乳類の大脳皮質の視覚野，聴覚野，触感覚野のシート状のニューロンの構造にみることができる。たとえば近接した身体の部分は近接した部分のニューロンが発火するように配置されている。

一例として，2 次元に配列したネットワークに，一様分布する 2 次元のデータを与えると，2 次元平面をカバーするようにユニットの結合強度が変化する。たとえばこのようになる。学校で朝礼のときに運動場に生徒を整列させるときには，各学年（あるいは各組）が 1,2,3,4... と列になり，各列では名前の 50 音順に並ぶだろう。この朝礼の整列のように，ユニットの配列内の位置が意味あるように，結合強度が変化する。となりのユニットとでは結合強度が少ししか違わないが，離れた場所のユニットでは大きく違う。しかもこの違い方が順序を保って表現される。もし，一様分布ではなく，偏った分布のデータを与えられると，その偏りを表現するように結合強度が変化する。データが集中する値に相当する部分には多数のユニットがほんの少しずつ違った結合強度をもち，まばらなところは，少数のユニットが粗く値が変化する結合強度をもつようになる。

（進んだ読者のために）以上に説明したように，コホネンの自己組織化マッピングは競合学習に近傍という位置の概念と，近傍範囲のなかのニューロンの間の影響を加えたものである。筆者らが本書の第10章で示すように，競合学習はクラスタリングを行なう能力がある。出力ユニットを1次元に配置することにより，通常のクラスタリングに相当する計算を行なう可能性もあるが，コホネンのこのネットワークではたとえば，非常に類似した入力に対して別々のユニットが反応する一方，かなり異なる入力に単一のユニットが反応することがある。それらの解決のためにはアルゴリズムに制約項を付加する必要が論じられている (Cherkassky & Lari-Najafi, 1991)。また，減衰項 $\alpha(t)$ により，マッピングの安定性・収束性をはかっているが，これはすべてのデータ入力に対して一様に減衰するものであり，そのステップごとの減衰量も小さいものでなければならない。結果としてコホネン自身の応用例にみられるように，正確なパターン分類の能力を求めるには非常に多くのデータサンプルと反復計算（1000～100,000回程度）が必要となる (Kohonen, 1989)。したがって，パターン分類器としてこのアルゴリズムを使うことは実用的ではない。

一方，生理学的なモデルとしては，このアルゴリズムは興味深いものである。大脳皮質の視覚野では，色感受性の異なる網膜細胞からの信号によって計算される，輝度と2種類の色相の，合わせて3次元のデータが2次元の皮質野へマッピングされている。このマッピングのシミュレーション (Saarinen & Kohonen, 1985) や，長期記憶の構造モデル (Miikkulainen, 1992)，そして次に示す経営組織の自己組織化のシミュレーションなどが示すように，このネットワークのおもしろさはトポロジカルなマッピングのプロセスにあると考えられる。

2.2 組織の自己組織化プロセスとの対応

組織の問題解決のための自己組織化プロセスをモデル化するために，組織のさまざまな要因をニューラルネットワークの要素およびプロセスに対応づける必要がある。あるいは組織の要因を表現するために新たにニューラルネットワークの要素およびダイナミクスを作成する必要がある。さきに述べたように，入力パターンは組織で解決しなければならない問題である。1つのユニットはメンバーの1名を表わし，結合強度はメンバーの能力を表わす。近傍範囲 Nc でメンバー間の関係を表現する。それぞれのメンバーは物理的あるいは社会的に近い別のメンバー群に影響を与える。組織の自己組織化プロセスは，ネットワークのプロセスに次のように表現することができる。

WTA：解決しなければならない問題 (ξ) が与えられ，これについてもっとも解決能力のあるメンバー (c) が反応する。

Nc 内のユニットのシナプス結合の更新：問題に最も近い「結合強度 ($\mathbf{W}$)」をもっているメンバー c は，協同関係にあってコミュニケーションのある他のメンバーを活性化する。これは，問題の解決方法の知識をそのメンバーたちに教えたり伝えたりす

ることに相当する。そして，その活性化されたメンバー群は知識を共有し，解決能力 W_j を向上させる。この向上とは，W_j を問題 (ξ) に少し近づけることである。

WTAのプロセスでは，問題に対して解決能力のあるメンバーの1人が反応するという図式である。問題に対するメンバーの反応プロセスが自己組織化のひとつの要因ととらえている。これは本研究で突然現われたアイディアではなく，経営学者であるマーチとオルセン（March & Olsen, 1976/1986）によって提唱されたゴミ箱モデルとよばれる，組織の意思決定のモデルで使われている概念である。組織のあり方について，計画的で理路整然，組織の階層関係にしたがって意思決定がされ，伝えられていくようなストーリーがしばしば理想とされる。しかし，日々起きる予期できなかったような問題を，さまざまなアイディアをもった多くの人間がいて臨機応変に解決したり，あるいは見過ごされて解決されなかったり先送りにされたりしているのが現実である。ゴミ箱とはずいぶんな命名であるが，参加者や解決のアイディアがごちゃごちゃに存在する場に問題が投げ込まれて解決されていく，そのダイナミックなプロセスをゴミ箱とたとえて表現するモデルである。

ゴミ箱モデルはニューラルネットワークのようなモデルではなく，コミュニケーションや能力の向上といった情報共有や学習のような要因やプロセスは考慮されていない。またゴミ箱モデルは問題，解，参加者，選択機会が要因として設定されていて，解と参加者は別であるという前提が本研究での考え方と異なる。なお，経営学での組織研究と認知科学との間をつなぐ解説として，阿部 (2001) はわかりやすい。

3. QC サークル活動による自己組織化のモデル

3.1 QC サークルの特徴

この章では，QC サークルによって組織メンバーの能力が向上した実在する例を用いて，そのプロセスをモデル化した試みについて述べる。QC とは，品質管理 (Quality Control) のことである。QC サークルとは，現場で働くチームのメンバーによって，品質やサービスの向上をめざして行なわれる活動である。日ごろの問題点をあげ，みんなで知恵を出しあってなるべく現場で自分たちで解決をめざすサークル活動である。工場のように具体的にモノを製造する現場から，サービス業の接客などまで，広く普及している。

日本の管理，とくに品質管理のスタイルは，欧米のさまざまな管理「文化」に影響を及ぼしてきた。オオウチ (Ouchi, 1981) の「Theory Z」をはじめ，日本スタイルの管理方法は世界で多大な関心を集め，多くの研究がなされてきた。これらの研究によりあげられた日本スタイルの特徴は「個人の負担」，「管理システムがフォーマルでない」，「合意による意思決定」などがある。

製品をサンプリングして質をチェックし，統計的に品質管理する方法はデミング (Deming, W.E.) やジュラン (Juran, J.) をはじめとするアメリカの科学者によって戦後

日本にもたらされた。品質を製造現場から高める方法として QC サークルは 1950 年代に日本中に普及した。従業員による QC サークルの成功が日本スタイルの品質管理の際だった特徴であり，現在の日本の工業製品の質を高め，日本の繁栄を築いた大きな要因であるとみなされている (Ouchi, 1981; DuBrin, 1984)。なぜ日本では QC サークルがうまくいったのか。リンカーン (Lincoln, 1989) は日本とアメリカの 106 の工場で 8,302 名の従業員に対して質問紙で調査した。その結果，日本の従業員はアメリカに比べて自分の仕事への満足度が低く，組織へのかかわりはアメリカよりも高い。つまりより向上心が強く，組織重視である。またアメリカよりもグループ内の社会的なかかわりに積極的である。QC サークルが実際にどれだけ生産性を向上させるか，実際に商売をしている会社組織で実験することは非常に困難であるが，まれな例として，ナイダー (Neider, 1980) の研究がある。チェーン店である 4 つのデパートの 110 名の従業員を用いて，各店舗を 1 つずつ実験条件を変えた。1 つは従業員のグループづくりのみの条件で，従業員はセールスを向上させるミーティングを行なう。2 つめは，報酬のみの条件で，セールスが向上すれば映画のチケットや有給休暇などの報酬を与える。3 つめは 1 つめと 2 つめの両方で，グループを作り，報酬も与える。4 つめはコントロールで何も変化を与えない。4 週間後，グループづくりと報酬両方条件の店舗のみ，有意にセールスが向上した。グループづくりのみ条件と両方条件の 2 つで，質問紙研究で参加についての点数が有意に向上した。QC サークル活動と，その結果に対する適切な評価が重要であることを物語っている。

　QC サークルは自発的で，強制されたグループ活動ではない。助言者や上司を含むこともあり，含まないこともある。定期的に問題を解決するためにアイディアをもちより，議論して品質向上やコスト削減，効率化，作業環境の改善などをはかる。気がつかなかった問題をあらわにし，それを自分たち自身で解決しようとする。この活動は階層的な会社組織のようにフォーマルではなく，どのメンバーも等しく意見を述べる機会がある。自発的な参加が生産性やモチベーション，仕事に対する満足をもたらすのに効果的である (Ouchi, 1981)。長町 (1987) による，ゴルフクラブハウスのサービス向上のための QC サークルでは，問題とそれに対する解決の例がある。初期において，従業員は参加に意欲的ではなかった。そのため，トレーニングの場ではなく，問題を発見するカジュアルなミーティングである点を強調した。QC サークルの多くのメンバーが指摘した問題は，プレー中にコース内で喫煙するゴルファーがいることであった。「コースでは禁煙」といったポスターをはったり注意して心証を悪くさせないで喫煙させない方法はどのようにしたらよいか，何度も自発的なミーティングが行われた。あるメンバーによる提案が最終案として決定された。それは，キャディー全員が携帯式の灰皿をもち歩き，コースで喫煙を始めたゴルファーがいたら，微笑んで灰皿を差し出すというものである。煙草を吸おうとしたゴルファーはこの新しい「サービス」に驚き，礼をいってルールを破ったことを恥じた。2 か月後，プレー中に喫煙するゴルファーはいなくなり，問題はエレガントに解決された。これ以降，すべてのメンバーはサービスの問題を発見し，上司から指示なしで自分

たちで解決するスタイルが定着した。

上に述べた例が示すように，QC サークル活動は自発的な問題解決行動であり，典型的な自己組織化である。各メンバーが問題を出しあい，その問題に対してアイディアのあるメンバーが反応する。そのアイディアは他のメンバーに伝えられる。各メンバーは伝えられたアイディアでその能力を向上させていき，グループ全体の処理能力は向上する。新たな問題が起きるごとにこのプロセスはくり返され，グループはさらに能力を向上させ，問題解決能力に優れた，強固なチームができ上がる。プロセスにおいて，上司からの直接的な命令や指導はなく，上司もまた平等な 1 メンバーである。次の節では，ある会社において QC サークルによって組織メンバーの能力が向上した例を用いてシミュレーションを試みる。

3.2 実際の経営組織における QC サークル活動のシミュレーション

この例で示す企業は，品質管理で受賞した会社である。QC サークルを始める前，QC サークルによって成功した後について，営業部門のメンバー 11 名に自分のさまざまな問題解決能力について質問紙で自己評定をさせた（長町ら，1993）。このデータのなかから，「仕事の効率性」，「仕事の拡大」，「変化への意欲」と名づけた 3 つの能力の評定をピックアップした。図 II-8-3 はその 3 つの能力の評定値を，QC サークルの実施前と実施後でプロットしたものである。回答は 10 段階のスケール上でのチェックであり，それを 0 から 1 の値にコーディングした。ドットの一つひとつが個々のメンバーを表わしていて，● が実施前，〇 が実施後の能力を表わす。実施後にはすべてのメンバーの能力が向上してい

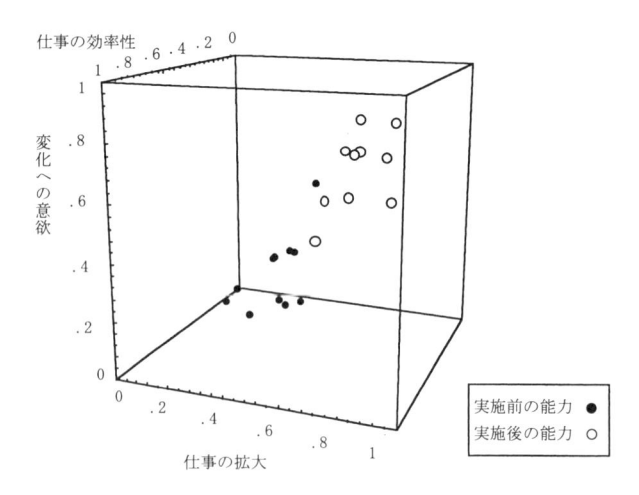

図 II-8-3　QC サークルの前後の問題解決能力の自己評定

ることを示している。

　筆者ら (Ishihara et al., 1992; Ishihara et al., 1996a, Ishihara et al., 1996b) は，この組織の自己組織化のシミュレーションを行なった。このシミュレーションでは QC サークルを通じて個人間のコミュニケーションが活発になり，外部からの問題を解決する能力が向上するプロセスをモデリングしている。このモデルでは，問題は営業部でのセールスを増大させるということである。ある問題は，その問題に対して最も大きい解決能力をもつ個人によって処理される。個々のもつ問題解決能力は少しずつ異なる。これは個人差に対応する。問題を解決することにより，その個人の問題解決能力は向上する。そして周囲のメンバーはその個人から解決能力を向上させる情報を受け取り，それらも問題解決能力を向上させるものと考える。

　部門の個々のメンバーを個々の出力ユニットに対応させ，メンバーの問題解決能力を結合強度 $\mathbf{W}$ にセットする。外部から与えられる問題（n 種類の問題の組み合わせ）を n 次元のアナログ値ベクトルで表現している。組織を考慮するうえで欠かせないメンバー間のコミュニケーションは，出力ユニット間の近傍への影響とする。

　図 II–8–4 は，シミュレーションで用いた，仮想の外部からの問題のプロットである。「仕事の効率性」，「仕事の拡大」，「変化への意欲」の 3 つの要素が解決に必要とする問題であるセールスの増大に必要な要素とする。問題として 3 次元のベクトルを仮定し，ネットワークへの入力として与える。このシミュレーションでの問題は 3 要素を含んでいるが，その度合は日々の問題一つひとつで少しずつ異なるものとしている。ゆえに，問題

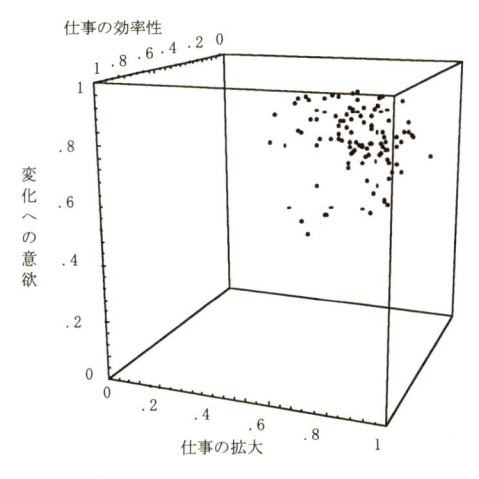

図 II–8–4　シミュレーションにおける問題の分布

のプロットは 1 点に集中するのではなく，[1,1,1] のまわりにある程度の分布の広がりを示している。各メンバーは個々の問題解決能力を適合させ，また他のメンバーとの相互作

用によって問題解決能力を向上させていく．

図II-8-5は，シミュレーションのなかで組織のメンバーが能力を向上させていくようすを表わしている．シミュレーションでは，時刻 t は初期状態を 0，30 を終了とし，それぞれの t ごとに，ひとつずつ問題が与えられる．各メンバーの問題解決能力は結合強度 W で表わされている．W の初期値には，図II-8-3で表わされる，QCサークル実施前の問題解決能力の自己評定値をそのまま用いている．

外部から与えられた問題 ξ に対して，最も近い W をもったメンバー 1 人が反応し，そのメンバーとその近傍のメンバーが学習によって W を変化させる．その結果，メンバー全体が，与えられた問題の解決能力を備えていく．更新率 α は 0.5 に設定した．

各メンバーの能力 W の変化を時間にそってプロットしたものを図に示す．

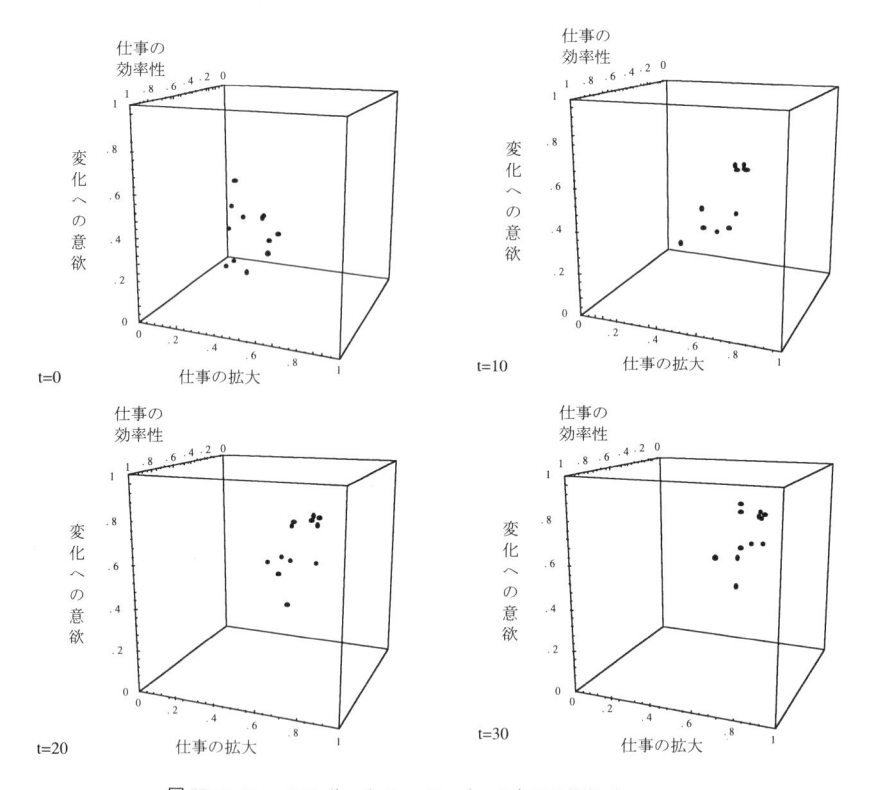

図II-8-5 QCサークル・メンバーの自己組織化プロセス

図に示されるように，メンバーの能力は向上していく．しかし，全員が一様な能力になるわけではない．さまざまな問題の種類や，初期状態の差を反映した，幅をもった位置を示している．また，何人かがよく似た結果を示し，小グループのようなものを形成してい

る。この結果は図II–8–3の質問紙の結果と共通する。このシミュレーションの結果を検証するために，シミュレーション終了後のWの平均値と，QCサークル実施後の調査結果と比較を行なった。その結果，表II–8–1に示すように，両者の結果は類似していることが示された。仮説の問題の分布に対して，モデルが実験結果をうまく説明している。

表II–8–1 シミュレーション結果と実際のデータの比較（被験者間平均値）

	仕事の効率性	仕事の拡大	変化への意欲
実際のQCサークルでの質問紙調査	6.8	7.6	7.2
シミュレーション	8.0	7.9	7.7

このシミュレーションでは，コミュニケーションによる情報の共有とメンバーの能力の向上による自己組織化プロセスの仮説に基づいて組織のダイナミックスを示した。これにより，実際の会社組織のQCサークル活動がメンバーの能力の向上を促進する過程をモデル化することができた。次節では，近傍範囲Ncによるメンバー間の関係の表現をより明示的積極的に用いた例を示す。

4. 自己組織化におけるリーダーシップの影響のシミュレーション

4.1 リーダーシップの表現

上に述べてきたシミュレーションでは，個々の問題解決能力とコミュニケーションによる情報共有による自己組織化を扱っている。一方，組織のなかにはさらに多くの要因がある。そのなかで組織の分化や形成を左右する要因としては，リーダーシップが最大のものであろう。

リーダーシップとは，組織内でのなんらかの影響力の行使であり，その研究は社会心理学的組織研究のなかでは古くから中心的話題となっている。リーダーシップの特性のひとつの側面は問題解決的行動にあることが多くの研究を用いたメタ・アナリシスにより明らかになっている (Eagly & Karau, 1991)。また，前節で扱ったQCサークルの活性化におけるリーダーシップについて，さまざまなケースで多変量解析を用いてその重要性が示されている (長町, 1988)。

リーダーシップにはさまざまな区分が提案されているが，そのなかのひとつとして，カーターら (Carter et al.,1951) は，リーダーが（上部組織などから）指名されて決定される任命的リーダー (appointed leader) と，通常のメンバーのなかから自然発生的に「リーダー格」として決まってくる自発的リーダー (emergent leader) の区分を提案している。また彼らは，どちらのタイプのリーダーでも，「状況の分析・解釈」，「対処行動のための情報を与える」ことが，通常のメンバーに比べると統計的有意に多くみられることを示している。

114　第 8 章　メンバーの相互作用による組織の自己組織化プロセスのモデル

　これらの事実をふまえて，リーダーシップのプロセスをシミュレーションに盛り込むことを考えた。上であげた研究から，リーダーシップとは問題解決において，周囲に情報の分析と伝達を与える行動が他のメンバーよりも多いことがわかる。シミュレーションでこの条件を表現するために，ユニット間の相互作用の強さの異なるユニットを入れる。相互作用の強さは影響を与える近傍範囲の大きさ $Nc(t)$ を変化させた。他のメンバーに影響を与える強さ α と範囲が大きいユニットを用いて，リーダーシップをもつ任命的リーダー，あるいは潜在的にもつ，自発的リーダーになる可能性のあるメンバーとして表現する。シミュレーションでは t が 99 までは α は 0.2 と 0.4（前者はふつうのメンバー，後者は任命的または潜在的リーダー），100〜400 までは 0.15 と 0.35，400〜1000 までは 0.1 と 0.3，そして 1000 以降は 0.05 と 0.25 にした。

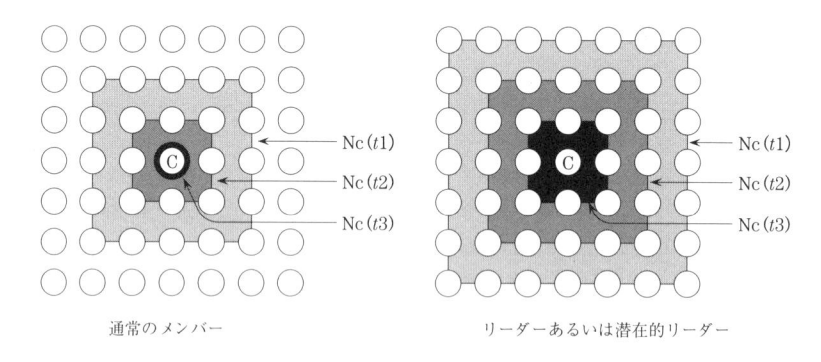

図 II-8-6　他のメンバーへ与える作用の大きさの違うユニット

$Nc(t)$ は時間による影響範囲の大きさを表わすパラメーター

　このリーダーシップのシミュレーションでは，メンバーの特性と問題は，仮想のデータを用いている（図 II-8-7 参照）。メンバーの組織に与える問題はそれぞれ異なる度合いで

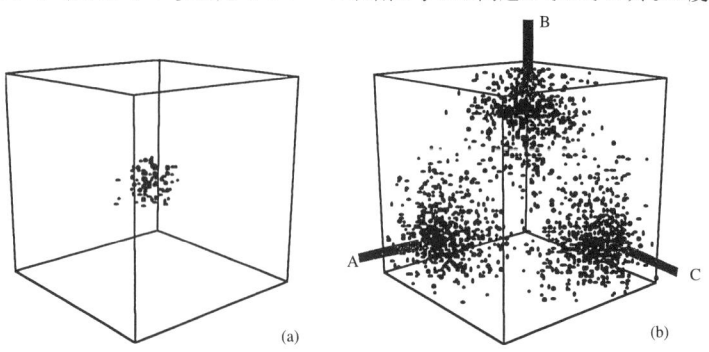

図 II-8-7　初期状態のメンバーの問題解決能力 (a) と与えられる問題の分布 (b)

3 種類の能力を要求する A, B, C の 3 つがあるものとする。これら 3 つの分布に対応して，3 つのグループが形成されれば，おのおのの問題に特化したグループが自己組織化されたと考える。メンバーの初期段階での能力はニュートラルな値である。したがって中心付近に集まっている。

4.2　2 種類のリーダーシップのシミュレーション

3 種類の組織を仮定してシミュレーションを行なった。図 II-8-8(a)(b)(c) に結果を示す。

(a) はリーダーのいない，フラットな組織である。問題の分布へ向かって広がっていくが，2000 回の入力の後も，それほど明確なグループはできていない。

(b) はあらかじめ問題に特化した解決能力をもつ任命的リーダーが 3 人存在している，任命リーダー条件である。リーダーはそれぞれ，星形で表わしている。これらのリーダーがメンバーを引きつけ，3 つの特化したグループの形成を促進したことがわかる。

(c) では，潜在的に影響力の大きい，自発的リーダーになる可能性のあるメンバーが 2 名存在するが，最初から適切な能力をもっているわけではない。そのうちの 1 名は初期において，上側の問題 B の位置に移動し，それに対応するグループの形成を促進した。この人物は自発的リーダーになったと考えられる。一方，もう 1 名の潜在的リーダーは，問題 A に近づいているが，自身の特化が初期になされず，結果的にはグループの形成を促進するはたらきがなかった。この人物は，この問題状況下では自発的リーダーになり得なかっ

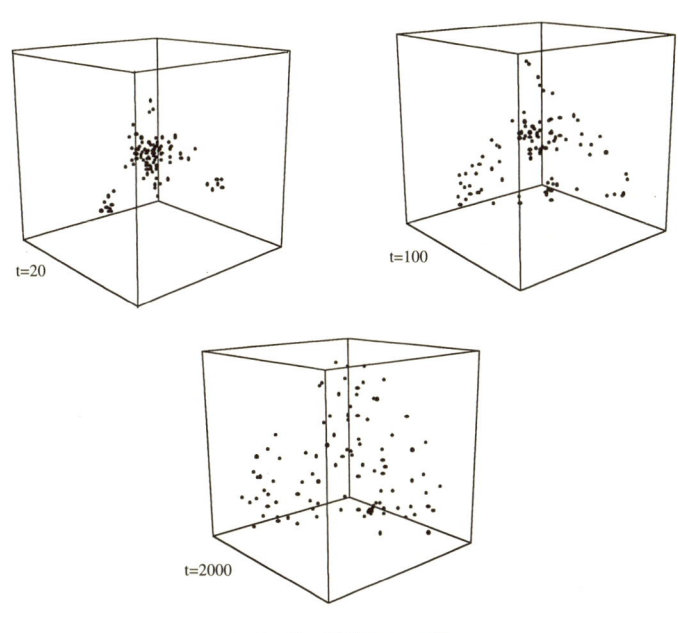

(a) リーダーが存在しない組織

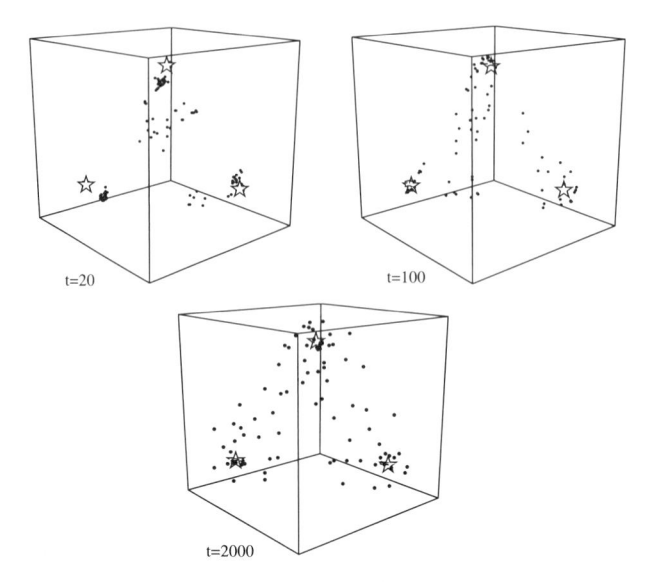

116　第 8 章　メンバーの相互作用による組織の自己組織化プロセスのモデル

(b) 任命的リーダーが存在する場合

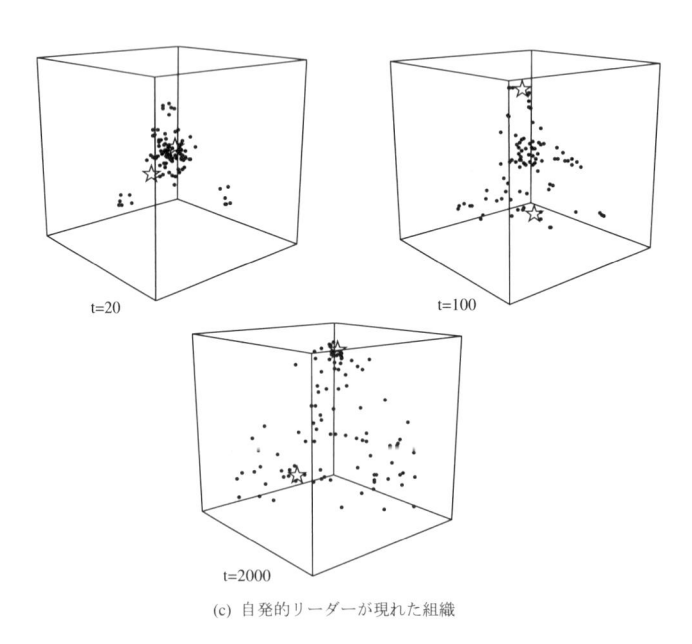

(c) 自発的リーダーが現れた組織

図 II–8–8　リーダーシップによる影響のシミュレーション結果

たと考えられる。(b) と比べると，図の中央付近に位置するメンバーが多く，問題 A，C に対応したメンバーが少ない結果となっている。

オリジナルのコホネンのネットワークでは，それぞれのユニットは均質な特性をもつものであるが，このように異質のユニットを混入させることにより，複雑なシステムのシミュレーションが可能になる。もっとも，こうなると収束を目的としたコホネンの前提を崩しており，もはや別のものともいえるかもしれない。いずれにしても，ユニット間のトポロジカルな相互作用というユニークな視点を活かしてダイナミックシステムをシミュレーションするための枠組みになるだろう。

5. おわりに

この章では，コホネンの自己組織化マッピングをベースとして，人間の組織の自己組織化プロセスをモデル化する試みについて述べた。

最初に述べたように，ネット社会の到来とともにますますコミュニケーションの形態は多様化し，それにつれてコラボレーションの形態もどんどん変わってきている。したがって，組織の要因の研究も実験によるもの，理論的なもの，実際に機能している組織でのフィールドスタディーをすべて用いないととらえることができないだろう。それに加えて，本研究で提案するようなシミュレーションを用いることにより，ある意味では未来の組織形態を予見することも可能である。

このモデルのおもしろい点は，時間の経過により，メンバーの能力や相互作用がみるみる変化するのを眺めることが可能なことである。このモデルにはさまざまな拡張の可能性があり，さまざまな組織の要因を反映させ，盛り込むことができる。例で示したように，実証データも使えるし，仮定のデータも使うことができる。理論と実験と実証研究をつなぐ，新しい組織研究の道具になることを願っている。

＊＊引用文献＊＊

阿部　香　2001　「英知結集」のマネジメント　文眞堂
甘利俊一　1986　自己組織とはなにか　数理科学，No.277(1986 年 7 月号), 5-9.
Carter, L., Haythorn, W., Shriver, B. & Lanzetta, J. 1951 The Behavior of Leaders and Other Group Members, *Journal of Abnormal and Social Psychology*, 46, 589-595.
Cherkassky, V. & Lari-Najafi, H. 1991 Constrained topological mapping for nonparametric regression analysis. *Neural Networks*, 4, 27-40.
DuBrin, A.J. 1984 *Foundations of Organizational Behavior: An Applied Perspective*. New Jersey: Prentice-Hall.
Eagly, A.H. & Karau, S.J. 1991 Gender and the Emergence of Leaders: A Meta-Analysis. *Journal of Personality and Social Psychology*, 60(5), 685-710.
Ishihara, S., Hatamoto, K., Pinochet, A. Matsubara, Y. & Nagamachi, M. 1992 Neural network model of self-organization process in group formation. *Proc. of the International Conference on Economics/ Management and Information Technology*, 92, 273-276.
Ishihara, S., Ishihara, K., Nagamachi, M. & Pinochet, A. 1996a Neural network simulation of QC circle activities. In Frank-Jurgen Richter (Ed.) *Dynamics of Japanese Organizations*. London: Routledge. 132-147.

Ishihara, S., Ishihara, K. & Nagamachi, M. 1996b Simulation of self-organizing processes in working groups using neural networks. In O. Brown Jr. & H. Hendrick (Eds.) *Human Factors in Organizational Design and Management-V*. Amsterdam: North-Holland, 371–376.

Kohonen, T. 1982 Self-Organized Formation of Topologically Correct Feature Maps. *Biological Cybernetics*, 43, 59–69.

Kohonen, T. 1989 *Self-organization and associative memory, 3rd ed.* Berlin: Springer-Verlag.

Lincoln, J.R. 1989 Employee Work Attitudes and Management Practice in the U.S. and Japan: Evidence from a Large Comparative Survey. *California Management Review*, 32, 89–106.

March, J.G. & Olsen, J.P. 1976 *Ambiguity and choice in organizations*. Universitetsforlaget.

遠田雄志・アリソン・ユング (訳) 1986 組織におけるあいまいさと決定 有斐閣

Miikkulainen, R. 1992 Trace feature map: A model of episodic associative memory. *Biological Cybernetics*, 66, 273–282.

長町三生 1987 QCサークルの心理学 海文堂出版

長町三生 1988 小集団活動活性化診断 長町三生(編) QCサークルの心理学パート2 －体験学習による活性化手法－ 海文堂出版

Nagamachi, M. 1995 Requisites and practices of participatory ergonomics. *International Journal of Industrial Ergonomics*, 15(5), 371–377.

Nagamachi, M. & Imada, A. 1994 Human-centered safety: A macroergonomic approach to safety management, In G.E. Bradley, & H.W.Hendrick (Eds.) *Human Factors in Organizational Design and Management - IV*. Stockholm, Sweden: North - Holland, 769–774.

長町三生・金田光生・松原行宏 1993 自己組織化に関する拡張ガーベイジ・カン・モデルの研究 日本経営工学会誌, 44(3), 191–199.

Neider, L.L. 1980 An experimental field investigation utilizing an expectancy theory view of participation. *Organization Behavior and Human Performance*, 26, 425-442.

認知科学 (特集 コラボレーション) 1996 3(4), 1996.

Ouchi,W.G. 1981 *Theory Z : How American Business Can Meet the Japanese Challenge*. Massachusetts : Addison-Wesley.

Saarinen, J. & Kohonen, T. 1985 Self-organized formation of colour maps in a model cortex. *Perception*, 14, 711–715.

齋藤 勇 (編) 1987 対人社会心理学重要研究集1－社会的勢力と集団組織の心理－ 誠信書房

Starbuck, W.H. 1983 Organizations and Their Environments, In M.D. Dunnette (Ed.) *Handbook of Industrial and Organizational Psychology,* New York: John Wiley & Sons. 1069–1123.

第9章

集団意思決定におけるコミュニケーションモードとリスキーシフトに関する並列制約充足モデル

▶ 都築誉史・木村泰之

　現実社会では，民主的な手続きによる合意形成のため，メンバー間で直接的な相互作用が行なわれる集団意思決定が，きわめて重要な役割を果たしている。本章では，集団意思決定に特徴的な現象のひとつである，「リスキーシフト（risky shift）」に焦点を当てる。リスキーシフトとは，個人で単独に意思決定を行なう場合よりも，集団討議後の決定のほうが，リスクの高い方向に意見が極端化しやすいことをさす。

　今日，私たちは他者とコミュニケートするために，直接会って話をするだけでなく，さまざまなメディアを用いている。とくに1990年代以降，電子メール，電子掲示板，メーリングリスト，チャットといったコンピュータを用いたコミュニケーション（computer-mediated communication: 以下，CMCと略記）の普及がめざましい。つまり，従来の対面や電話による情報伝達とは異なった新しいコミュニケーションのあり方として，CMCがさまざまな場面に活用されるようになってきた。2000年3月に東京大学社会情報研究所が実施した「日本人の情報行動調査」によれば，インターネットの個人利用率は24.5％に達しており，飛躍的普及の分岐点に来ている。

　本章では，CMCの特徴を概観した後，対面状況とCMCというコミュニケーションモードの違いが，リスキーシフトに及ぼす影響を検討した実験と，コネクショニストモデルの一種である並列制約充足モデル（parallel constraint satisfaction model）によるコンピュータシミュレーションを紹介する。

1. コンピュータコミュニケーションの特徴

1.1　コンピュータコミュニケーションと対人圧力

　CMCには，コミュニケーション当事者間の立場や地位の違いを意識させにくくし，立場を平等化させる効果があることが，多くの実験的研究によって確認されてきた（たとえば，Weisband et al., 1995）。こうした研究では，メンバーの立場や地位が異なる集団で，意思決定やコミュニケーションを比較すると，CMCは対面対話に比べてメンバーの参加

率が均等で，議論における個々人の発言数のばらつきも小さいことが報告されている。

　CMCにおける立場の平等化は，通常，CMCがもつ情報濾過（cues-filtered-out）機能に起因すると解釈される（Dubrovsky et al., 1991）。情報濾過機能とは，文字のみを介したテキストベースで行なわれるCMCでは，対面場面であれば伝わるはずの，声，視線，表情，身ぶり，年齢，性別，服装といった非言語的情報や社会的情報が欠落してしまうことを意味する。しかし，情報濾過機能によって，CMCで立場の平等化が生じているという説明だけでは不十分であり，その情報濾過機能がCMC当事者にどのような心理的影響を与えているかは，今まで十分に検討されてこなかったと考えられる。

　原田（1993）は，コミュニケーションメディアが対話に与える心理的影響について検討するため，対面，テレビ電話，音声電話，CMCの4条件において実験を行なった。評定データを因子分析した結果，話しやすさや緊張度，気軽さ，エンジョイ度にかかわる第1因子（「話しやすさについての感情的評価」因子）と，速さと軽さが関与している第2因子が抽出された。話しやすさについての感情的評価は，CMC（チャット）で最も高く，ついで音声電話で高かった。この結果は，伝達される情報量が最小であるにもかかわらず，CMCが最も話しやすく，対人緊張の度合いが低いと評価されたことを示している。

　都築と木村（2000）は，質問紙調査によって，対面，携帯電話，携帯メール，電子メールという4つのコミュニケーションメディアに対する大学生の意識を比較した。その結果，対面に比べて，携帯メールや電子メールといった文字による通信メディアは，コミュニケーションの際の対人緊張度が，有意に低いことが確認されている。

　直接，CMCを扱った研究ではないが，キースラーとスプロウル（Kiesler & Sproull, 1986）は，調査においてコンピュータによる回答と質問紙による回答を比較した。その結果，社会的望ましさに関する質問に対して，コンピュータを使った場合のほうが，自分をよくみせようとする回答が少なく，自由記述の回答が長かったと報告している。この結果は，コンピュータに回答する場合のほうが，質問紙や面接による場合よりも，自己開示を行ないやすく，社会的な制約が減少することを示唆している。

　木村と都築（1998）は，初対面の人や目上の人と話す際に感じる緊張感や，集団のなかで自分の意見をとおそうとするときに感じる心理的負担といったものを，コミュニケーションにおける「対人圧力」と名づけている。前述したように，CMCは文字情報のみに依存しており，情報濾過機能によって非言語的情報や社会的情報が遮断される。その結果，対面状況に比べて，CMC当事者は相手から受ける対人圧力が弱まるため，発言しやすく感じると解釈できる。同様のことがらを松尾（1999）は，CMCは情報発信の心理的コストが低く，社会的抑制が弱まりやすいと表現している。さらに松尾はこうしたCMCの特質を，コンピュータを操作する際の熱中感覚や効力感の増大と関連づけて考察している。

1.2 コンピュータコミュニケーションにおけるリスキーシフト

一方，CMC では対面に比べ，リスキーな集団意思決定を行ないやすいことが指摘されている。選択ジレンマ課題（3.1 節の例を参照）を用い，CMC と対面を比較した集団意思決定の実験が数多く行なわれ，いずれの研究においても，CMC は対面に比べて，リスキーシフトの度合いが大きいと報告されている (Dubrovsky et al., 1991 ; Siegel et al., 1986 ; Weisband et al., 1995)。

通常，リスキーシフトは，討議のなかで課題に関係したことがらによって左右される情報的影響と，討議メンバー間で生じる社会的比較や競争といった対人的影響の 2 つによって引き起こされると考えられている。これに対して，CMC は情報を重視する課題指向的な傾向をもつことが指摘されている（Kiesler et al., 1984）。こうした CMC の課題指向性は，コンピュータを操作する際に生じる，熱中感覚や効力感の観点からも解釈できる。つまり，CMC がもつ課題指向的な性質によって，CMC による集団討議では対面よりも情報的影響が強くなり，リスキーシフトの度合いが大きくなると考えられる。

また，CMC では情報濾過機能によって，非言語的情報や社会的情報が欠落することが知られている。それにより，対人圧力が弱まって発言がしやすくなり，立場の平等化が生じることはさきに述べた。さらに，CMC の情報濾過機能によって，コミュニケーションの際に有効なフィードバックがはたらかなくなり，相手の存在感の認知が弱まる。その結果，極端な意見や率直な意見に対する社会的な抑制が解除され，リスキーシフトが生じやすくなると考えられる。

ここまで，対面と比較した CMC の特徴と，集団意思決定におけるリスキーシフトについて述べたが，次節では，本章で扱うモデルの概略を説明する。

2. 並列制約充足モデル

本章のシミュレーションでは，1 つの知識を 1 つのユニットの活性化で表わす局所表現 (local representations)[☆1] によるネットワーク表象を用いるまた，学習プロセスを扱わず，前もってネットワーク構造と個々の結合強度（connection weight）を，実験条件と対応づけて設定する。この種のモデルは，通常，局所主義的コネクショニストモデルとよばれるが，近年，高次精神過程に関する認知心理学や社会心理学の領域において，並列制約充足モデルとして注目されている。

研究の流れにおいては，1 つの知識を複数のユニットの活性化パターンで表わし，学習プロセスを重視する並列分散処理モデル（parallel distributed processing [PDP] model）のほうが，局所表現による並列制約充足モデルよりも新しいということができる。しかしながら，認知心理学よりもマクロな問題を扱う社会心理学では，並列制約充足モデルのほうが，ミクロで複雑な並列分散処理モデルよりも適切な場合も少なくないと考えられる。

エルマンら（Elman et al., 1996/1998）は，局所表現の利点として以下の4点をあげている。
① 複数の仮説を表現するメカニズムを，直接的な形で提供できる。
② 仮説の検証過程を，さまざまな情報が相互作用する状況における制約条件の充足という形に定式化できる。
③ モデル化しようとするシステムについてアプリオリな知識が存在し，それを直接モデルに反映させたい場合に有用である。
④ 1ユニット1概念の原則に従うモデルのふるまいは，比較的簡単に分析できる。

ホリオークとサイモン（Holyoak & Simon, 1999）は，アルゴリズム的な側面における並列制約充足モデルのプロトタイプとして，マクレランドとラメルハート（McClelland & Rumelhart, 1981）による，文字・単語認知の相互活性化モデル（interactive activation model）をあげている。その後，並列制約充足アプローチは，言語理解（第11章2.1節参照），アナロジー，意思決定など，高次認知過程の研究に応用されていった。

一方，社会心理学において，ハイダー（Heider, 1958/1978）のバランス理論や，フェスティンガー（Festinger, 1957）の認知的不協和理論といった過去の認知的斉合性理論には，本章の最後で述べるようにさまざまな理論的限界があったが，近年，並列制約充足アプローチに基づいて精緻化されてきている（たとえば，Kunda & Thagard, 1996）。このように最近，社会心理学の領域でも，コネクショニストモデルを導入した研究が増加しつつある（Read & Miller, 1998）。

並列制約充足モデルでは，まず，知識，信念，行為といった個々の要素をユニットで表現する。もし，2つの要素が肯定的な制約関係にあれば，ユニットは双方向の興奮性結合をもち，否定的な制約関係であれば，双方向の抑制性結合をもつと仮定する。ネットワークを構成するユニット間で，活性化拡散をくり返すことにより，さまざまな制約を並列的に充足させることができる。通常，数回から数十回の活性化拡散サイクルの後，すべてのユニットは安定した活性値（漸近値）に収束する。この過程は，物体が徐々に安定した形状や温度に達する物理的過程との類似から，「緩和（relaxation）」とよばれる。ネットワークの緩和は，すべてのユニットの活性値を，結合したユニットとの関係に基づいて調整することを意味している（Thagard, 1996/1999）。

ここまで，並列制約充足モデルの概略を説明したが，以下では，コミュニケーションモードの違いが，集団意思決定におけるリスキーシフトに及ぼす影響を検討した社会心理学実験の一例と，そのシミュレーションについて紹介する。

3. 集団意思決定におけるコミュニケーションモード

3.1　CMCと対面の比較

　木村と都築（1998）は，集団意思決定における次の2つの仮説を検証するために，CMCと対面という2種類のコミュニケーションモードを比較した実験を行なった。
① 　CMCのほうが対面に比べて，集団のメンバーは，コミュニケーションにおける対人圧力を弱く認知する。
② 　CMCでは対面に比べて，リスキーシフトの度合いが大きい。

　実験では4台のコンピュータでネットワークを構成し，電子会議用ソフトウェアのオンライン会議機能を用いて，CMCによる実験状況を設定した。また，コミュニケーションモードを評価する質問項目は，原田（1993）によって用いられた項目（伝達性，エンジョイ度，話しやすさ，軽さ，緊張感，スピード感，気軽さ，明るさ）のうち，「軽さ」を除き，新たに1項目（他者存在感認知）をつけ加えた計8項目であった。

　まず，3人1組の集団を構成して，集団討議に入る前に，被験者（大学学部学生）は個々人で，4つの意思決定課題を行なった。次に，CMCと対面のコミュニケーションモードで，各2題ずつ同じ意思決定課題を集団で討議した。そして最後に，再び個々人で，同じ4つの意思決定課題を行なった。

　刺激材料として，先行研究で用いられたリスク意思決定課題のなかから，4つの課題を選び出し，若干の修正を加えて使用した。課題文では，ある人物が2つある選択肢のうち，1つを選ばなければならないジレンマ状況が描かれている。選択肢の一方は，その人物にとって魅力に乏しいが，比較的慎重なものであり，もう1つは，魅力的だが，相対的にリスクの高い選択となる。被験者は，ジレンマ課題のなかで描かれた人物にアドバイスをすると仮定し，魅力的だがリスキーな行動の成功確率がどの程度であれば，その行動をすすめるかを決定するように求められた。課題の1つを以下に例示する。

　S氏は，エンジニアであり，結婚して2人の子供がいます。大学を卒業後，8年間，大手電機メーカーで働いてきました。会社から解雇される恐れはほとんどなく，給料は世間並みであり，退職後は充実した年金が保証されています。しかし，今後，退職するまでに，給料が上がる可能性もほとんどありません。
　そのS氏が業界の会合に出席したとき，新しく設立された小さな会社から，勧誘を受けました。その新しい会社は，彼の現在の給料よりもかなり高い給料を保証し，そして，もし会社が今後，大企業との競争に生き残れば，会社の所有権の半分が，S氏に譲りわたされる約束です。
　あなたが，このS氏の同僚で，彼にアドバイスをすると想像してみてください。そして以下にあげられているのは，彼を勧誘した新しい会社が，大企業との競争に生き残る確率です。この確率が最低何割であれば，あなたはS氏に転職をすすめますか。

　1. 新しい会社が競争に生き残る確率に関係なく，転職をすすめない。

2. 新しい会社が競争に生き残る確率が9割であれば，転職をすすめる。
   ⋮
10. 新しい会社が競争に生き残る確率が1割であれば，転職をすすめる。
11. 新しい会社が競争に生き残る確率に関係なく，転職をすすめる。

3.2 対人圧力とリスキーシフト

　CMCと対面という2種類のコミュニケーションモードを評価した質問項目に基づいて因子分析を行ない，2因子を抽出した。第2因子は，コミュニケーションを行なう際の心理的負担，もしくは，話しやすさを示しており，対人圧力を表わす因子であると解釈できる。第2因子の因子スコアを用いて分散分析を行なった結果，コミュニケーションにおける対人圧力得点は，CMCの方が対面に比べ，有意に低いことが見いだされた。

　次に，個人，または集団による意思決定の際に，選択したリスク水準の差違（図II-9-1）について分散分析を行なった。その結果，CMCでは対面に比べて，リスキーな意思決定を行なっていることが確認された。また，測定時点（討議前，集団討議，討議後）とコミュニケーションモードの交互作用から，CMCのみにおいて，討議前よりも集団討議で，リスク水準が有意に高いことが示された。

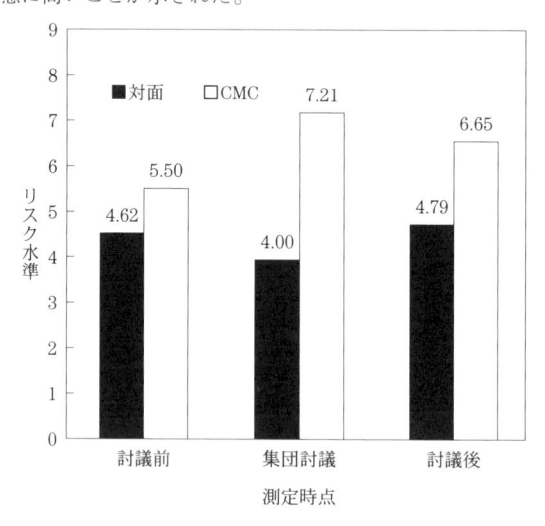

図II-9-1　コミュニケーションモードと測定時点ごとのリスク水準（実験データ）

　以上の結果から，CMCでは，リスキーな方向の集団極化が見いだされたが，対面ではこの効果は示されなかったということができる。他の研究でも確認されているように，

CMCにおけるリスキーシフトは，かなり頑健な性質である．結論として，仮説①，②はともに支持され，CMCのほうが対面に比べて，コミュニケーション当事者は対人圧力を弱く認知し，集団意思決定におけるリスキーシフトの度合いが大きいことが検証された．次節では，ここまで説明した実験に対応するシミュレーションを紹介する．

4. 並列制約充足モデルによるシミュレーション

4.1 ネットワーク表象

　図II-9-2に，特定の課題文を読んだとき，被験者が頭のなかに構成すると仮定した，局所表現によるネットワーク構造の例を示す．本章のシミュレーションでは，個人ごとのネットワークの形態は，ホリオークとサイモン（1999）を参考にした．本章のモデルの重要な特徴は，従来の並列制約充足モデルを，メンバー間ネットワークに拡張したところにあるが，これに関しては4.4節で詳しく述べる．

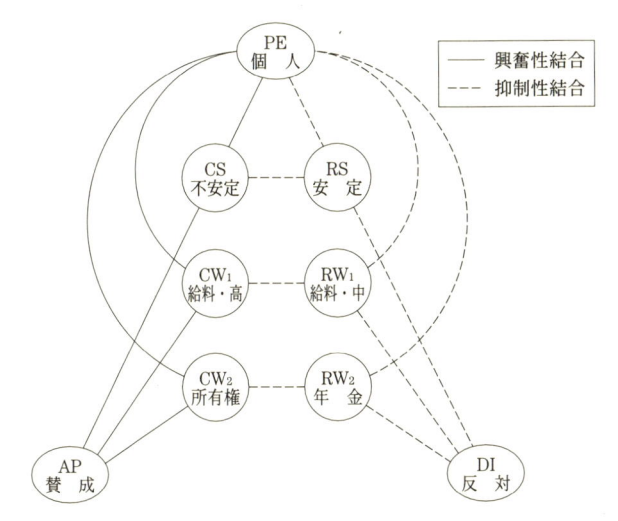

図II-9-2　課題文に対する個人内ネットワーク表象（[SW_1W_2] パターン）

　図II-9-2のネットワークには，性質の異なる2種類のユニットが存在する．円形の6つのユニット（CS, CW_1, CW_2, RS, RW_1, RW_2：アルファベットの意味は順に，change, strong, weak, remain）は，課題文に含まれた情報を示す．さきに示した課題文の場合，CS, CW_1, CW_2 は転職に関連した情報であり，順に，「不安定」，「高い給料」，「会社の所有権の半分を取得」に対応している．RS, RW_1, RW_2 は転職しない場合の情報であり，順に，「安定」，「世間並みの給料」，「年金の保証」に対応している．CSとRS,

CW_1 と RW_1, CW_2 と RW_2 は,それぞれ互いに背反で,同時に成立しないと仮定する。

ここで,CS と RS は他と比べてとくに重要な情報であり,課題文の例では,人の一生が左右される可能性がある。実験で用いられた他の課題文では,人の生死にかかわる場合もある。そこで,CS と RS を「重要情報」と名づけ,これらと統合ユニット間の結合強度(絶対値)は,他の場合よりも大きいと仮定した。

楕円で示される3つのユニット(PE[personal], AP[approval], DI[disapproval])は,情報を束ねる役割を果たす特殊なユニットであり,「統合ユニット」と名づける。PE ユニットは,個人の知識構造を統括している。また,AP ユニットは賛成情報を,DI ユニットは反対情報を束ねる役割を果たす。課題文の場合,前者は「転職に賛成」に,後者は「転職しない」に対応する。

各個人のさまざまな立場は,図 II-9-2 に示したネットワーク表象における,結合強度パターンの違いとして表現できる。シミュレーションでは,煩雑さを避けるため,総合的に賛成の場合のみに限定した。そして,その際に起こり得るすべてのパターン(4パターン)を扱うことにした。以下では,この4パターンを,PE と興奮性結合をしているユニットの略号を並べて,[SW_1W_2], [SW_1], [SW_2], [W_1W_2] と表わす。

a) [SW_1W_2] パターン:賛成情報ユニットはすべて統合ユニット PE と興奮性結合をもち,反対情報ユニットはすべて PE と抑制性結合をもつ。課題文の例では,転職に対する評価が最も高い条件である。

b) [SW_1] パターン:重要情報ではない賛成情報ユニットの1つが統合ユニット PE と抑制性結合をもち,他の賛成情報ユニットは PE と興奮性結合をもつ。この場合,重要情報ではない反対情報ユニットの1つが PE と興奮性結合をもち,他の反対情報ユニットは PE と抑制性結合をもつ。課題文の例では,年金よりも半分の所有権の獲得に魅力を感じるが,総合的には転職に賛成するといった条件である。

c) [SW_2] パターン:賛成または反対情報ごとに非重要情報が2つずつあるため,数理的には [SW_1] と同値となるパターンがもう1つ存在する。具体的なシミュレーションの際に必要となるため,それを [SW_2] とする。

d) [W_1W_2] パターン:賛成情報の重要情報ユニットが統合ユニット PE と抑制性結合をもち,他の賛成情報ユニットは PE と興奮性結合をもつ。この場合,反対情報の重要情報ユニットが PE と興奮性結合をもち,他の反対情報ユニットは PE と抑制性結合をもつ。課題文の例では,不安定よりも安定を好むが,他の2つの賛成情報に魅力を感じるため,全体としては転職に賛成するという立場であり,4パターンのなかでは,最も賛成の程度が弱い条件である。

4.2 活性化関数とパラメータの設定

活性化関数は,マクレランドとラメルハート(1988)による先行研究に従い,パラメータを適切な値に設定した。ネットワークにおける各ユニットは,-1.0 から $+1.0$ までの

実数値をとる.この活性値はサイクルごとに毎回,再計算される.ある時点におけるユニット i の活性値 a_i は,① 1サイクル前における当該ユニット自身の活性値を減衰させた値,② 結合したすべてのユニットの活性値に,結合強度を乗じた値の総和(他のユニットからの影響),③入力を減衰させた値,といった3者の合計をとる.さらに,この合計値が最大値＋1.0,最小値－1.0の範囲を越えないように,非線形の関数が用いられる[☆2].この非線形の活性化関数は,値が爆発的に増大することを回避し,また,0付近では小さな値の変化に敏感に反応するが,±1.0付近では,値が大きく変化しても反応はほとんど変わらないといった特徴をもつ.

シミュレーションでは,活性化関数のパラメータの値として,活性値の内部入力の強度,外部入力の強度,減衰率を,すべて0.15に設定した.また,個人内ネットワークにおいて,重要情報に対する興奮性結合強度を＋0.3,抑制性結合強度を－0.3,非重要情報に対する興奮性結合強度を＋0.2,抑制性結合強度を－0.2とした.これらのパラメータ値は,約20サイクルでネットワークが緩和する組み合わせであり,値を大きくすれば,それよりも少ないサイクル数でユニットは漸近値に達する.

4.3 個人による意思決定のシミュレーション

上記の4パターンに関して,おのおの独立に意思決定のシミュレーションを行なった.本モデルでは,個人による意思決定の最終的な評定値を,賛成情報を統合するAPユニットの活性値から,反対情報を統合するDIユニットの活性値を引いた値で定義する.この理論的な評定値は,実験において,被験者が集団討議の前に,個人で判断したリスク水準に対応している.

課題文を読んで,被験者が判断を下すことをシミュレートするため,課題文中の情報に

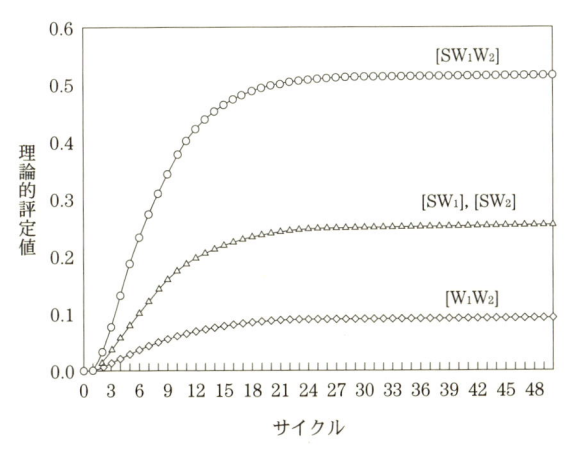

図 II-9-3　個人意思決定のシミュレーション結果

対応する 6 ユニットには 1.0 の活性値を，統合ユニットには 0.0 の活性値を，各サイクルで入力した．サイクルを 50 回くり返し，[SW$_1$W$_2$]，[SW$_1$]，[SW$_2$]，[W$_1$W$_2$] おのおのにおける評定値が漸近値にいたるまでの様相を，図 II-9-3 に示す．集団討議前の個人意思決定をシミュレートした理論的な評定値は，[SW$_1$W$_2$]，[SW$_1$]，[SW$_2$]，[W$_1$W$_2$] の順に，0.5120，0.2580，0.2580，0.0940 であり，平均値は 0.2805 であった．

4.4　集団意思決定のシミュレーション

（1）　ネットワーク構造とパラメータの設定

　実験では，3 名ずつのグループで集団意思決定を行なった．そこで，この 3 名による意思決定をシミュレートするため，個人ごとのネットワーク表象を 3 つ組み合わせて，図 II-9-4 のような拡大ネットワークを構成した．個人のネットワークには，[SW$_1$W$_2$]，[SW$_1$]，[SW$_2$]，[W$_1$W$_2$] の 4 パターンがあるため，各パターンの個人が 1 人ずついるよ

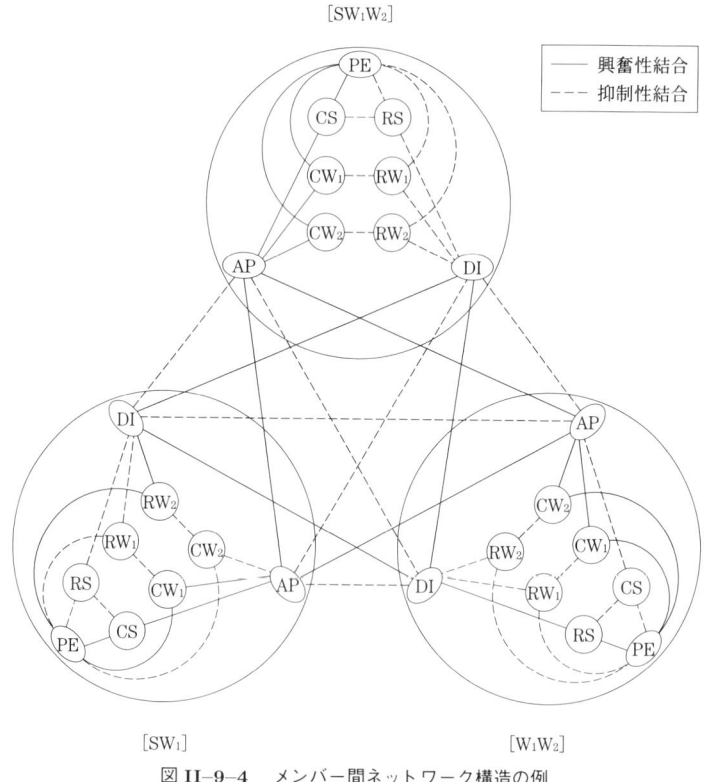

図 II-9-4　メンバー間ネットワーク構造の例

うな3人グループを想定した。組み合わせの公理から，「$[SW_1W_2][SW_1][SW_2]$」，「$[SW_1W_2][SW_1][W_1W_2]$」，「$[SW_1W_2][SW_2][W_1W_2]$」，「$[SW_1][SW_2][W_1W_2]$」といった4通りが可能である。図II-9-4には，これらのうち，「$[SW_1W_2][SW_1][W_1W_2]$」の場合が示されている。

　個人ネットワーク間は，AP，DIユニットという2つの統合ユニット間のみで相互に結合されると仮定した。その際，APユニット（または，DIユニット）同士は興奮性結合を，APユニット－DIユニット間には抑制性結合を想定した。APユニット（または，DIユニット）同士の興奮性結合は，同じ立場について賛成意見をコミュニケートしあうことを表わしており，APユニット－DIユニット間の抑制性結合は，異なる立場に対して反対意見を伝えあうことを表わしている。個人で意思決定をした後の討議をシミュレートするため，3パターンごとに，さきの個人意思決定における9ユニットの漸近値を，各サイクルで入力した。

　なお，メンバー間の知識ユニットを相互に結合させた形のコネクショニストモデルは，ハッチンス（Huchins, 1991）によっても検討されている。これに対して，本章のモデルの特徴は，個人ネットワークを統合ユニットによって構造化し，賛成または反対意見を表わす統合ユニット同士をメンバー間で結びつけた点にある。

　さきに述べたように，CMCでは対面と比較して対人圧力が低く，情報発信がしやすいと仮定できるため，メンバー間結合強度を，CMCでは±0.10，対面では±0.01に設定した。☆2 個人ごとに頭のなかで意思決定を行なう場合と比較して，集団意思決定では情報交換の回数が少ないと仮定できるため，サイクル数は10回とした。

（2）集団意思決定プロセスのシミュレーション結果

　シミュレーションの結果として，コミュニケーションモード（CMC，対面）ごとのグループ別平均評定値の推移を，図II-9-5に示す（「$[SW_1W_2][SW_1][W_1W_2]$」と「$[SW_1W_2][SW_2][W_1W_2]$」は同じ値をとるため，後者は省略した）。さらに，表II-9-1は，10サイクル後における詳細なシミュレーション結果を示している。図II-9-5に示されたように，10サイクルの時点ではユニットは漸近値に達していないが，20サイクル前後で漸近化し，パターンごとの大小関係は10サイクルの時点と変化しないことが確認されている。

　実験において，議論前のリスク水準はCMCと対面で有意に異ならず，平均値はCMCで5.50，対面で4.62であり，両者の平均は5.06であった（図II-9-1参照）。さきのシミュレーションの結果，個人意思決定の平均評定値は0.2805であったため，単純にモデルの出力と討議前の実験データの比（5.0600 : 0.2805）をとって変換した，討議後のリスク水準の理論値が，表II-9-1の一番下の行に示されている。対面と比較してCMCでは，集団討議後の個人決定において，リスキーシフトが大きい傾向があるという実験データが，うまくシミュレートされている。

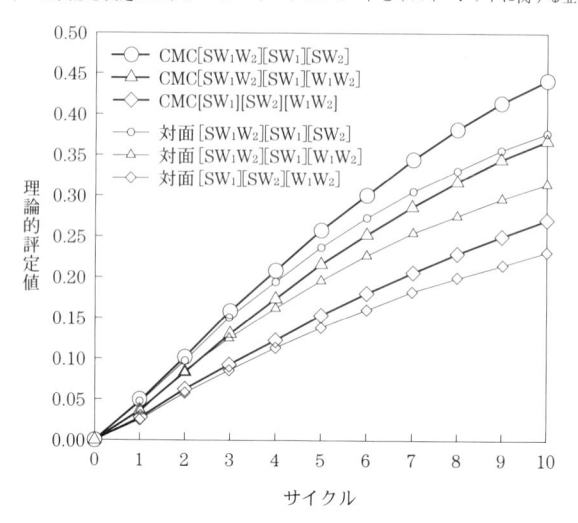

図 II-9-5　集団意思決定プロセスのシミュレーション結果

表 II-9-1　討議後の意思決定のシミュレーション結果

組み合わせ	討議前 個人決定	討議後 CMC	討議後 対面
$[SW_1W_2][SW_1][SW_2]$	0.3427	0.4413	0.3787
$[SW_1W_2][SW_1][W_1W_2]$	0.2880	0.4500	0.3187
$[SW_1W_2][SW_2][W_1W_2]$	0.2880	0.4500	0.3187
$[SW_1][SW_2][W_1W_2]$	0.2033	0.2760	0.2333
全体平均	0.2805	0.4043	0.3123
比	1.0000	1.4415	1.1135
理論値	5.0600	7.2939	5.6342

組み合わせごとの平均値 (10 サイクル後)

5. おわりに

　本章では，CMC と対面というコミュニケーションモードの違いが，集団意思決定における リスキーシフトに及ぼす影響について，実験データと並列制約充足モデルによるシミュレーションを紹介した．実験データをふまえ，リスキーシフトが CMC において相対的に大きいことは，メンバー間の対人圧力の低下にともなう発言のしやすさに起因すると仮定した．そして，個人内から集団へと拡張したネットワーク表象に基づいたシミュレーションについて説明した．

前節のシミュレーションでは，集団意思決定における CMC と対面の違いを，対人圧力の小ささ，つまり，コミュニケーションのしやすさというひとつのパラメータで説明することを試みた。しかしながら，実験データをうまくシミュレートするためには，CMC と対面において，メンバー間結合強度の差違をかなり大きく設定することが必要であった。換言すれば，CMC においてリスキーシフトが大きいという実験データを説明するためには，対人圧力以外のパラメータも考慮する必要があるかもしれない。

木村と都築（1998）の実験では，CMC のほうが対面よりも，集団意思決定に要する時間が有意に長いという結果が得られている。また，CMC では議論が発散しがちで，合意が得にくいことが他の研究でも確認されている（Weisband, 1992）。集団意思決定プロセスに対応するサイクルを，CMC のほうが対面よりも長く設定すれば，メンバー間結合強度の差違をそれほど大きくしなくても，実験データを説明できる（別の可能性は，☆3参照）。しかしながら，今回のシミュレーションでは，必要最小限のパラメータによって，実験データを説明することを重視した。

最後に，社会心理学における並列制約充足モデルの意義を簡単に述べておく。社会心理学において，1950 年代後半以降に提案された複数の認知的斉合性理論は，人間の社会的認知，態度，行動を理解するうえで，有用な枠組みをもたらした。しかしながら，さきに 2 節でふれたように，従来の認知的斉合性理論では，一貫性がどのようにして達成されるかが明確でなく，また，少数の要素からなるネットワークしか扱うことができなかった。

こうした問題点は，本章で紹介した並列制約充足モデルによって克服されている。つまり，ネットワークの緩和によって，内的な一貫性を実現することができ，多数の要素からなるネットワークを扱うことが可能である。本章で紹介したように，コネクショニストモデルは，社会的認知やグループダイナミクスなどの研究領域に，厳密で信頼性が高く，認知心理学的研究と直結した計算論的な枠組みを与えていると考えられる。

注）

☆1：局所主義的表現（localist representations）や，構造的表現（structured representations）ともよばれる。

☆2：まず，ユニット j の活性値を a_j とすると，モジュール内の結合した全ユニットから，ユニット i への活性化入力の総和 $intinput_i$ は，

$$intinput_i = \sum_j w_{ij} a_j$$

と表わすことができる。ここで，w_{ij} はユニット j からユニット i への結合強度を示し，常に $w_{ij} = w_{ji}$ であると仮定する。モジュールの外部から与えられる入力 $extinput_i$ を加えると，ユニット i への調整していない入力 $netinput_i$ は，

$$netinput_i = (istr) intinput_i + (estr) extinput_i$$

となる。$istr$ と $estr$ は，おのおの，内部入力 $intinput_i$ と，外部入力 $extinput_i$ にかかわる強度パラメータである。

次に，活性値のとり得る範囲（最大値 $+1.0$，最小値 -1.0）を規定するため，次式を用いる。

$netinput_i > 0$ ならば，
$$\Delta a_i = netinput_i (1.0 - a_i) - (decay) a_i$$
$netinput_i \leq 0$ ならば，
$$\Delta a_i = netinput_i (a_i - (-1.0)) - (decay) a_i$$

活性値の増減を調整する，この非線形的な式を用いることにより，各ユニットの活性値は，サ

イクルの進行とともに，±1.0 の範囲内で特定の値に収束していく。ここで，$decay$ は，ユニットの活性化の減衰率を規定するパラメータであり，Δa_i は，活性値 a_i の変化量である。したがって，次のサイクルにおけるユニット i の活性値は，$a_i + \Delta a_i$ となる。

なお，本章のシミュレーションでは，PDP グループによるソフトウェア（McClelland & Rumelhart, 1988）を，筆者らによって MS-Windows95 の 32bit アプリケーションに移植したプログラムを使用した。

☆3：CMC と対面でメンバー間結合強度の比を変化させてシミュレーションをくり返したが，10：1 よりも比が小さくなるほど，両者における理論的評定値の差は小さくなり，たとえば 2 倍程度の比では，両者の理論的評定値にほとんど差がみられなかった。その理由のひとつとして，個人意思決定と同一のパラメータ設定で☆2 の式を適用したため，集団意思決定シミュレーションの各サイクルでも，さきの個人意思決定結果（漸近値）を各ユニットに入力し続けた点をあげることができる。その結果，メンバー間結合強度をかなり大きく変化させなければ，AP，DI ユニットに影響を及ぼすことができなかったと考えられる。

集団意思決定では，個人意思決定と異なり，討議が進むにつれて個人的意見はしだいに変化していく。したがって，たとえば，討議の初めのほうでは先の個人意思決定結果が比較的大きく作用するが，サイクルが進んで他者の意見と相互作用することによって，当初の意見の影響力がだんだんと減少するように，☆2 の式とは異なる形で外的入力を操作する式を用いるべきかもしれない。この点は，今後，検討すべき課題の 1 つである。

＊＊引用文献＊＊

Dubrovsky, V. J., Kiesler, S. & Sethna, N. B. 1991 The equalization phenomenon: Status effects in computer-mediated and face-to-face decision-making groups. *Human-Computer Interaction*, 6, 119–146.

Elman,J.L., Bates, E.A., Johnson,M.H., Karmiloff-Smith,A., Parisi,D. & Plunkett,K. 1996 *Rethinking Innateness: A connectionist perspective on development*. Cambridge, MA: MIT Press. 乾　敏郎・今井むつみ・山下博志（訳）1998 認知発達と生得性―心はどこから来るのか―　共立出版

Festinger, L. 1957 *A theory of cognitive dissonance*. Stanford, CA : Stanford University Press. 末永俊郎（監訳）1965　認知的不協和理論―社会心理学序説―　誠信書房

原田悦子　1993　パソコン通信の心理学―認知的人工物としてのネットワーク―　日本語学, 12, 75–83.

Heider, F. 1958 *The psychology of interpersonal relations*. New York: Wiley. 大橋正夫（訳）1978　対人関係の心理学　誠信書房

Holyoak, K. J. & Simon, D. 1999 Bidirectional reasoning in decision making by constraint satisfaction. *Journal of Experimental Psychology: General*, 128, 3–31.

Hutchins,E. 1991 The social organization of distributed cognition. In L. Resnick,J.M. Levine & S. D. Teasley (Eds.) *Perspectives on socially shared cognition*. Washington, DC: American Psychological Association. 283–307.

Kiesler,S., Siegel,J. & McGuire,W.T. 1984 Social psychological aspects of computer-mediated communication. *American Psychologist*, 39, 1123–1134.

Kiesler, S. & Sproull, L. S. 1986 Response effects in the electronic survey. *Public Opinion Quarterly*, 50, 402–413.

木村泰之・都築誉史　1998　集団意思決定とコミュニケーション・モード― コンピュータ・コミュニケーション条件と対面コミュニケーション条件の差異に関する実験社会心理学的検討―　実験社会心理学研究, 38, 183–192.

Kunda, Z. & Thagard, P. 1996 Forming impressions from stereotypes, traits, and behaviors: A parallel constraint satisfaction theory. *Psychological Review*, 103, 284–308.

松尾太加志　1999　コミュニケーションの心理学―認知心理学・社会心理学・認知工学からのアプローチ―　ナカニシヤ出版

McClelland, J. L. & Rumelhart, D. E. 1981 An interactive activation model of context effects in letter perception: Part 1. An account of basic findings. *Psychological Review*, 88, 375–407.

McClelland,J.L. & Rumelhart,D.E. 1988 *Explorations in parallel distributed processing: A handbook of models, programs, and exercises*. Cambridge, MA: MIT Press.

Read,S.J. & Miller, L.C.(Eds.) 1998 *Connectionist models of social reasoning and social behavior.* Mahwah, NJ: Lawrence Erlbaum Associates.

Siegel, J., Dubrovsky, V., Kiesler, S. & McGuire, W.T. 1986 Group processes in computer-mediated communication. *Organizational Behavior and Human Decision Processes,* 37, 157–187.

Thagard, P. 1996 *Mind: Introduction to cognitive science.* Cambridge, MA: MIT Press. 松原仁（監訳）1999　マインド—認知科学入門—　共立出版

都築誉史・木村泰之　2000　大学生におけるメディア・コミュニケーションの心理的特性に関する分析—対面，携帯電話，携帯メール，電子メール条件の比較—　応用社会学研究（立教大学社会学部紀要），42, 15–24.

Weisband,P.S. 1992 Group discussion and first advocacy effects in computer-mediated and face-to-face decision making groups. *Organizational Behavior and Human Decision Processes,* 53, 352–380.

Weisband,P.S., Schneider,K.S. & Connolly,T. 1995 Computer-mediated communication and social information: Status salience and status differences. *Academy of Management Journal,* 38, 1124–1151.

第10章

感性工学データの ART ネットワークによる分析

▶ 石原茂和・石原恵子・長町三生

　この章では，感性工学データを「ART（Adaptive Resonance Theory：適応共鳴理論）ネットワーク」を用いて分析することについて述べる。ここで述べる一連の研究は，認知的プロセスを直接モデル化しようとしたものではなく，おもな目的は多変量解析のひとつである，クラスター分析に相当するよりよい計算方法を開発しようとした試みである。したがってこの本の他の章とは少し雰囲気が異なっているであろう。

1. 感性工学

1.1　感性工学とは

　現在のさまざまな商品市場では，同じ目的や機能をもつ多くの種類の商品がある。企業は競って新製品を投入するので，消費者は自分の感性に合った商品を選択することができる。ところがこれはよいことばかりではなく，新製品の開発ラッシュにより商品のバリエーションが多くなり，自分の感性に合うものを莫大な種類の商品から選択しなければならなくなる。このような状況では商品選択のためのなんらかの補助となるものが必要であろう。一方，商品を開発するメーカーの側では消費者の感性やニーズに合った製品を開発する必要が出てくる。

　感性工学は，人が心のなかにもつ感性やイメージを現実のデザインの要素に翻訳するための技術である（長町，1989）。感性工学は，デザイナーに対しては消費者の感性とそれに対応するデザインとの関係を示すことができ，消費者に対しては自分の感性に合った商品選択の支援をすることができる。

1.2　感性工学における多変量解析の問題

　多変量解析は感性工学において重要な役割を果たしている。後で示す例題のように，評価する対象の商品サンプルを多くのことば（感性ワード）で SD 法を用いて評価する。40〜80 の感性ワードの数の次元をもつ多次元データを多変量解析を用いて分析する。これ

はさまざまなデザインと感性との間の関係を発見するために用いられている。

　感性実験のデータから感性とデザインの関係を解析するために，林の数量化理論第Ⅰ類がこれまで用いられてきた。この方法は線形重回帰分析の一種であり，量的変数を目的変数，質的変数を説明変数に用いるものである。

　数量化理論第Ⅰ類や同様のテクニックは信頼性が高く，広く用いられている。しかし，これらの回帰分析ベースの解析方法にはいくつかの欠点がある。ひとつは，回帰の計算のために多くの評価サンプルを必要とすることである。正確な分析のためには，デザイン要素のバリエーションのすべての組み合わせがサンプルとして実験に必要である。これはサンプルの数を非常に増大させることになり，感性評価実験の実施を困難にする。さらに，実際の製品はそのようなすべての組み合わせができるだけ存在するわけではない。

　上記の回帰分析に基づく手法以外の解析方法としては，クラスター分析による方法がある。クラスター分析では対象の属性をいろいろな観点から測定し，それらの類似度を計算して対象を分類する。分類されたグループをクラスターとよび，分類することそのものをクラスタリングとよぶ。複数の測定値のセットを「ベクトル」とよぶことがある。それは測定されたそれぞれの属性を次元とする多次元空間に位置づけられるからである。クラスター分析は測定値セット（＝ベクトル）の類似度を計算するだけで，属性間の関係は解析しない。したがって属性間の交互作用にはあまり影響を受けない。この方法の問題点は分類結果と属性の特徴を同時に得ることができないことである。

　つまり，似たような感性に対応する評価対象がグループ化されるが，それがどのような感性に対応しているかは示されない。また（古典的）クラスター分析はデータを追加すると，はじめからすべての計算のやりなおしが必要になるという問題もある。また，計算方法にさまざまなバリエーションがあり，極端に性質の異なるデータ（はずれ値）が他のデータから分離されるか，でき上がったクラスターがむだに大きかったり，いびつだったりしないかという分類能力がそれぞれ異なっている。

　実は，ニューラルネットワークによってもクラスタリングを行なうことができる。ニューラルネットワークは，ある種の学習則を与えると，自己組織化が起こることが知られているからである。そこで，こうした問題に対処し，かつ自動的に処理を行なうために，ニューラルネットワークによる自動分析システムを構築することが研究の目標となった。

2. 競合学習によるクラスタリング

2.1　ネットワークによるクラスタリング

　まず，図Ⅱ-10-1 のような，入力層と出力層の2層からなる単純なネットワークを考えることにしよう。入力ユニットは5つ，出力ユニットは3つあり，それぞれの出力ユニットはすべての入力ユニットから情報を受け取る。こうしたネットワークにいろいろな

入力パターンを提示し，出力ユニットのどれか1つだけが興奮するようにすると，いろいろな入力パターンを出力ユニットの数である3つに分類したことになるであろう。このようにネットワークによってクラスタリングを行なうことは比較的容易であるように思える。

こうしたネットワークで，クラスタリングを行なわせたいとき，いくつかの課題が生じる。そのひとつは，「いつも同じ出力ユニットが常に興奮するようになることを避けねばならない」ということである。どんな入力パターンに対しても，一番左の出力ユニットが興奮するのでは，分類したことにならないからである。

第2の課題は，「出力ユニットのどれか1つだけが興奮するようにしたい」ということである。図II-10-1の例でいえば，いろいろな入力パターンに対して，左か真ん中か右かのどれか1つが興奮するようになることが望ましい。もちろん，

　　「○××」「○○×」「○×○」

というような出力パターンによっても3つに分類することはできる。しかし，

　　「○××」「×○×」「××○」

のほうがずっとすっきりしたものになる。

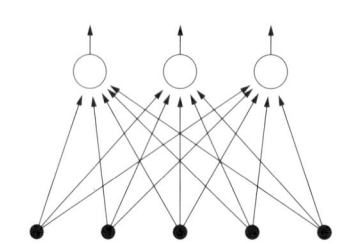

図II-10-1　いろいろな入力パターンを3つに分類するネットワーク

2.2　教師なし学習

これらの課題の解決のためには，いろいろな入力パターンごとに，望ましい出力パターンを「教師信号」として与えてやるという方法がある。たとえば，いろいろな果物について，5つの属性を調べ，それぞれの属性から，「リンゴ型」「ブドウ型」「ミカン型」に3分類するネットワークを作るとすれば，国光やフジの属性からは一番左の出力ユニットが興奮するように学習させ，マスカットやピオーネからは真ん中の出力ユニットが興奮するように，そしてミカンやネーブルからは一番右が興奮するように学習させればよい。ネットワークは，それぞれの果物の属性から適切な出力ユニットを興奮させるように結合強度を変化させ，望ましい出力をするようになる。そして，十分な学習がなされた後で，結合強度を固定していろいろな果物の属性を入力してやれば，リンゴ・ブドウ・ミカンへの分類ができるであろう。

この方法の問題点は，あらかじめ分類するカテゴリーが決まっている場合にしか使えな

いことである。果物を「リンゴ型」「ブドウ型」「ミカン型」に3分類するよりも，別の分類方法があるかもしれない。クラスター分析においても，あらかじめ分類するカテゴリーが決まっているわけではない。与えられたデータから，自動的に分類できることが望ましいのである。

ネットワークが自動的に分類するようにするためには，「教師信号」を与えなくとも，ネットワークが結合強度を自動的に修正できるような学習則が必要となる。ネットワークが教師信号なしで，みずからが入力パターンの特徴や類似性を見つけ出し，適切な出力をするようになることを「自己組織化」とよび，そうした学習を「教師なし学習」とよぶ。

2.3 競合学習

複数の出力ユニットが興奮したとしても，そのなかで一番興奮度の高いユニットを選び出すことにすれば，第2の課題も解決できる。短距離走のように，何人かで競走させてだれが一番かを決めればよいわけだが，そのためには，選手のほかに判定員が必要となる。一方，プロレスのバトルロイヤルのようなやり方なら，選手同士が闘うなかで，自動的に勝者が残るようになる。バトルロイヤルには判定員がいらない。

そこで，複数の出力ユニットの興奮度を外から判定するかわりに，出力ユニット同士を闘わせ，「勝者」を決めるような仕組みを考えることにしよう。そのためには，図II–10–2のように複数の出力ユニットを相互に抑制的結合で結びつけることにすればよい。こうすることで，それぞれの出力ユニットは他の出力ユニットの興奮を抑制しあうことになり，結果的に一番興奮度の高い（＝他のユニットを抑制する度合いも一番強い）ユニットが「勝者」となるからである。

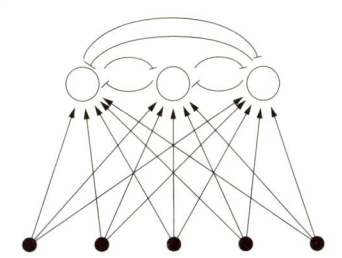

図 II–10–2 抑制性相互結合をもつ競合学習のネットワーク

そこで，競合学習のネットワークで「教師なし学習」を行なえば，与えられた種々の入力パターンをネットワークがおのずからいくつかに分類するようなネットワークを作ることができる。

2.4 競合学習の原理

図II–10–2のようなネットワークによって，入力データの分類が実際に可能になることを，もう少し詳しくみていくことにする。数式が少し出てくるが，やさしい解説も併記

するので,ひとつずつ理解しながら読み進んでいただきたい。

競合学習における学習の原理は,「勝者ユニットの結合強度をそのときの入力データに近づける」というものである。

図II–10–2 で 3 つの出力ユニットには,それぞれ 5 つの入力ユニットからの結合がなされている。それぞれの結合ごとに結合強度 w があるので,各出力ユニットは 5 つの結合強度を要素とする結合強度ベクトル $\mathbf{W}$ をもつと考えることができる。ベクトル表現になじみがない読者は,$[w_1, w_2, w_3, w_4, w_5]$ のように考えてもよい。それぞれの結合強度が具体的には $[0.8, 0.3, 0.5, 0.1, 0.1]$ のようになっているわけである。

各出力ユニットの興奮度(=活性度)は,入力ユニットの活性度とその入力ユニットからの結合強度との積をすべての入力ユニット分だけ加算したものになる。数式では以下のようになる。

$$a_j = \sum_i w_{ji} x_i \tag{1}$$

(a_j:j 番目の出力ユニットの活性度,

x_i:i 番目の入力ユニットの活性度,

w_{ji}:入力ユニット i から出力ユニット j への結合の強度)

そこで,ある出力ユニット i の結合強度が具体的に $[0.8, 0.3, 0.5, 0.1, 0.1]$ であるとき,それぞれの入力ユニットが $[0.1, 0.8, 0.3, 0.1, 0.5]$ のように活性化していたとすると,a_j は $0.8 \times 0.1 + 0.3 \times 0.8 + 0.5 \times 0.3 + 0.1 \times 0.1 + 0.1 \times 0.5 = 0.53$ となる。

ここで,結合強度ベクトル $\mathbf{W}$ ($= [w_{j1}, w_{j2}, w_{j3}, w_{j4}, w_{j5}]$) も,入力ベクトル $\mathbf{X}$ ($= [x_{j1}, x_{j2}, x_{j3}, x_{j4}, x_{j5}]$) も正規化されていると考えることにする。「正規化されている」というのは,ベクトルの長さが 1 であることで,具体的には,ピュタゴラスの定理により,${w_1}^2 + {w_2}^2 + {w_3}^2 + {w_4}^2 + {w_5}^2 = 1^2 = 1$ となっていることである。(5 次元空間における単位球の球面に相当する。)上記の数値例も正規化されたものになっている。

さて,このとき,a_j が最大になるのはどんなときであろうか? それは,結合強度ベクトル $\mathbf{W}$ と入力ベクトル $\mathbf{X}$ とが等しいときである。上記の数値例でいえば,入力ベクトルが $[0.1, 0.8, 0.3, 0.1, 0.5]$ のとき,結合強度ベクトルが $[0.8, 0.3, 0.5, 0.1, 0.1]$ ならば,a_j は 0.53 だが,入力ベクトルと同じ $[0.1, 0.8, 0.3, 0.1, 0.5]$ だったならば,a_j は 1.00 になる。入力データも正規化されている場合,この 1.00 は最大値で,これ以上大きな値になることはない。

つまり,競合学習では,入力ベクトルに最も近い結合強度ベクトルをもつ出力ユニットが一番強く活性化することになり,「勝者」となるのである。

競合学習における学習の原理は,「勝者ユニットの結合強度ベクトル $\mathbf{W}$ を入力ベクトル $\mathbf{X}$ に近づける」というものであった。ここで,「一致させる」のではなく,「近づける」というのがミソである。一致させたのでは,結合強度ベクトルは常に一番最近の入力ベクトルと同じになってしまう。たくさんの入力ベクトルのどれからもできるだけ近い値に近づ

けていくことで，結合強度ベクトルは，入力ベクトルの塊（クラスター）のほぼ中央に位置することになるのである．

2.5 競合学習の幾何学的な説明

ここで，ハーツら (Hertz et al., 1991/1994) にならって，一般的な競合学習の性質を幾何学的に説明してみよう（図 II–10–3）．上記の例では 5 次元データであるが，図に表わせるよう 3 次元のデータの場合で説明する．1 つの入力ベクトル $\mathbf{X}$ を $\mathbf{X} = (x_1, x_2, x_3)$ とする．$\mathbf{X}$ は正規化されているため，3 次元空間の単位球 (unit sphere) の上のドットとして表わすことができる．図にはほぼ 3 か所に分かれた 15 個のドットが示されている．

結合強度ベクトル $\mathbf{W}$ も正規化されているため，同じ単位球上に表わすことができる．そこで，j 番目の出力ユニットの結合強度ベクトル $\mathbf{W}_j = (w_{j1}, w_{j2}, w_{j3})$ を，球の上の×で表わしている．

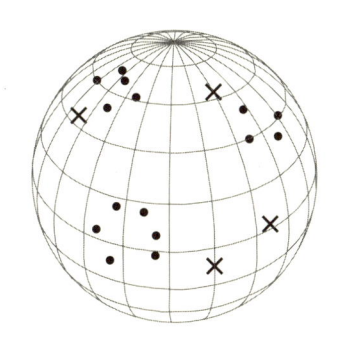

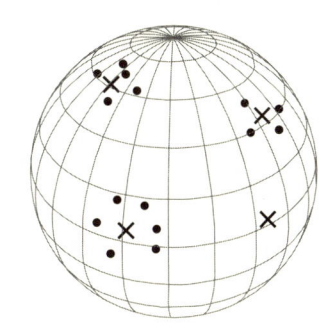

図 II–10–3　競合学習の幾何学的な説明

1 つの入力が与えられると，(1) 式により各出力ユニットの活性度が計算され，一番活性度の大きい出力ユニットが「勝者」となる．それは，その入力ベクトル $\mathbf{X}$ に，最も近い結合強度ベクトルをもつユニット a_{winner} で，図でいえば，「球面上の距離が一番近いユニットが勝者となる」ことになる．

勝者ユニットが決まると，学習則によってその出力ユニットの結合強度ベクトルが入力ベクトルに近づくよう修正される．これは，図でいえば，×印を少し入力ベクトル（●）に近づけることに相当する．

このようにし，すべての点（$\mathbf{X}$）について，①入力ベクトルに最も近い出力ユニット（a_{winner}）が決まり，②その結合強度ベクトル $\mathbf{W}_{\text{winner}}$ を入力ベクトルに少し近づける，という手順をくり返していけば，$\mathbf{W}_{\text{winner}}$ はデータの分布の中心に向かって少しずつ移動していくことになる．図 II–10–3 の左は初期状態を表わし，右は学習の終了状態を表わしている．学習が終了した時点では，出力ユニットの結合強度ベクトルは，入力ベクトルのクラスターを発見し，その重心付近に移動していることになるのである．競合学習では

このようにして，教師信号なしで，入力ベクトルのクラスターを発見することができるというわけである。

この図から，結合強度ベクトル **W** は，その初期値がある程度ばらついてないと適切な分類ができるようにならないこともわかる。逆にいえば，結合強度の初期値を適切にばらつかせておけば，入力ベクトルを分類するように学習させることが可能であるということである。

競合学習の原理はいろいろなネットワークの形態に応用されている。代表的なものはコホネンの自己組織化マッピングと，カーペンターとグロスバーグ (Carpenter, G. A. & Grossberg, S.) の ART ネットワークである。コホネン (Kohonen, T.) の自己組織化トポロジカルマッピングは著者らによる別章（第 8 章）で取り上げる。この章では著者らの ART をベースにした一連の研究について述べる。

3. ARTネットワーク

「ART ネットワーク」は，競合学習による相互結合ネットワークの一種で，カーペンターとグロスバーグらによって考案されたものである。ART ネットワークの基本的なアイディアは，単純な競合学習ネットワークに，距離基準に基づく「リセットメカニズム」を付加することである。これにより，分類基準を明確にして，少ない計算量で安定したカテゴリーを形成し，かつ新たな入力に対する可塑性を維持することができることをめざす。

3 層パーセプトロン＋バックプロパゲーション学習のニューラルネットワークでは，時間のかかる学習（誤差を最小にする）と，学習結果による認識のプロセスは分かれている。ART ネットワークの特徴は，学習モード（結合強度を修正する）と分類モード（これまでの学習に基づいて分類を行なう）の区別がなく，1 つ入力データが与えられるたびに，分類し，引き続いて学習が行なわれる。その学習はネットワークの一部の結合強度に対してのみ行なわれ，1 回の結合強度の更新ですものできわめて短時間である。

ART ネットワークには，その構造や学習則を改良・変更した変種があるが，ここでは，最もシンプルな ART1.5（Levine & Penz, 1990）を筆者らがさらに改良した ART1.5-SSS の概略について述べる。

3.1 競合学習とリセットメカニズム

ART 1.5 は 入力層 (F1) と 出力層 (F2) の 2 つのユニットレイヤーとリセットメカニズムをもつ。F1 は入力信号に反応するユニット群である。F2 は F1 のユニットの活動のパターンのカテゴリーにそれぞれ対応するユニット群からなる。ART ネットワークの競合学習ネットワークとの違いは，入力層から出力層への結合 (フィードフォワード結合，ボトムアップ) のほかに，逆方向の結合（フィードバック結合，トップダウン）がなされ

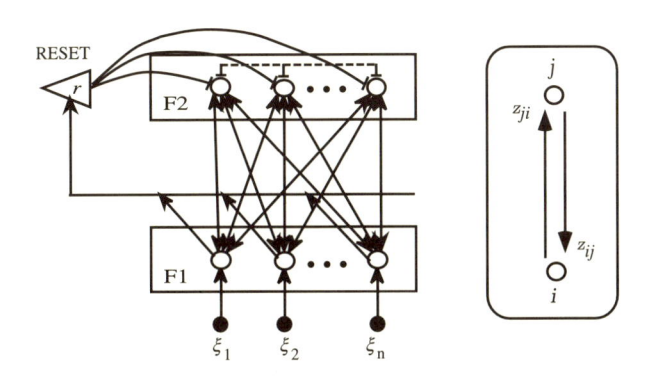

図 II–10–4　ARTネットワーク（ART1.5–SSS）の構造

(右の囲みのなかは1つのユニットに対する入力と結合を表わす)

ていることである。

　ARTの動作は以下のようになる。

　競合学習ネットワークの場合と同様に，入力ベクトルによって最も強く活性化する「勝者」出力 (F2) ユニットが決定される。リセットメカニズムは，「勝者」ユニットからのフィードバック結合をもとの入力と比較し，それがあらかじめ決めてある一定値内の違いにとどまれば，OKとなり正式な「勝者」となる。ところが，一定値以上の違いが生じた場合には，リセットメカニズムがはたらいて，再び「勝者」を選びなおすことになる。どの出力ユニットも正式な「勝者」とならない場合には，まだ使われていない出力ユニットを新たなカテゴリーを代表するものとして選出する。

　正式な「勝者」が決まると，競合学習ネットワークの場合と同様に，その「勝者」ユニットにかかわる結合（フィードフォワード，フィードバック両方とも）が入力ベクトルに近くなるように修正される。この修正は1つのF2ユニットから，全部のF1ユニットへの結合について行なわれ，他のF2ユニットとF1ユニット群の間には行なわれない。したがって修正はネットワークの一部についてのみ行われる。また，その修正は1回だけである。

　ここで述べたのはART類のネットワークのなかで最もシンプルなもののメカニズムである。ART類にはさまざまなバリエーションがあり，それらはもっと複雑なメカニズムで動作している。

　ここでは本書の性格上，詳細については省略し概略を述べるにとどめる。以上のARTネットワークの原理を図にしたものが，図 II–10–5 である。ARTネットワークのより詳しい説明は，筆者らの論文かビールとジャクソン (Beale & Jackson) の解説書 (1990/1993) を参照されたい。

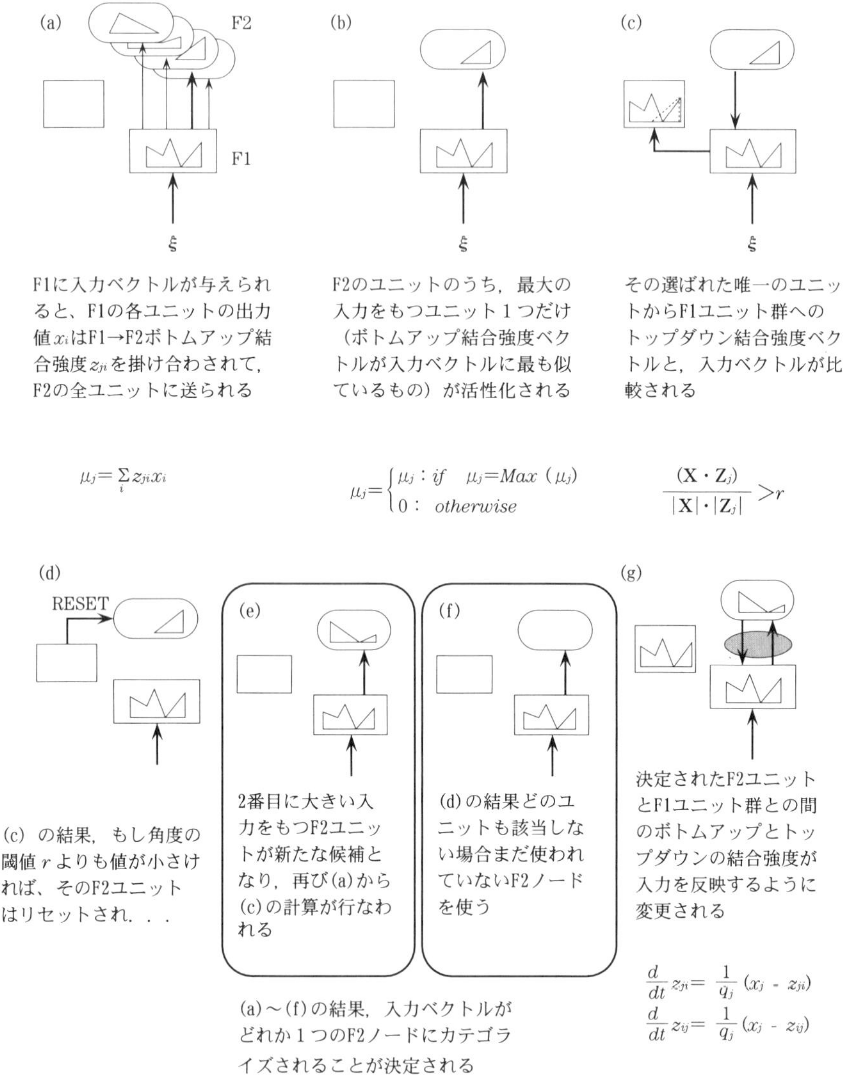

142　第 10 章　感性工学データの ART ネットワークによる分析

(a) F1に入力ベクトルが与えられると，F1の各ユニットの出力値x_iはF1→F2ボトムアップ結合強度z_{ji}を掛け合わされて，F2の全ユニットに送られる

$$\mu_j = \sum_i z_{ji} x_i$$

(b) F2のユニットのうち，最大の入力をもつユニット1つだけ（ボトムアップ結合強度ベクトルが入力ベクトルに最も似ているもの）が活性化される

$$\mu_j = \begin{cases} \mu_j : if & \mu_j = Max(\mu_j) \\ 0 : & otherwise \end{cases}$$

(c) その選ばれた唯一のユニットからF1ユニット群へのトップダウン結合強度ベクトルと，入力ベクトルが比較される

$$\frac{(\mathbf{X} \cdot \mathbf{Z}_j)}{|\mathbf{X}| \cdot |\mathbf{Z}_j|} > r$$

(d) RESET

(c) の結果，もし角度の閾値 r よりも値が小さければ，そのF2ユニットはリセットされ．．．

(e) 2番目に大きい入力をもつF2ユニットが新たな候補となり，再び(a)から(c)の計算が行なわれる

(f) (d)の結果どのユニットも該当しない場合まだ使われていないF2ノードを使う

(a)〜(f)の結果，入力ベクトルがどれか1つのF2ノードにカテゴライズされることが決定される

(g) 決定されたF2ユニットとF1ユニット群との間のボトムアップとトップダウンの結合強度が入力を反映するように変更される

$$\frac{d}{dt} z_{ji} = \frac{1}{q_j}(x_j - z_{ji})$$
$$\frac{d}{dt} z_{ij} = \frac{1}{q_j}(x_j - z_{ij})$$

図 II–10–5　ART ネットワーク (ART1.5–SSS) のメカニズム

図中の山形の図形は，$\mathbf{X}$ や $\mathbf{Z}$ の値のパターンを示している。

3.2 ARTネットワークの利点

競合学習の原理を説明するときに使った図 II–10–3 と同じもの（図 II–10–6）を使って，単純な競合学習の問題点とそれを ART ネットワークがどう解決しているかを説明したい。

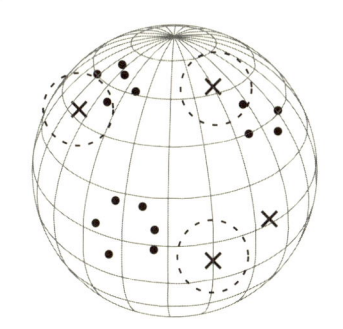

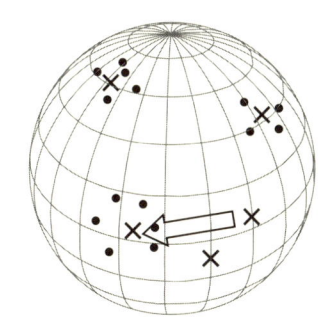

図 II–10–6　ART ネットワークの幾何学的な説明

単純な競合学習では，入力にとにかく一番近い結合強度ベクトルをもつ出力ユニットが「勝者」となる。そこで，そのユニットが入力にそれほど類似していなくても「勝者」となる場合がままある。ART ネットワークでは，入力データに対して最も近い出力ユニットに距離基準により許容範囲（点線の円）をつけて，その間に入力データが入らなければリセットをかけて，新たな出力ユニットを探して移動させることになる（上図の右の矢印に示す）。

一方，出力ユニットをあらかじめ多数用意していても，その配置によっては，まったく使われないままになることが，単純な競合学習では起こり得る（たとえば，図 II–10–6 の右の中央下端の×印）。こうしたユニットは「死にユニット（dead units）」とよばれる。ART では，現在使われている出力ユニットがどれも基準ほど入力と類似していない場合に，こうした「死にユニット」を有効活用するというくふうがなされているわけである。

4. ART ネットワークを用いた感性工学データの分析例

自己組織化ニューラルネットで，感性工学データを解析するということは，評価対象の製品のなかで同じような感性を与えるものをまとめて分類し，製品と感性との特定の関係を発見することである。これにより，デザイナーは，どの製品（群）が同じような感性に対応するものか，そしてそれがどのような感性に対応しているかを知ることができる。その結果，デザインの感性上の意味と目的に適合する製品を知ることができ，製品の評価を正確に行なうことができる。

4.1 ART 1.5-SSSを用いた色彩と感性の関係の分析例

ここでは，最もシンプルな例として，色彩における感性評価データを用いてART1.5-SSSによる感性評価実験データの解析について述べる(Ishihara et al., 1993, 1995a)。「ART1.5-SSS」というのは，筆者らが開発したARTネットワークで，サンプルサイズが小さい(Small Sample Size)場合にも適切なクラスタリングができるよう学習則の修正をしたものである。

色のサンプルをJIS標準色票(JIS Z8721)から18色選び，10人の被験者に提示し，40対の感性ワードについて5段階のSD評定を行なわせた。この5ポイントの評価を0.0～1.0の0.25ステップの値に変換し，被験者間で平均して入力ベクトルとして用いた。入力ベクトルの要素は感性ワードの数である40要素あり，40次元ベクトルになる。

ART1.5-SSSネットワークによるクラスタリングの結果，11個のクラスターに分かれることがわかった。各クラスターと，それに対応する大きい値をもつ感性ワードは以下のとおりである。

＜黄緑　緑　青系統の色＞

クラスター3：(10GY6/10, 10G5/10, 10B5/10, 10BG5/8, 5PB4/10)の青から青緑色のグループは，「さわやかな」「涼しい」の感性ワードに対応している。

クラスター2(5G4/10)：「健康的な」「落ち着いた」

クラスター6(5GY7/10)：「健康的な」「明るい」；クラスター3よりも軽さ，明るさといったよりポップな感性に対応している。

クラスター8(5BG4/8)：「冷たい」「落ち着いた」；明度の低い5BGはより落ち着いた印象を与えている。

クラスター11 (10Y7/10)：「淡い」「明るい」；黄緑色の10Yは明るさ軽さの感性との関係を示している。

＜黄色～赤系統の色＞

クラスター4(5YR7/14,5Y8/14)：「陽気な」「明るい」；黄色・オレンジ色がかった黄色のこれらの色はアクティブな感性との関係を示している。

クラスター5 (10RP5/14, 5R4/14)：「派手な」「鮮やかな」；赤色は装飾的な感性に影響があることを示している。

クラスター7(10R5/14)：「派手な」「暖かい」

クラスター10(10YR6/12)：「渋い」「地味な」

＜紫色＞

クラスター1(5RP4/12,5P4/10)：「高級感のある」「大人っぽい」

クラスター9(10PB5/10)：「優雅な」「大人っぽい」

この分類結果を従来の多変量解析の手法と比較したところ，数量化理論 I 類で得られる感性ワードとの関係，多次元尺度法によるマッピングとの一貫性，通常の階層的クラスタ

リングの計算手法（セントロイド法）との一貫性が認められ，十分な精度をもっていることが確かめられた。

4.2 arboARTによる階層的クラスタリングとその分析例

ARTネットワークによるクラスタリングは非階層的であるので，筆者らはARTネットワークを複数個組み合わせて階層化クラスタリングを行なう方法「arboART」を考案した (Ishihara et al., 1995b; 石原ら, 1999) ("arbo"とはラテン語で木のことをさす)。それぞれのネットワークから得られたクラスターを階層化することで抽象度のレベルを吟味することが可能になる。

arboARTの基本的なアイディアは，ARTネットワークのなかに形成されたクラスタープロトタイプを，距離基準がよりゆるい他のARTネットワークへの入力として使うことである。ここでは例として3階層に分類する階層的クラスタリングを図II-10-7に示す。

図II-10-7のように，距離基準の厳しいARTネットワークによって作られたクラスタープロトタイプを，それよりもゆるい距離基準のARTネットワークの入力とすることをくり返すことにより，多くのクラスターを少数のクラスターへ統合することができる。

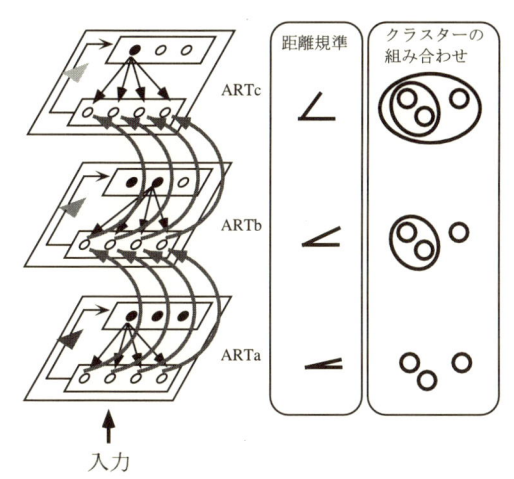

図II-10-7　arboARTの構造とクラスターの統合

このプロセスをくり返すと，サンプルすべてが属する1つのクラスターにまで統合することができる。

ここでは，例として牛乳パックデザインの評価データの分析について述べる (Ishihara et al., 1996)。評価対象として71種類の牛乳パックを用いた。評価は69対の感性ワードで5ポイントのSD法による。被験者は女子短大生16名であった。したがってarboARTへの入力データは被験者間平均した評価値からなる69次元のベクトルが71個あったこ

146　第 10 章　感性工学データの ART ネットワークによる分析

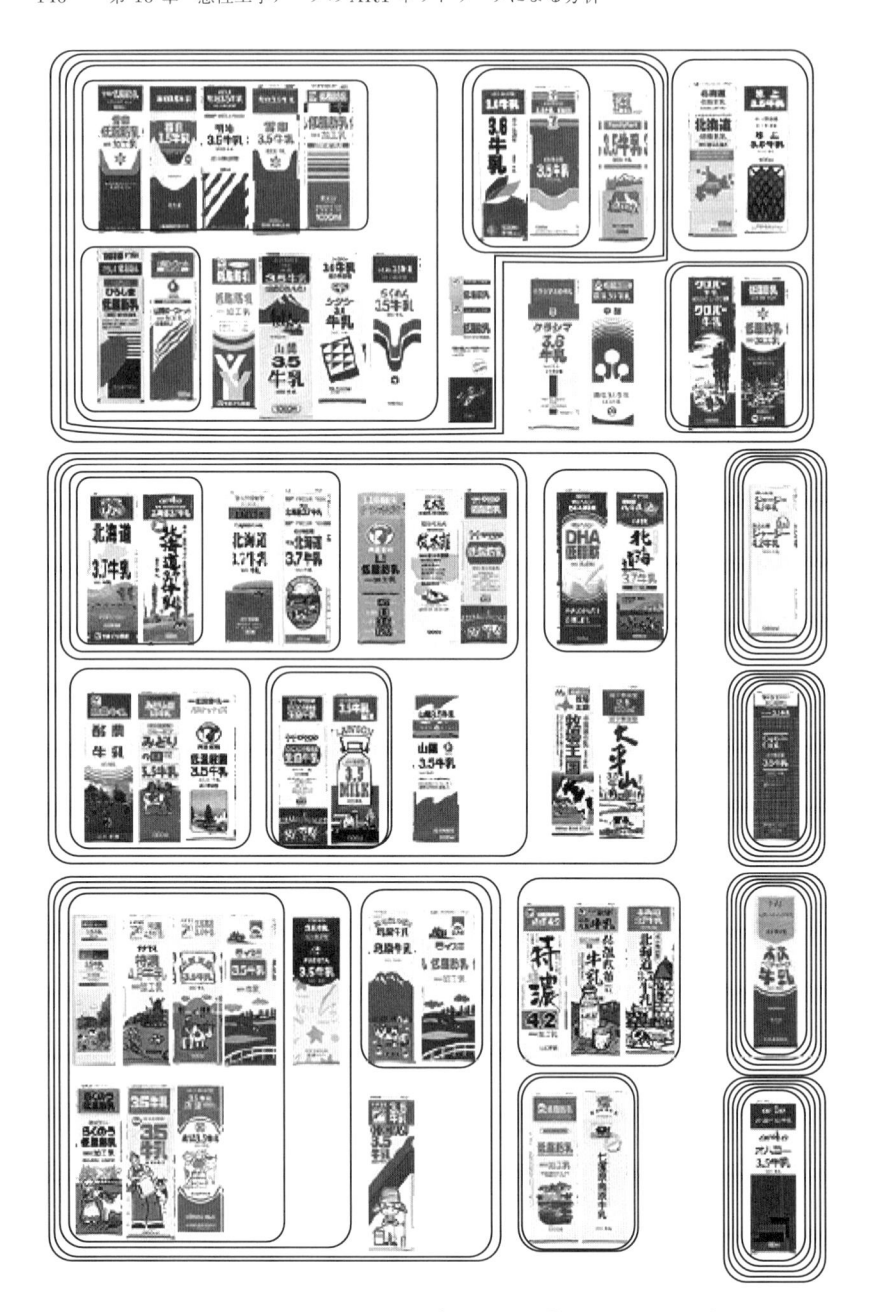

図 II–10–8　arboART による牛乳パックの階層的クラスター分析

とになる。

　この分析では，5 段の ART1.5-SSS からなる arboART を使用した。図 II–10–8 に，クラスタリングの結果を示す。囲みの入れ子構造がクラスターの統合を示していて，地図の等高線のようにみることができる。内側の囲みほど初期に統合されたクラスターであり，たとえば 5 本の線で囲まれているものは 1 段目の ART1.5-SSS で形成されたクラスターであり，非常によく似た評価のパターンである。

　3 つの大きいクラスターが図の上，中間，下左にある。2 つの小規模なクラスターがあり，4 つの非常に独立的なサンプルがある。これらははずれ値といえる。上に位置する 1 つめの大きいクラスターでは，カテゴリープロトタイプの大きい値の要素は，「シンプルな」「きちんとした」「単調な」である。このクラスターのサンプルに共通するデザイン要素は抽象的な図形のイラストと，商品名がゴシック体もしくはそれを基本にしたサンセリフ体のフォントで書かれている。

　中間の大きいクラスターでは，「フレッシュな」「生き生きした」「自然な」が大きい。これらのサンプルに共通するのは写真もしくは写実的なイラストである。下の大きいクラスターでは，「子どもっぽい」「やさしい」「若々しい」「明るい」である。サンプルに共通するのはマンガっぽいイラストと白い領域が多いことである。

　arboART の階層的クラスター分析としての能力は，石原ら (1999) で検討している。機械学習の領域で使われている標準テストデータを用いて，従来の方法と比較した。このデータは最初から 2 群に分けられているので，まちがえて分類した数をカウントすることができる。指標としてクラスター内誤差と誤分類数をカウントしたところ，従来のクラスター分析の計算方法よりも優れた結果となった。またはずれ値サンプルの分離も良好であることがわかった。

5. まとめと心理モデルへの展望

　最初に述べたように，この章は多変量解析，とくにクラスター分析のより優れた計算方法を求めたものである。したがって，心理的プロセスの直接のモデルではない。しかし，人間にとって分類することは最も基本的な知能的行動である。森のなかで毒のある食べ物と無毒な食べ物が区別できなければわれわれの祖先はとうの昔に絶滅していたはずである。また自然界にまったく同じものは 2 つと存在しないので，分類をするためには抽象化のプロセスは必ず必要となる。ほんの少し形が違うだけで別物としているのでは，いつまでたっても物を採集して食べることができない。

　ART 類のニューラルネットワークを直接人間の分類のモデルとすることは議論があるだろう。人間の認知で，新奇なものが与えられたときに，それが既知の記憶のなかにあるカテゴリーの表象にあてはめられるかどうかを判断することは，ART ネットワークでいえばリセットメカニズムに相当する。ART ネットワークでは，ここは距離計算を数学

的関数で行なっているが,人間では数学的関数ではなく,もっとフレキシブルな方法で行なっているであろう。しかし,ART ネットワークの基本的構造はたいへんシンプルであり,アルゴリズム的にも明確である。さらに,モジュール化された構造なので,メカニズムのなかに,たとえば属性の選好の偏りなど,より複雑なプロセスを作り込むことは他のニューラルネットに比べて容易である。

いくつかの試みはすでになされている。カーペンターとグロスバーグ (Carpenter&Grossberg, 1990) の ART3 は,神経細胞のシナプス間伝達の微細な構造について神経化学 (neurochemistry) 的に正確さを求めたモデルになっている。ミューレ (Murre, 1992) は,ART そのものではないが類似した構造をもつ CALM というネットワークで,単語の潜在・顕在記憶のシミュレーションを行なっている。このシミュレーションでは,文脈を表わすサブネットワークがあり,自由再生と単語の穴埋め問題の成績の差を説明しようとしている。グロスバーグは,ART タイプのネットワークより以前に,注意のプロセスや強化学習について,よりシンプルなネットワークを用いてさかんにモデル化を行なっていた。オリジナルの論文は数式の記述が独特でかなり読みにくいが,共同研究を行ったリバイン (Levine, 1991) がわかりやすくまとめている。

＊＊引用文献＊＊

Beale,R. & Jackson,T. 1990 *Neural computing : An Introduction.* London: IOP Publishing. 八名和夫（監訳）1993 ニューラルコンピューティング入門 海文堂

Carpenter,G.A. & Grossberg,S. 1990 ART3: Hierarchical search using chemical transmitters in self organizing pattern recognition architectures. *Neural Networks*, 3, 129–152.

Hertz, J., Krogh, A. & Palmer, R. G. 1991 *Introduction to the theory of neural computation.* Redwood, CA : Addison–Wesley. 笹川辰弥・呉 勇（訳）1994 ニューラルコンピュータ──統計物理学からのアプローチ── トッパン

Ishihara,S.,Hatamoto,K.,Nagamachi,M. & Matsubara,Y. 1993 ART1.5-SSS for Kansei engineering expert system, *Proceedings of 1993 International Joint Conference on Neural Networks*, Nagoya,2512–2515.

Ishihara,S.,Ishihara,K., Nagamachi,M. & Matsubara,Y. 1995a An automatic builder for a Kansei engineering expert system using self-organizing neural networks. *International Journal of Industrial Ergonomics*, 15(1), 13–24.

Ishihara, S., Ishihara, K., Nagamachi, M. & Matsubara, Y. 1995b arboART: ART Based hierarchical clustering and its application to questionnaire data analysis. *Proceedings of 1995 IEEE International Conference on Neural Networks*, Perth, 532-537.

Ishihara,S.,Ishihara,K., Nagamachi,M. & Matsubara,Y. 1996 Neural networks approach for Kansei analysis on milk carton design, In O. Brown Jr. & H. Hendrick (Eds.) *Human Factors in Organizational Design and Management-V.* Amsterdam : North-Holland. 7–12.

石原茂和・石原恵子・長町三生 1999 感性工学データ解析のための自己組織化ニューラルネットワークを用いた階層的クラスタリング手法の開発 電子情報通信学会論文誌 A, J82-A (1), 179–189.

Levine,D.S. 1991 *Introduction to neural and cognitive modeling.* Hillsdale, NewJersey : Lawre-nce Erlbaum Associates.

Levine,D.S. & Penz,P.A. 1990 ART 1.5 - A simplified adaptive resonance network for classifying low-dimensional analog data. *Proceedings of 1990 International Joint Conference on Neural Networks*, Washington,DC, 2, 639–642.

Murre,J.M.J. 1992 *Learning and categorization in modular neural networks.* Hertfordshire, UK: Harvester Wheatsheaf.

長町三生 1989 感性工学 海文堂

第11章

言語理解における多義性の処理
―プライミング実験とコネクショニストモデルによるシミュレーション―

▶ 都築誉史・行廣隆次

　人間の言語理解において，多義性の問題はどちらかといえば特殊だと思われるかもしれない。しかし，多義性の処理は，私たちがふだん意識しているよりも，よくある現象なのである。たとえば，「こうせい」という読みに対応する単語は，アクセントが異なるものも含めば 20 個以上も存在する。通常，さまざまな制約情報によってことばの多義性は解消されており，その処理が自動的にきわめて高速で行なわれているため，私たちは複雑な処理過程の存在にほとんど気づいていない。

　多義性の解消のためには，基本的に 2 つの処理過程を想定できる。その 1 つは，さしあたって 1 つの意味を採用しておいて，不都合が判明した時点でもとにもどり，別の意味を採用するという継時的処理である。これは，迷路を辿ることに似ているため，そうした多義性をもつ文をガーデンパス (garden-path：袋小路) 文とよんだり，分岐点までもどることをバックトラッキング (backtracking) とよんだりする。この解消法はコンピュータによる自然言語処理の研究などで比較的古くから採用されてきた。

　もう 1 つの解消法は，すべての可能な意味を並列的に処理する方法である。並列処理はコネクショニズムとよく適合するため，多義性に関連して，早い時点からさまざまなコネクショニストモデルが提起されてきた。本章では，語彙的な多義性に問題を限定し，異なる表現形式を用いた 2 種類のコネクショニストモデルを紹介する[☆1]。

1. 多義性の処理はどのように行なわれているのか
　　―プライミング実験―

　言語理解においては，心的辞書から単語の意味的情報や統語的情報を引き出し，文脈をふまえて，情報を統合する処理過程が重要である。しかしながら，多くの単語が複数の意味を有するため，言語の意味を理解する過程はきわめて複雑であり，その特性を明らかにすることは，認知研究における主要な課題のひとつとなっている。

　しかし，こうした言語理解過程は人間の頭のなかで起こる現象であるため，その処理がどのように行なわれているかを研究者が外から判断することはきわめてむずかしい。さら

には，多義語の処理だけでなく，言語処理のほとんどが無意識的になされていることも問題をむずかしくしている。「こうせい」という音だけから，「校正」だとばかり思って話を聞いていたら，「章立て」などの話になったために，「構成」のことだったと気づくような例はしばしば経験することである。しかし，このように意識化できる事例では継時処理モデルが適しているようでも，それ以外に意識できないまま行なわれている多義語の処理が，継時的になされている保証はない。

本節では，語彙的多義性の処理に関する主要な研究方法であるプライミング実験について紹介し，次節以降では，そうしたプライミング実験で得られたデータが，コネクショニストモデルによってうまく説明できることを示してみたい。多義性の処理という心理現象にプライミング法を適用することによって，通常は観察できない心内の言語情報処理過程を，間接的にかいまみることができる。

1.1　プライミング法の概略

プライミング法というのは，一定の時間間隔を開けて2つの単語などを提示し，先行する単語など (プライム) の影響で，後続の単語 (ターゲット) の処理が速くなったり，容易になったりする現象をとおして，外部からは観察できない頭のなかの言語処理が，どのように行なわれているかを推測する方法である。わかりやすい例でいえば，あらかじめ「兄弟」という単語 (あるいは絵でもよい) をプライムとして提示された被験者は，「姉妹」という単語 (ターゲット) の語彙判断が容易になる。ターゲット語の認知の容易さは，いろいろな方法で計測される。たとえば，プライムがない状態では，読むことができない20 msec 程度のターゲット提示時間でも，さきにプライムが提示されていれば認知が可能になるというように，「読み取り閾値」の低下はひとつの指標となる。ターゲット語が意味のある単語であるかどうかの判断 (語彙判断課題) や，ターゲットの読み上げ (音読課題) を被験者に求め，その反応時間を統制条件と比較することによって，プライムによる反応時間の減少をプライミング効果とすることも多い。

プライムとして多義語を用い，プライミング効果を測定することによって，その多義語がどのような意味で処理されていたかを知ることができる。例として，"The man found bugs in the corner of his room." という刺激文を用いたとしよう。この例では，bugs が多義語であり，「虫」と「盗聴マイク」という2つの意味がある。bugs をプライムと考えて，この単語が聞こえた後に，語彙決定課題として，ant(蟻) や spy(スパイ) というターゲット語を提示したらどうなるだろうか。もし，被験者が bugs の意味を「虫」とだけとらえているとすれば，ant の語彙決定にはプライミング効果がみられるが，spy の語彙決定にはプライミング効果がみられないはずである。

これを逆に考えれば，もし ant にだけプライミング効果がみられれば，プライムである bugs は「虫」としてだけ理解されていたことの証拠となり，spy にだけプライミング効果がみられれば，bugs は「盗聴マイク」としてだけ解釈されていたと考えることがで

きる。そして，両方にプライミング効果が得られた場合には，被験者は bugs をその時点で，2つの意味で解釈していたといえることになる。つまり，この方法を用いれば，被験者が多義語を「さしあたって1つの意味だけで処理」していたのか，「可能な2つの意味の両方を処理」していたのかを知ることができる。

1.2 スウィニーの発見

スウィニー (Swinney, 1979) は，様相間 (cross-modal) プライミング法を用いて，意味的文脈が語彙的多義性の解消過程に及ぼす影響について検討した。「様相間」というのは，プライムが聴覚的に提示され，ターゲットは視覚的に提示されるというように，両者の提示様相が異なることを意味している。このようにプライムとターゲットの提示様相を変えると，プライムを聴覚的に提示した直後に，ターゲットを視覚的に提示するといった実験操作が可能であり，日常のコミュニケーションで最もよくみられる音声言語の理解過程をオンライン的に検討することができる。

スウィニーの実験では，さきにあげた例よりもやや長い，"…The man was not surprised when he found several spiders, roaches, and other bugs in the corner of his room." といった刺激文が用いられた。この場合も，bugs が多義語であり，プライムとして使われている。重要なことはその語の前に，spiders(蜘蛛) や，roaches(ゴキブリ) という語があるために，bugs という多義語は「虫」とだけ解釈されると考えることが妥当であろう。つまり通常は，bugs が多義語であることさえ意識しないまま処理がなされていると考えられる。事実，プライムである多義語 bugs を提示した3音節後にターゲット (ant や spy) を提示した場合には，文脈と適合した連想語である ant のみにプライミング効果が見いだされた。

ところが，興味深いことに，ターゲットを多義語 (bugs) の直後に提示した条件では，ant のみではなく，spy に対しても，語彙判断の反応時間が短いというプライミング効果が見いだされたのである。この実験結果から，先行する文脈による制約が比較的強い場合でも，多義語が提示された瞬間には，心的辞書内に存在する複数の連想語に，無意識的で並列的な活性化が拡散していることが示唆される。したがって，spy に対してもプライミング効果が検出されるのである。しかし，先行する文脈に適合しない活性化の拡散は，きわめて短時間のうちに抑制されてしまい，プライム提示の3音節後には，プライミング効果が消滅してしまう。このように，スウィニーの実験データは，文脈が存在していても，初期段階では複数の語義が活性化すること(「多岐的アクセス」とよばれる) を示している。

2. コネクショニストモデル

脳神経系からヒントを得た認知過程のモデルであるコネクショニストモデルの基本的

特徴については，他章と重複するため，ここでは改めて述べない．本章のアプローチを明確化するため，コネクショニストモデルを，ネットワークの構造と，知識の表現形式とによって分類しておく (都築, 1999a)．

まず，ネットワーク構造に関しては，入力ユニットから出力ユニットまですべて1方向のみに結合されている多層ネットワーク (multi-layered networks：図II–11–1 左) と，ユニット間に双方向の結合を有する相互結合ネットワーク (interconnected networks：図II–11–1 右) とが基本である．もっとも，最近では，多層ネットワークにおいて一部にフィードバックループをもつ単純再帰ネットワーク (simple recurrent networks: SRN，第3章参照) などもしばしば用いられる．また，知識の表現形式は，1つのユニットの活性化が文字，単語，文などに対応する局所表現と，1つの概念を多数のユニットの活性化パターンで表わす分散表現に分類できる．

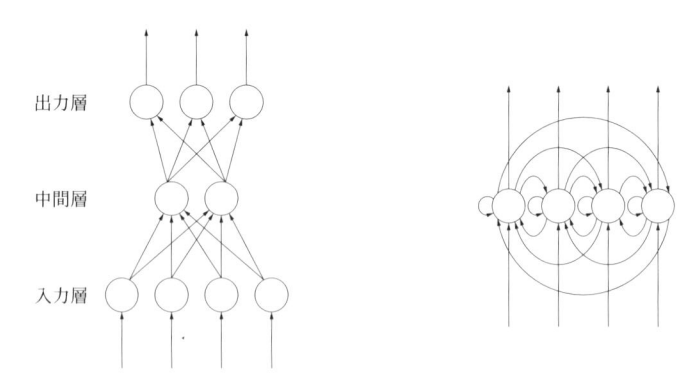

図II–11–1　多層ネットワーク(左)と相互結合ネットワーク(右)

ダイアー (Dyer, 1988) は，人間の心理と脳との間に，①記号に基づく構造的知識表現，②局所主義的コネクショニストモデル，③並列分散処理モデル，④脳の神経モデルの4レベルを設定し，認知研究の多層性について議論している．上記の第1レベルに関しては，本章ではふれないが，プロダクションシステムを前提としたアンダーソン (Anderson, J. R., 1983) のACT*モデルなどが代表的である (都築, 1999b 参照)．第2レベルの局所主義的コネクショニストモデルでは，局所表現によるネットワークを仮定し，活性化拡散によって処理が行なわれる．分散表現に基づいた，第3レベルの並列分散処理モデルは，特定の学習則によってユニット間の結合強度を変化させることにより，ネットワーク全体の自己組織化を扱うことができる．

以下では，こうした種々のコネクショニストネットワークのなかから，語彙的多義性の問題に適したものとして，相互結合ネットワークを用いた局所主義的コネクショニストモデルと，並列分散処理モデルを取り上げることにする．

2.1 局所主義的コネクショニストモデル

ウォルツとポラック (Waltz & Pollack, 1985) による，言語理解の「超並列統語解析モデル (massively parallel parsing model)」は，局所主義的コネクショニストモデルの一例として位置づけることができる．このモデルは，文の多義性，文理解の誤り，文法的に誤った文の解釈といった問題を扱うことを目的とした．そのため，いくつかの処理を系列的に行なうのではなく，複数の処理要素が相互に強く影響を及ぼしながら，並列的に処理が進むようなシステムが提案された[☆2]．ただし，ここではおもに語彙的多義性の処理に限定して説明する．

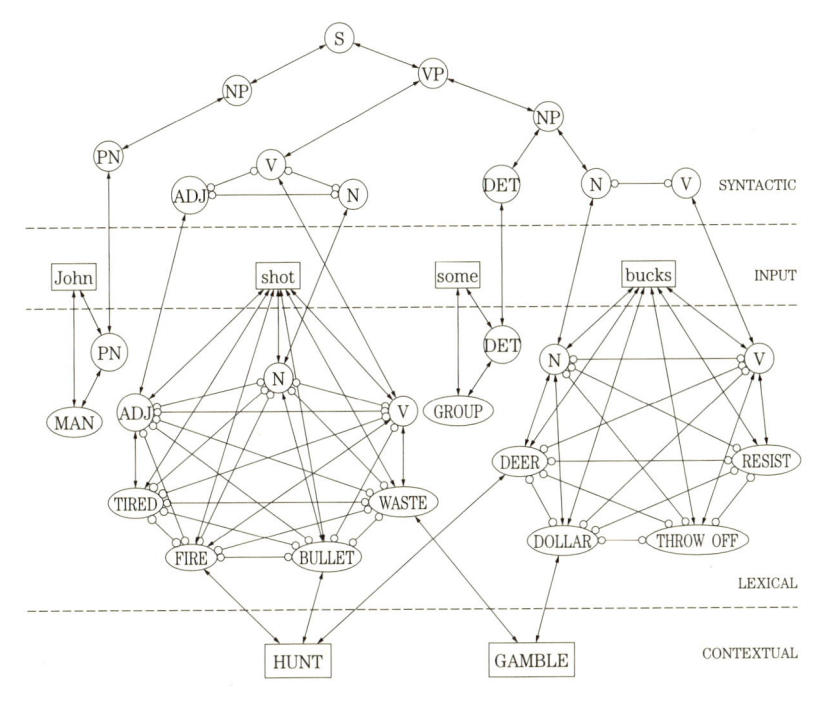

図 II-11-2 超並列統語解析モデルによるネットワーク表現の例

図 II-11-2 は超並列統語解析モデルにおけるネットワーク表現の例であり，文の理解において，統語レベル，入力レベル，語彙レベル，文脈レベルの4つが相互に連結されたようすが示されている．図 II-11-2 における矢印は興奮性結合を，白丸は抑制性結合を表わしている．"John shot some bucks." という多義文の場合，(a)「狩」の文脈が活性化されると，「ジョンは鹿 (bucks) を撃った」という意味を構成するユニット群に活性化が伝播し，(b)「ギャンブル」の文脈が活性化されると，「ジョンは何ドル (bucks) かスッた」

という意味に関連したユニット群に活性化が伝播することが示され，多義文の理解における文脈効果を適切にシミュレートすることができた．

さらに，"The astronomer married a star."という文では，astronomer(天文学者)ということばのために，文末のstarがはじめは「星」の意味にとられ，後に文全体の意味から「(映画などの)スター」という意味に修正されるようなことが起こる．超並列統語解析モデルは，こうした多義語における「想起交代」もシミュレートすることができた．なお，都築(1996)は日本語文における語彙的多義性の処理に関して，単純化した局所主義的コネクショニストモデルを用いたプライミング実験データのシミュレーションを報告している．

2.2 並列分散処理モデル

基本的には，1つの情報単位が1つの処理ユニットに対応する上記の局所主義的コネクショニストモデルに対して，並列分散処理モデルでは，1つの情報単位が多数の処理ユニットの組み合わせによって表現される．そして，組み合わせを変えることによって，多数の情報を表現することができる．並列分散処理モデルでは，前もってネットワークの構造や結合強度の値を決めておかなくても，適切な結合強度をもつようにネットワークの学習を行なうことができる．本節では，相互結合ネットワークを用いた，都築ら(1999)による並列分散処理モデルについて説明し，続いて実際の実験と対応づけたシミュレーションを紹介する．

(1) ネットワーク表現とモデルの特徴

都築らのモデルで用いたネットワーク構造の概要を，図II–11–3に示す．こうした相互結合ネットワークを用いて，連想記憶やプライミング効果に関する数多くの研究がなされてきている(たとえば，Anderson, J. A., 1986；Kawamoto, 1993；Masson, 1995)．図II–11–3に示したように，各ユニットは他のすべてのユニットと可変的な強度による結合を有し，音韻的情報，形態的情報，統語的情報，意味的情報が相互作用しながら，多重制約充足的に処理が進行していくことになる．

都築らのモデルでは，統語規則を語彙レベルに還元しようとする言語学的なアプローチ(たとえば，郡司，1994；MacDonald et al., 1994)を採用している．このアプローチでは，動詞それ自体が，とり得る目的語や主語についての統語的情報や意味的情報をフレームとしてもっていると考える．統語的情報としては，①品詞，②主格助詞(「が」)，③目的格助詞(「を」)の3つを設定し，他動詞の場合は主格助詞と目的格助詞の両方をとり得るが，自動詞の場合は主格助詞のみをとり，目的格助詞は「空白」という情報を有すると仮定した．意味的情報としては，①動詞自体の意味，②動詞と主語との関連についての意味特徴，③動詞と目的語との関連についての意味特徴の3種類を設定した．そして，他動詞の場合はこれらすべての意味的情報をもつが，自動詞の場合は，動詞自体の意味と，動詞と主語との関連情報だけをもつと仮定したわけである(表II–11–1参照)．これにより，

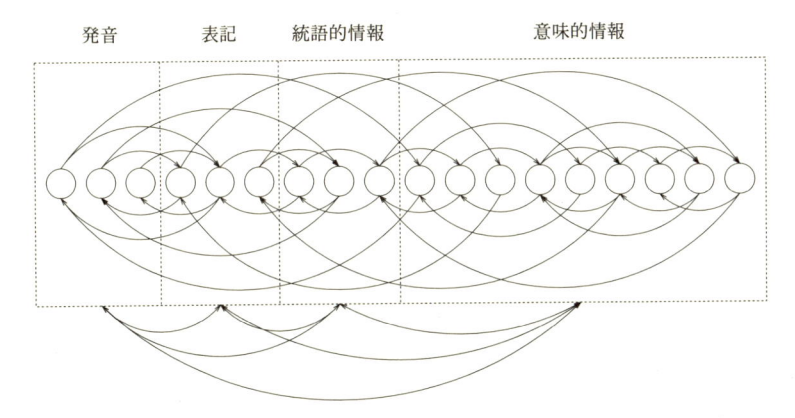

図 II-11-3　単語の分散的ネットワーク表現の概要

みやすくするために，ユニットと結合を大幅に省略して示している．1 つの白丸は 1 要素 (16 ユニット) に対応しており，各ユニットは他のすべてのユニットと結合している．図では便宜上，要素を 4 つのまとまりに分けて示したが，実際に用いたネットワークは完全に均質な相互結合型で，特定の構造をもたない．

表 II-11-1　多義動詞に対応する自動詞と他動詞の分散表現の例

		自動詞				他動詞	
1	発音-1	[sa]	---−++++−−+−−−−		発音-1	[sa]	---−++++−−+−−−−
2	発音-2	[ke]	+−−++−++−++−+−		発音-2	[ke]	+−−++−++−++−+−
3	発音-3	[ru]	−−−−+−++++−+−+−		発音-3	[ru]	−−−−+−++++−+−+−
4	表記-1	裂	++−−+−+−+−++−		表記-1	避	++−−+−+−+−++−
5	表記-2	け	+−++−++++−−+++++		表記-2	け	+−++−++++−−+++++
6	表記-3	る	+−+−+−+−−+++−		表記-3	る	+−+−+−+−−+++−
7	品詞	Vi	−−−+−+−++−+−		品詞	Vt	++−+++++−+−−+−
8	主格助詞	[ga]	−+−+−−+−++−+−		主格助詞	[ga]	−+−+−−+−++−+−
9	目的格助詞	[wo]B	+−+−+−−−++−−−++		目的格助詞	[wo]	++−−−+−+−−+−+
10	意味・動詞-1	V49	−−+++−−+++−−−++		意味・動詞-1	V52	++−−−+−+−−+−+
11	意味・動詞-2	V50	−−−−+−+−++−+−		意味・動詞-2	V53	+−+−++−+−+++−
12	意味・動詞-3	V51	+−−++−−−+++++		意味・動詞-3	V54	++−+−++−−+−+
13	意味・主語-1	S49	+++−+−−+−+−+−		意味・主語-1	S52	−−−−−++−−+−−
14	意味・主語-2	S50	+−+−+−+−++−+−		意味・主語-2	S53	+−+−++−+−++−−
15	意味・主語-3	S51	−+++−+++−+−−−		意味・主語-3	S54	+−+−+−++−−+++++
16	意味・目的語-1	O1B	−++++−−−+−−−++		意味・目的語-1	O25	+++−++−+−+++−
17	意味・目的語-2	O2B	+++−+−−+−+++−		意味・目的語-2	O26	−+−++−+−+−+−+
18	意味・目的語-3	O3B	−−+−+−−+−+−+−		意味・目的語-3	O27	−−−−−+++++−−−+

　＋は ＋1.0, − は −1.0 を示す．[wo]B は，目的格助詞をとらないことを示し，O1B, O2B, O3B は目的語をとらないことを示す．

たとえば，「植える」という動詞は統語情報として「①他動詞，②～が，③～を」を，意味情報として「①その根を土の中に埋めること，②通常，主語は人間，③通常，目的語は植物」といった形で表現されていると考えることになる．

(2) 活性化関数

　ネットワークにおける各ユニットは，−1.0～＋1.0 までの実数値をとる．この活性値は，離散的な時間 (サイクル) ごとに，毎回，更新される．ある時点におけるユニット i の

活性値 a_i は，①1サイクル前における当該ユニット自身の活性値に，減衰パラメータを乗じた値，②他の結合したユニットの活性値に，結合強度を乗じた値の総和(他のユニットからの影響の総和)，③入力に強度パラメータを乗じた値，といった3者の合計をとる。さらに，合計値が +1.0 または −1.0 を越えた場合は，+1.0 または −1.0 に再設定されるため，活性化関数は非線形となる。この活性化関数は，さきに説明した超並列統語解析モデルで用いられたものと細部は異なるが，実質的にはほとんど同一のはたらきをする。つまり，活性値が爆発的に増大することを回避し，また，0付近では小さな値の変化に敏感に反応するが，±1付近では，入力値が大きく変化しても出力にはほとんど影響を与えないといった特徴をもつ。

以上の活性化の手順は，活性化関数として数式に表わすほうが正確な記述ができる。数式になじみが薄い読者も，上記のことばによる説明と数式との対応を確認してもらいたい。

$$a_i(t) = LIMIT\left[\delta a_i(t-1) + \left[\sum_j w_{ij} a_j(t-1)\right] + \zeta s_i(t)\right] \quad (1)$$

ただし，

$$LIMIT(x) = \begin{cases} 1 & (x > 1) \\ x & (1 \geqq x \geqq -1) \\ -1 & (x < -1) \end{cases}$$

である。

$a_i(t)$：ある時点 t におけるユニット i の活性値 (t は省略されることもある)
$a_i(t-1)$：1サイクル前の時点におけるユニット i の活性値
δ：減衰パラメータ
w_{ij}：ユニット j からユニット i への結合強度
ζ：強度パラメータ
$s_i(t)$：ある時点 t におけるユニット i への入力

(3) 学習則

図 II-11-3 に示したようなネットワークを訓練するのであるが，いったい何を学習させることになるのだろうか？ここで用いた相互結合ネットワークが得意とする課題として，守(1996)は，「ある決まったパターンを記憶して，その一部が与えられると全体を再現すること」と解説している。本節でも，たくさんの正しい文のパターンを提示し，その一部が与えられただけで全体が再現できるよう記憶することが学習課題となる。「正しい文のパターン」を記憶することは，単語相互の共起関係を記憶することであり，それはさらに，統語関係や意味関係を学習することにつながる。

式(1)からわかるように，各ユニットは結合をとおして互いに影響しあい，活性値 a_i は入力されたとおり ($= \zeta s_i$) にはならない。式(1)では，とくに $\sum w_{ij} a_j(t-1)$ が重要

なはたらきをする。いいかえれば，w_{ij} の部分，つまり，各ユニット間の結合強度こそが学習の鍵を握っている (本章の第 2 節で述べたように，「第 3 レベルの並列分散処理モデルは，特定の学習則によってユニット間の結合強度を変化させることにより，ネットワーク全体の自己組織化を扱うことができるもの」であることを思い出していただきたい)。

結合強度を変えるための学習則にはいろいろなものがあるが，ここでは，デルタ則 (ウィドロー・ホフの学習則) を用いることとした。デルタ則とは，「実際の出力と望ましい出力との誤差 (デルタ) を 0 に近づけるように結合強度を修正する」学習則である。ユニット i への (学習時の) 入力値を a'_i，式 (1) から計算される活性値を a_i と置くと，誤差は，$(a'_i - a_i)$ である。そこで，学習サイクルごとに，以下の (2) 式の分だけ，結合強度 w_{ij} を修正することにすればよい。

$$\Delta w_{ij} = \eta(a'_i - a_i)a_j \tag{2}$$

ここで，Δw_{ij} は 1 回の学習サイクルにおける結合強度の修正量を表わす。η は学習パラメータとよばれ，η が相対的に大きすぎると，学習は不安定な振動状態になり，一方，η が小さすぎると適切に学習が進行しない。

相互結合ネットワークの学習則には，このデルタ則の他に，「ヘッブ則」とよばれるものがよく知られている。ヘッブ則 (この学習則の提唱者である心理学者 D.O. Hebb に由来する) の基本的な原理は，「同時に活性化しているユニット間の結合は強める」という単純なものであるが，ユニットの活性値を連続量と考えると，「ユニットの活性値同士をかけ合わせる」というより一般的な規則になる。ヘッブ則は，式 (3) のように表わすことができる[☆3]。

$$\Delta w_{ij} = \eta a_i a_j \tag{3}$$

ここでも，η は学習パラメータである。

(4) ネットワークの評価尺度

学習がうまくいったかどうかを評価するためには，特定回の反復学習の後，いろいろな入力パターンに対するネットワークの出力を調べればよい。そうしたネットワーク全体の挙動やダイナミクスを定量的に評価する方法として，都築ら (1999) では「活性化レベル値」と「エネルギー値」という 2 つの尺度を用いている。

「活性化レベル値」というのは，各ユニットの活性化に基づく評価値であり，ある時点における入力パターン (正答) と，対応するユニットの活性値パターン (解答) との類似度を表わすものである (値が大きいほど正答に近い)。これは，両者のベクトルの内積をユニット数で割ることによって求めることができる。式 (1) で，各ユニットの活性値の範囲を ±1 以内に設定しているため，入力パターン (正答) と出力パターン (解答) のベクトルは，それぞれ成分の平均が 0 に近く，分散も比較的小さいものとなる。そこで活性化レベル値は，2 パターン間の相関係数とよく似た値となる。

一方，ホップフィールド (Hopfield, 1982) は，ネットワークのエネルギーという概念を提案した[☆4]。この値を用いると，2 つのユニットそれぞれの活性値と両者間の結合強度

との関係に一貫性があるか否かに基づいて，ネットワーク全体の状態を評価することができる．相互結合ネットワークにデルタ則やヘッブ則を適用して学習させると，入力パターンを記憶するように結合強度が変化していくが，そのためには，各ユニットの活性値に対し，ユニット間の結合強度がパターンごとに矛盾のないものに変化しなければならない．

基本的な例として，〔ユニット i の活性値 a_i, 結合強度，ユニット j の活性値 a_j〕の順に実数値を±で単純化して表わすと，結合強度は学習によってユニット間の相関係数と類似した値となるため，〔＋，＋，＋〕，〔−，＋，−〕，〔＋，−，−〕といったケースでは3者間に高い一貫性があり，3者の積が正になる．これに対して，〔＋，−，＋〕，〔−，−，−〕，〔＋，＋，−〕といったケースでは3者間に一貫性がなく，3者の積が負になってしまう（図II–11–4）．この図から，社会心理学におけるハイダーのバランス理論（POX モデル）などとの類似点に気づいた読者も多いであろう．実際に最近では，社会心理学の領域でもコネクショニストモデルが導入されてきている（第9章参照のこと）．

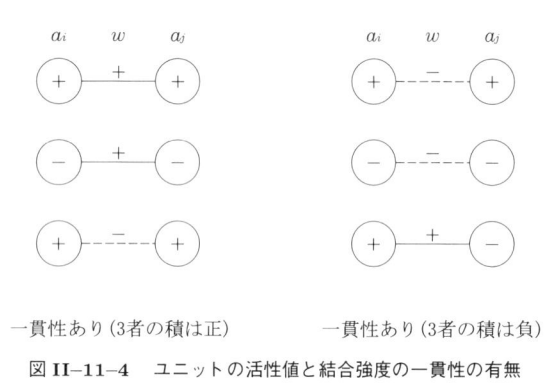

一貫性あり（3者の積は正） 一貫性あり（3者の積は負）

図 II–11–4 ユニットの活性値と結合強度の一貫性の有無

結合強度が双方向で対称の場合（$w_{ij} = w_{ji}$）を例に取り，結合を図では1本の線で表わしている．

相互結合ネットワークにおける学習は，ユニット間の矛盾した結合強度を徐々に解消し，ネットワーク全体として矛盾のない結合パターンになっていくことである．ホップフィールドが導入したエネルギーという概念は，その一貫性の評価値に相当する．結合強度が対称の場合，相互結合ネットワーク全体のエネルギー値は，すべてのユニット間ごとに計算される，2つの活性値 (a_i, a_j) と結合強度 (w_{ij}) の積の総和によって計算できる．エネルギー値の定義式 (4) には負の符号がついており，エネルギー値が小さいほど，その記憶パターンは全体として内的な一貫性が高い．

$$E = -\frac{1}{2} \sum_i \sum_j w_{ij} a_i a_j \quad (4)$$

解を探索するネットワークの状態変化は，エネルギー値を最小化する過程として解釈することができ，エネルギーの最小値は「アトラクタ (attractors：牽引子)」とよばれる．

デルタ則を用いた場合，学習後の結合強度は対称にならないが，通常，その非対称性は極めて小さいため，近似的にネットワークのエネルギー値を推定することが可能である．そこで，カワモト (Kawamoto, 1993) と同様に，この推定値に対しても，ネットワークのエネルギー値という術語を用いることにする．

　反復学習の過程は，個々の記憶パターンに対するエネルギー関数の値を小さくする処理として把握できる．また，学習後のネットワークが解を探索する過程は，ボールがエネルギー関数のアトラクタに向かって，転げ落ちていく様相にたとえることができる (図 II–11–5)．これを応用すると，相互結合ネットワークにおけるエネルギーの最小化として，言語理解の一側面を定式化することが可能である．

図 II–11–5　エネルギーランドスケープにおけるアトラクタのイメージ図 (Masson, 1995)

3. 並列分散処理モデルによる多義語処理実験データのシミュレーション

　都築ら (1999) では，さきに紹介したような並列分散処理モデルを用いて，多義語処理にかかわる3つの実験データをシミュレートできたことが報告されている．これらのうち，都築 (Tsuzuki, 1997) の実験とそのシミュレーション (都築ら〔1999〕の第4節に相当) について紹介する[5]．

3.1　多義動詞の処理に及ぼす文脈の効果

　都築 (1997) は，被験者に多義動詞 (例：「むける」[(つめが) 剥ける／(ピストルを) 向ける]) をプライムとして音声文の最後に提示し，ほぼ同時 (動詞の音声提示終了の1音節前) に，CRTに視覚提示されるターゲット語を読み上げる課題を行なわせた．プライムとして用いられた多義動詞は，自動詞と他動詞の意味をもち，先行する文脈によって一方の意味解釈だけがなされるように設定されていた．たとえば，「ピストルをむける」という文

では，動詞は他動詞で，意味的には「向ける (対象が正面にあるように回す)」であることがわかる。

ターゲット語には，3 種類の名詞が用いられた (表 II–11–2)。①文脈依存的関連 (context-dependent [CD]) 条件では，文脈から決まる動詞の意味に関連する語 (例：「顔」) が，②文脈独立的関連 (context-independent [CI]) 条件では，文脈から連想されにくいほうの意味に関連する語 (例：「皮」) が，そして，③無関連 (unrelated [UR]) 条件では，動詞と関連がない語 (例：「夢」) が視覚提示された。それぞれのターゲット語の音読開始潜時を測定し，UR 条件に比べて早くなった分の時間をプライミング効果とみなすことにした。

表 II–11–2 実験の刺激例

	音声提示		視覚提示（ターゲット）		
	文脈+格助詞+プライム		CD	CI	UR
自動詞	つめ	が	むける	皮	顔	夢
他動詞	ピストル	を	むける	顔	皮	夢

実験の結果，CD 条件だけでなく，CI 条件においても，プライミング効果が見いだされた。つまり，多義動詞の提示時点では，2 つの意味に関する多岐的アクセスが生起していることになる。しかしながら，CD 条件のほうが CI 条件よりも反応時間が有意に短く，文脈が意味的情報の活性化に影響を与えていることも確認された。

3.2 並列分散処理モデルによる都築(1997)のシミュレーション

シミュレーションには，2.2 節で紹介した並列分散処理モデルを用い，個々の多義動詞を発音，表記，統語的情報，意味的情報にかかわる 18 の要素で表現し，さらに各要素を 16 のユニットで分散表現した。その結果，総ユニット数は 288 個であった。多義動詞 (12 個) に対応する自動詞と他動詞の提示回数が等しくなるように設定し，デルタ則による反復学習を行なった (4,800 回)。

実験では，プライムおよびターゲットと関連がない単語を，主語または目的語に用いた。しかし，構成された文が不自然ではないということは，用いた主語・目的語が，動詞によって想定される基本的特徴を満たしていることを意味する。これは言語学では，格フレーム (case frame) における「選択制限」とよばれる。

実験のシミュレーションでは，主語がもつ意味的特徴と主格助詞 (または，目的語がもつ意味的特徴と目的格助詞) が，後続する動詞が有している，主語 (または，目的語) に関する意味的情報の一部を与えていると仮定した。具体的には，動詞が制約する主語 (または，目的語) の意味特徴 (3 要素) のうち，0.5 要素を主語 (または，目的語) と主格助詞 (または，目的格助詞) の対が与えていると仮定した。

実験と対応させて，①動詞の最後の音節を除いた 2 つの音節，②格助詞 (が／を)，③

特定の動詞が想定する主語(または目的語)の意味特徴の一部,という3種類の要素を手がかりとして,学習後のネットワークから,CD,CI項目の動詞を再生するシミュレーションを行なった。その際に,再生手がかりと直接的に関連がない,動詞自体の意味と品詞の活性化レベル値を測度として用い,この値が動詞から意味的に連想されるターゲットの活性化レベル値と強く相関すると仮定した。CD,CI項目に対する再生結果の平均値を,図II–11–6に示す。実験データと対応させると,活性化レベル値が高いほど,心的辞書内でその動詞が活性化されて,関連した単語が処理されやすくなり,動詞と意味的に関連したターゲットに対する反応時間が短くなることを表わしている。

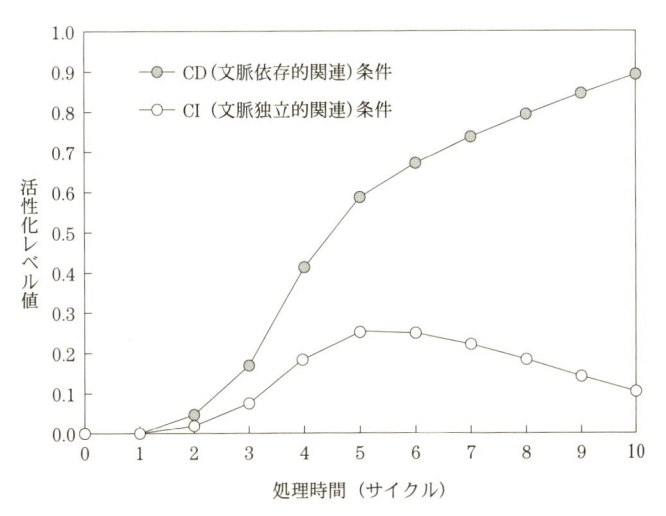

図II–11–6 格助詞,発音(一部),文脈手がかりによる動詞の統語的・意味的情報の再生に関するシミュレーション結果

シミュレーションをくり返して得られた経験則として,サイクル5の時点が,初期段階の活性化レベル値を吟味するうえで最適であった。サイクル5の平均値を比較すると,CD,CI項目の活性化レベル値は,順に0.59,0.25である。この結果は,多義動詞の提示終了の1音節前において,CD条件だけでなく,CI条件についても,プライミング効果が見いだされたという実験データに合致している。さらに,CD条件のほうがCI条件よりも活性化レベル値が高いことも示されたことから,実験データにおける条件間の反応時間の有意差も,適切にシミュレートできたといえるであろう。

4. おわりに

本章では,語彙的多義性の処理と関連した局所主義的コネクショニストモデルについて

説明し,その後で,並列分散処理モデルと実際の実験データとを対応づけた筆者らの研究を簡単に紹介した。これら2つのモデルは,ともにプロダクションシステムを制御するインタプリタのような,中央処理系を仮定しておらず,また,その処理様式が,ネットワーク表現における並列的な活性化拡散の非線形ダイナミクスに基づいている点なども共通している。

2つのモデルを比較すると,局所主義的コネクショニストモデルは直感的に理解しやすく,前もって適切な知識の構造を設定できるといった長所がある。これに対して,並列分散処理モデルは理論的にやや複雑であり,直感的に理解しにくいが,学習による自己組織化を重視しており,神経生理学的な妥当性も高いと考えられる。

重要なポイントは,本章でみてきたように,おもに結合強度の修正という原則だけに基づいた並列分散処理モデルが,前もって構造化された局所主義的コネクショニストモデルと同程度,ないしはそれ以上のシミュレーション能力をもつことである。エルマンら (Elman et al., 1996/1998) が指摘しているように,ネットワークの基本的なアーキテクチャと,単純な学習則のみによって,あらかじめ構造化されたモデルと同様な処理過程が創発されることが,並列分散処理モデルの重要な特質のひとつなのである。

ここまで,議論を単純化するため,局所主義的コネクショニストモデルと並列分散処理モデルとを対比させて説明してきた。モデル研究の歴史の上では,前者から後者へと発展してきたという流れがある。しかし,両者は背反的なものではなく,局所主義的コネクショニストモデルに学習則を適用したモデルもしばしばみられる。さらに最近では,局所表現と分散表現の両者を意識的に用いたモデルも提案されており,記号的コネクショニストモデルや構造的コネクショニストモデル (Holyoak & Hummel, 2000) とよばれることを付記しておく。

注)

☆1: 本章の内容は,都築ら (1999) の一部をやさしく解説したものである。本稿を読んでから,もとの論文に読み進んでいただければありがたいと思う。

☆2: ウォルツとポラックは,活性化拡散に加えて「側抑制 (lateral inhibition)」という処理過程を仮定している。側抑制というのは,ネットワークにおける同じレベルのユニット同士が負の結合で結ばれていることである。こうすることで,対立するユニットが同時に活性化するような事態を回避できる。側抑制は,実際の神経系においても,生体の比較的下位のレベルに遍在する処理メカニズムであることが知られている。また,超並列統語解析モデルでは,時間経過にともなう活性化の推移を制御し,活性値の上限と下限を操作するため,非線形的な活性化関数を用いている (この関数については,第9章☆2を参照)。

☆3: 統計学の用語を使うと,ヘッブ則は,ユニット間の相関係数を求めることに類似しており,デルタ則は,逐次的に線形回帰係数を求める手続きに似ている。ユニット j, i の結合強度はヘッブ則では対称だが ($w_{ij}=w_{ji}$),デルタ則では非対称になる ($w_{ij}\neq w_{ji}$)。通常,学習能力はデルタ則のほうがヘッブ則よりも高い。

☆4: 相互結合ネットワークに関しては,1980年以前からいろいろな研究者が独立に研究を行なってきている。主たる研究者には,アソシアトロンを提唱した中野 (Nakano, 1972),連想記憶ネットワークのコホーネン (Kohonen, 1977/1980) やアンダーソン (Anderson, J. A. et al., 1977) らがいる。ホップフィールドもそうした研究者のひとりで,相互結合ネットワークの統計力学的な分析と情報処理への応用を行ない,後の研究に大きな影響を及ぼした。そのためとくに対称結合の相互結合ネットワークは,「ホップフィールド型ネットワーク」と

よばれることも多い。

☆5： 都築ら (1999) の研究のうち,「想起交代」(多義語の解釈において，ひとつの意味から別の意味に変更がなされること) に関するシミュレーションでは，ネットワークに「慣化 (habituation)」というアルゴリズムを付加している。相互結合ネットワークでは，個々のユニットが漸近値に収束すると, その後, 活性値のパターンは変化しない。このままでは多義語の意味理解でいえば, ひとつの解釈に落ち着くことに相当する。これでは, 想起交代のシミュレーションはできない。そこで都築らは, カワモト (Kawamoto, 1993) に倣って,「慣化」というアルゴリズムを用いることにした。このアルゴリズムの背景にある考えは,「学習結果の時間的減衰」である。具体的には, すべてのユニットが漸近値をとった後, 活性値が正の相関関係にあるユニット間の結合強度は減少させ, 負の相関関係にあるユニット間の結合強度は増大させる (結合強度の絶対値を小さくする) という手順をとる。都築ら (1999) でも, この慣化アルゴリズムを用いることによって, 多義語の想起交代をシミュレートできたと報告されている。

引用文献

Anderson, J.A. 1986 Cognitive capabilities of a parallel system. *NATO ASI Series, F20, Disordered Systems and Biological Organization*, 318–336.
Anderson, J.A., Silverstein, J.W., Ritz, S.A. & Jones, R.S. 1977 Distinctive features, categorical perception, and probability learning: Some applications of a neural model. *Psychological Review*, 84, 413–451.
Anderson, J.R. 1983 *The architecture of cognition*. Cambridge, MA: Harvard University Press.
Dyer, M.G. 1988 Symbolic neuroengineering for natural language processing: A multilevel research approach. *Technical Report UCLA-AI-88-14, Artificial Intelligence Laboratory, UCLA*.
Elman,J.L., Bates, E.A., Johnson,M.H., Karmiloff-Smith,A., Parisi,D. & Plunkett,K. 1996 *Rethinking Innateness: A connectionist perspective on development*. Cambridge, MA: MIT Press. 乾　敏郎・今井むつみ・山下博志 (訳) 1998 認知発達と生得性－心はどこから来るのか－　共立出版
郡司隆男　1994 日本語句構造文法に基づく効率的な構文解析の研究　平成5年度科学研究費補助金研究成果報告書
Holyoak, K.J. & Hummel, J.E. 2000 The proper treatment of symbols in a connectionist architecture. In E. Dietrich & A.B. Markman (Eds.) *Cognitive dynamics: Conceptual and representational change in humans and machines*. Mahwah, NJ: LEA. 229–263.
Hopfield, J.J. 1982 Neural networks and physical systems with emergent collective computational abilities. *Proceedings of the National Academy of Sciences, USA*, 79, 2554–2558.
Kawamoto, A.H. 1993 Nonlinear dynamics in the resolution of lexical ambiguity : A parallel distributed processing account. *Journal of Memory and Language*, 32, 474–516.
Kohonen, T. 1977 *Associative memory*. New York: Springer-Verlag.　中谷和夫 (訳) 1980 システム論的連想記憶　サイエンス社
MacDonald, M.C., Pearlmutter, N.J. & Seidenberg, M.S. 1994 Lexical nature of syntactic ambiguity resolution. *Psychological Review*, 101, 676–703.
Masson, M.E.J. 1995 A distributed memory model of semantic priming. *Journal of Experimental Psychology: Learning, Memory, and Cognition*, 21, 3–23.
守　一雄　1996　やさしいPDPモデルの話 ──文系読者のためのニューラルネットワーク理論入門──　新曜社
Nakano, K. 1972 Associatron: A model of associative memory. *IEEE Transactions*, SMC-2, 380–388.
Swinney,D.A. 1979 Lexical access during sentence comprehension: (Re)consideration of context effects. *Journal of Verbal Learning and Verbal Behavior*, 18, 645–659.
都築誉史　1996　文の理解における語彙的多義性の解消過程に関するコネクショニスト・モデル　心理学評論, 39, 273–294.
Tsuzuki, T. 1997 Effects of syntactic information on ambiguous Japanese verbs in sentence comprehension using a cross-modal priming task. *Proceedings of the nineteenth annual conference of the Cognitive Science Society*, 1071.

都築誉史　1999a　ニューラルネットワーク (PDP) 法　海保博之・加藤　隆 (編著)　認知研究の技法　福村出版　Pp.101–106.

都築誉史　1999b　プロダクション・システム　海保博之・加藤　隆 (編著)　認知研究の技法　福村出版　Pp.121–126.

都築誉史・Alan H. Kawamoto・行廣隆次　1999　語彙的多義性の処理に関する並列分散処理モデル── 文脈と共に提示された多義語の認知に関する実験データの理論的統合──　認知科学, 6, 91–104.

Waltz, D.L. & Pollack, J.B. 1985 Massively parallel parsing: A strongly interactive model of natural language interpretation. *Cognitive Science*, 9, 51–74.

第 III 部

第12章

ニューラルネットワークモデルの数理的基礎

> 浅川伸一

人間の感情と，他の生物のそれと，近代的な型の自動機械の反応との間に鋭い乗り越えられない区画線を引く心理学者は，私が私自身の主張に慎重でなければならないのと同様に，私の説を否定するのに慎重でなければならない
—— N. Wiener, *The Human Use of Human Beings.*(人間機械論, みすず書房, p.73)

この章は 1997 年および 1999 年に千葉大学文学部で行なわれた認知情報科学特論「ニューラルネットワークモデル」の講義ノートをもとにしている。冒頭の引用はこの講義の初回に受講者[1]に提示して，人間の行動と計算機シミュレーションとの関係を考えてもらうためのものである。まず最初に，ニューラルネットワークモデルの簡単な定義 (1 節) を与え，神経回路モデルのおおまかな分類 (2 節) を示している。次に，ニューラルネットワークモデル構築の準備として，生理学的な事実の概説 (3 節) と，モデル構築する際に必要な神経細胞の動作方程式の記述 (4 節) を試みてから，シナプス結合の変化を記述する古典的な学習則 (5 節) を紹介している。実際のモデルの説明としては，認識モデルとしての階層型のネットワーク (6 節)，連想記憶や最適化問題に適用可能な相互結合型のネットワーク (7 節)，および，パターン分類モデルあるいはトポグラフィックマップ形成モデルとしての自己組織化 (8 節) の 3 つの話題を解説した。紙面の都合上，この章にしるしたのは全講義内容のおよそ半分程である。ここにしるした以外の話題については最後 (9 節) に代表的な文献をあげておいた。

1. ニューラルネットワークモデルとは何か？

ニューラルネットワーク (neural network) モデルとは，脳のふるまいを模倣するための表現のことである。必ずしもプログラムによって表現されている必要はないが，数式を使って表現される場合が多い。神経回路網モデル，PDP(parallel distributed processing) モデル，あるいはコネクショニスト (connectionist) モデルとよばれることもある。論文などのタイトルに上記のいずれかのことばを入れるとき，心理学者は PDP モデルやコネクショニストモデルを使う傾向がある。ここでは，ニューラルネットワークモデルを，生体の中枢系で行なわれている情報処理の機能，性能，および特性を記述するための抽象化された表現，と定義しておく。

2. ニューラルネットワークモデルの分類

だいぶ以前になるが大手家電メーカー各社からいっせいにニューロと名づけられた洗濯機やその他

の家庭電化製品が発売されたことがある。ニューロ家電製品と私たちが考えているニューラルネットワークとはどこが異なるのであろうか。結論を述べると原理的には同じものであるが，目標が異なるということになる。

おおまかに分けるとニューラルネットワークモデルには以下のような分類が存在する。

2.1 学習方式による分類

学習方式による分類には次の 2 つがある。
1. 教師あり，パーセプトロンなど
2. 教師なし，自己組織化，特徴マップ

外部からネットワークに対して望ましい出力 (教師信号) を与えて，ネットワークに同じ出力を返すように学習させることを教師あり学習という。一方，明示的な教師信号を用いない学習を教師なし学習とよぶ。この場合ネットワークは入力信号の統計的性質を学習することになる。これら 2 つの大分類にしたがって，6 節と 7 節で階層型のネットワークを，8 節で自己組織化の概要を紹介する。

2.2 結合方式による分類

ユニット間の結合方式による分類には次の 2 つがある。
1. 階層型
2. 相互結合型

与えられた入力信号が特定の方向にしか伝播しないようなネットワークを階層型 (layered) の回路という。一方，信号がネットワーク内を循環したり逆方向に伝播したりするネットワークを相互結合型という。順方向への信号の伝播をフィードフォワード，逆方向へのそれをフィードバック (または帰還) とよんで区別することがある。さらに，連想記憶とよばれるネットワークについては，相互想起型，自己想起型の区別などがある。

上記の分類にしたがって 6 節 (階層型ネットワーク) と 7 節 (相互結合型ネットワーク) で概要を紹介する。

2.3 ANN と BNN

ここで ANN と BNN ということばを紹介しておこう。ANN とは Aritificial Neural Network のことで脳の情報処理様式にヒントを得た工学的な応用に主眼が置かれている。上述の洗濯機などは ANN のひとつの方向である商業的な実現の一例である。一方 BNN は Biological Neural Network の略で，私たち人間を含む生物がいかにして情報を処理しているのかを研究するモデルに対して付与される用語である。

多くの心理学者は BNN に興味があるはずである。最近では生理学的，解剖学的知見に加えて，機能的脳画像研究と結びつけて研究が行なわれる場合も多い。とりわけ時間解像度，空間解像度とも精度が飛躍的に向上している機能的脳画像研究と結びついた研究は，従来の心理学の研究手法を根本から変革する力すらもっているように思われる。

ここでは，まず BNN の背景となるニューロンの生物学的基礎についてあらかじめ概観し，さらに，そうしたニューロンを人工的に実現する方法や，基本的な学習則についても概観しておきたい。

3. ニューロンの生物学的基礎

3.1 神経細胞 (neuron)

脳は莫大な数 (10^{10} 個以上ともいわれる) の神経単位 (ニューロン neuron) から成り立っている。このニューロンが脳の情報処理における基本単位である。複数のニューロンが結合してニューラルネットワークが形成されている。ひとりの人間の脳内のニューロンどうしの結合の総延長は地球から月までの距離の 2 倍に相当するという説もある。個々のニューロンは，単純な処理しか行なわないが，脳はこのニューロンが相互に結合された並列処理システムであるととらえることができる。

ニューロンは，
1. 細胞体
2. 樹状突起
3. 軸索

とよばれる部分からなる。樹状突起はアンテナ (入力)，軸索は送電線 (出力) と考えればわかりやすい。

ニューロンの内部と外部とでは Na^+ , K^+ イオンなどのはたらきにより電位差がある。通常，内部電位は外部よりも低い。外部を 0 としたときの内部の電位を膜電位という。入力信号がないときの膜電位を静止膜電位という。

情報は樹状突起から電気信号の形でニューロンに伝達され，すべての樹状突起からの電気信号が加え合わされる。樹状突起からやってくる外部電気信号の影響で膜電位が一定の値 (しきい値 約 $-55mV$) を越えると約 1 msec の間膜電位が急激に高くなる。このことをニューロンが興奮した (あ

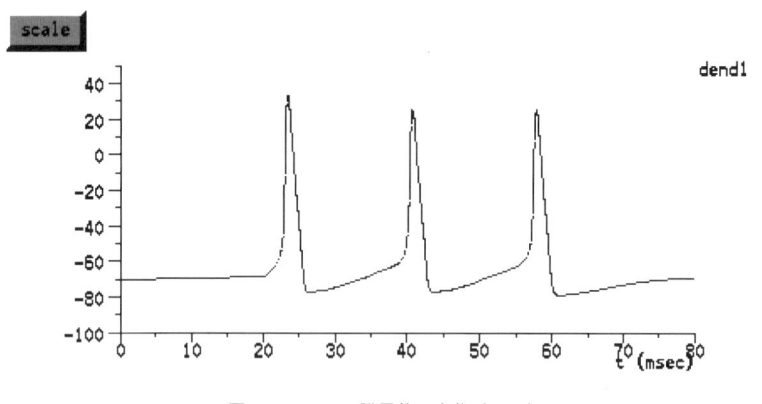

図 III–12–1　膜電位の変化 (mV)

GENESIS という有名なシミュレータの出力結果である。GENESIS のなかの Neuron というスクリプトによって出力される結果を示した。ニューロンの動作はホジキン・ハックスレー方程式 (Hodgkin & Huxley(1952)，しばしば H-H 方程式などと略記される) に従うものとしてシミュレーションが行なわれている。H-H 方程式は Na^+, K^+, Ca^+ などの濃度勾配に基づいた膜電位の変化を記述する コンダクタンス スペースのニューロンの動作方程式の代表例である。README によると "Neuron" は複数の大学で教材として使われている。興味のある読者は http://www.bbb.caltech.edu/GENESIS/ を参照されたい。

るいは発火した)という。ニューロンの興奮は，軸索を通って別のニューロンに伝達される。一度興奮したニューロンはしばらくは興奮することができない。これを不応期という。読者は，電位変化に現われる興奮(パルス)，不応期などの概念を図 III-12-1 によって確認されたい。

ニューロンの興奮 (1 msec 程度の持続時間なのでパルス pulse とよぶことがある) は軸索を通って他のニューロンに伝達される。軸索を通る興奮の伝達速度は 100 m/s くらいである。たとえば，文字をみて音声を発声するまでの応答時間は，たかだか 1 秒程度で，ニューロンの応答時間を 10 数ミリ秒とすると，多めに見積もっても 100 程度のニューロンしか通過していないことになる。このことは「100 step のプログラムの制約」とよばれる。

3.2　神経細胞の結合様式

ニューロンからニューロンへ情報が伝達される部分をシナプス (synapse) とよぶ。シナプスに興奮が到達するたびに送り手側 (シナプス前ニューロン) のニューロンからある種の化学物質が放出される。この化学物質は受け手側 (シナプス後ニューロン) の膜電位をわずかに変化させる。

化学物質の種類によって，膜電位を高めるように作用する場合 (興奮性のシナプス結合) と，逆に低めるように作用する場合 (抑制性のシナプス結合) とがある。この他のシナプス結合としては，別の興奮性のシナプス結合の伝達効率を抑制するようにはたらくシナプス結合 (シナプス前抑制) が存在することが知られている。多くの研究者の努力にもかかわらず，今のところシナプス結合の種類はこの 3 種類しか発見されていない。私たちは上記 3 種類のシナプスだけを考えればよさそうである。送り手のシナプスの興奮が興奮的にはたらくか抑制的にはたらくかは，送り手の側の細胞の種類によって異なることが知られている (Dale の法則)。

1 つのニューロンには多いもので数万個のシナプス結合が存在する。多数のシナプス結合を通して興奮 (あるいは抑制) が伝えられると細胞体を伝わる途中で重なりあう。すべての膜電位の変化の総和によってニューロンの膜電位の変化が決定される。すべてのシナプス結合の和のことを空間加算という。あるシナプスによって膜電位が変化し，その変化が減衰する前に次の興奮が伝達されれば，まだ残っている直前の電位変化に加え合わされて膜電位の変化が起きる。このことを時間加算という。

樹状突起を介したニューロン間の結合の強さは，しばしば変化することが知られている。これを学習という。心理学との関連でいえば，

1. シナプス結合の強度変化 = 長期記憶
2. ニューロンの活動が保持されている状態 = 短期記憶（作業記憶）

と考えてよいだろう。

4.　単一ニューロンの動作方程式

本節では，前節で述べたニューロンのふるまいを数学的に記述することを考える。個々のモデルやネットワークの動作に入る前に，単一ニューロンの記述に注目するのは，原理的に本節のニューロンモデルを複数組み合わせればどんなモデルも記述可能であると考えるからである。

本節では，ニューロンが振動数符号化法のみを利用している — すなわちニューラルネットワークにおけるすべての情報はニューロンの発火頻度によって伝達される — ことを仮定して話を進める[☆2]。このような記述のしかたは積算発火 (integration–and–fire) モデルとよばれ，図 III-12-1 のホジキン・ハックスレー方程式に代表されるモデルをコンダクタンスモデルとよんで区別することがある。H-H 方程式およびコンダクタンスモデルについては割愛した。

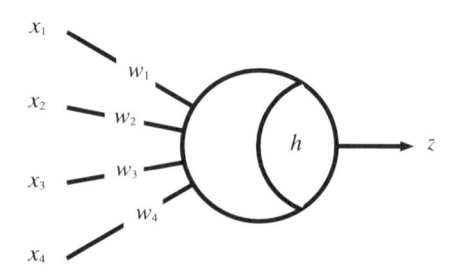

図 III-12-2 ニューロンの模式図

x は入力, w は対応する結合強度, h はしきい値, z は出力を表わす

1つのニューロンのふるまいは，n 個のニューロンから入力を受け取って出力を計算する多入力，1出力の情報処理素子である (図 III-12-2)。n 個の入力信号を $x_1, x_2, \cdots, x_n$ とし，i 番目の軸索に信号が与えられたとき，この信号 1 単位によって変化する膜電位の量をシナプス荷重 (または結合荷重，結合強度ともよばれる) といい w_i と表記する。抑制性のシナプス結合については $w_i < 0$, 興奮性の結合については $w_i > 0$ である。このニューロンのしきい値を h, 膜電位の変化を u, 出力信号を z とする。出力信号 z は

$$z = f(\mu) = f\left(\sum_{i=1}^{n} w_i x_i - h\right), \tag{1}$$

と表わされる。$f(\mu)$ は出力関数であり，$0 \leq f(\mu) \leq 1$ の連続量を許す場合や，0 または 1 の値しかとらない場合などがある。連想記憶などを扱うときなどは $-1 \leq f(\mu) \leq 1$ とする場合もある。

4.1 マッカロック・ピッツの形式ニューロン

信号入力の荷重和

$$\mu = \sum_{i=1}^{n} w_i x_i, \tag{2}$$

に対して，出力 z は μ がしきい値 h を越えたときに 1, そうでなければ 0 を出力するモデルのことをマッカロックとピッツ (McCulloch & Pitts, 1943) の形式ニューロン (formal neuron) とよぶ。マッカロック・ピッツの形式ニューロンは神経細胞のふるまいを記述する最も古く (1943), 単純な神経細胞のモデルであるが，現在でも用いられることがある。

$$z = \begin{cases} 1, & \mu > 0 \text{ のとき} \\ 0, & \text{それ以外} \end{cases} \tag{3}$$

とすればマッカロック・ピッツのモデルは

$$z = 1\left(\sum_{i=1}^{n} w_i x_i - h\right), \tag{4}$$

と表わすことがある。(4) 式中の 1 は数字ではなく (3) 式で表わされる関数の意味である。このモデルは，単一ニューロンのモデルとしてではなく，ひとまとまりのニューロン群の動作を示すモデルとしても用いることがある。

4.2 マッカロック・ピッツのモデルに不応期の情報を組み込む

不応期が時間 r だけ存在するとすれば,

$$z = \begin{cases} 1, & \mu > 0 \text{ でかつ過去 } r \text{ 時間内に出力が 1 でなかったとき} \\ 0, & \text{それ以外} \end{cases} \quad (5)$$

とすれば不応期を表現することができる。

さらに, ニューロンが興奮すると時間 s だけしきい値が b_s だけ上がって興奮しにくくなると仮定すると

$$z(t) = 1\left[\sum w_i x_i(t) - h - \sum_{s=1}^{T} b_s(t-s)\right], \quad (6)$$

と書くことができる。ここで $x_i(t)$ は時間 t での入力, $z(t)$ は時間 t での出力である。(4) 式と比べて追加された項 $\sum_{s=1}^{T} b_s(t-s)$ が不応期を表現しており, この値が大きいと [ ] 内が負になるので発火できなくなる。

時系列データのように, 過去に起こったできごとが現在の活動に影響を及ぼすモデルでは, 過去のできごとを現在時刻との差 $(t-s)$ の関数と考えて, 全時間について足し合わせることが多い。このことを「過去の履歴」と表現することもある。連続時間を仮定するモデルでは時間についての総和 $\sum$ 部分が積分 $\int$ に置き換わる。

より一般的には相互結合回路 (後述する 6.7 節, 単純再帰型ネットワークなど) においては, 長期的なニューロンの活動を表現する必要があり, ニューロンの活動履歴を表現するには不応期の説明で用いた式 (の変形) が必要になってくる。単純再帰型ネットワークが, なぜ時系列データを学習したり, 言語知識を獲得できるのかは, 現在のニューロンの状態が過去の活動履歴を保持する能力があるか否かに依存している。

4.3 出力が連続関数の場合

時間 t における入力信号は $x_i(t)$ は i 番目のシナプスの興奮伝達の時間 t 付近での平均ととらえることができる。すると, 最高頻度の出力を 1, 最低 (興奮なし) を 0 と規格化できると考えて $0 \leq f(\mu) \leq 1$ とする。入出力関係は f を用いて

$$z = f(\mu) = f\left(\sum w_i x_i(t) - h\right), \quad (7)$$

のように表現される。このモデルは, ニューロン集団の平均活動率ととらえることもできる。

よく用いられる出力関数 f の形としては, $\mu = \sum w_i x_i - h$ として,

$$f(\mu) = \frac{1}{1 + e^{-\mu}}, \quad (8)$$

や

$$f(\mu) = \frac{1}{2}\tanh\mu - 1, \quad (9)$$

などが使われることが多い。どちらを用いるかはほとんど使う人の趣味の問題ともいえる。どちらの関数も微分が極端に簡単になるという理由が大きい。後述するように出力 z が結合強度や入力信号の微小変化に対してどのように変化するかを調べる必要があるからである。(8) 式および (9) 式は, 入力信号の重みつき荷重和 μ としてニューロンの活動が定まることを示している。後述するバックプロパゲーション則 (6.3.2 節) で必要となるので, μ の微小な変化がニューロンの活動のような影響を与えるか調べるために (8) 式および (9) 式を μ で微分することを考える。

$$f(x) = \frac{1}{1+e^{-x}}, \tag{10}$$

を x について微分すると

$$\frac{df(x)}{dx} = f(x)\,(1-f(x))\,. \tag{11}$$

$$f(x) = \tanh x = \frac{e^x - e^{-x}}{e^x + e^{-x}}, \tag{12}$$

を x について微分すると

$$\frac{df(x)}{dx} = 1 - \tanh^2 x = 1 - \{f(x)\}^2\,. \tag{13}$$

tanh は双曲線関数である。

4.4 連続時間モデル

時間 t を連続だとみなし，$\mu(t)$ を静止膜電位 のとき 0 をとるものと考える。電位 $\mu(t)$ は時定数 τ で減衰する項と外部入力に応じて増減する項との和で表わせるとするモデルは，以下のような微分方程式になる。

$$\tau \frac{d\mu(t)}{dt} = -\mu(t) + \sum_{i=1}^{n} w_i x_i - h, \tag{14}$$

x_i は一定 (外部入力は一定) で $\mu(0)=0$ の初期条件のもとで解くと，

$$\mu(t) = -\mu_0 \left(1 - e^{-\frac{t}{\tau}}\right), \tag{15}$$

となる。ただし $\mu_0 = \sum w_i x_i - h$.

5. 結合係数の更新式——ヘッブ則とデルタ則——

ニューラルネットワークモデルでは，シナプスの結合強度が変更することを学習とよぶことが多い。学習時における結合強度の変化を記述したルールを学習則 (learning rule) とよぶ。ここでは 2 つの学習規則を紹介する。これら 2 つ学習規則はいずれも歴史的な価値があり，かつ，現在でもその応用が研究されている基本的な学習則である。

5.1 ヘッブ則

「同時に発火したニューロン間のシナプス結合は強められる」ことを主張しているのがヘッブ則 (Hebbian rule) である (Hebb,1949)。ヘッブの学習則と表記されることも多い。ヘッブ則は以下のように定式化できる。ニューロンの発火状態を 1，休止状態を 0 と表現することにし，ニューロン y_i から ニューロン x_j へのシナプス結合強度を w_{ij} とする。このときヘッブの学習則は，シナプス結合強度の変化 Δw_{ij} として表現され，

$$\Delta w_{ij} = \lambda x_j y_i, \tag{16}$$

と書くことができる。ここで $\lambda(\geq 0)$ は学習定数という。x_j と y_i は 1 と 0 の 2 通りの状態にしかならないため，可能な組み合わせは 4 通りである。このうち $\Delta w_{ij} \neq 0$ となる組み合わせは，$(x_j=1)$ かつ $(y_i=1)$ の場合だけである。

表 III–12–1　ヘッブの学習則

		x_j	
		1	0
y_i	1	λ	0
	0	0	0

y が 1 または 0 の値しかとらないことに注意すれば，(16) 式は

$$\Delta \boldsymbol{w} = \begin{cases} \lambda \boldsymbol{x} & y \text{ が発火したとき,} \\ 0 & \text{それ以外のとき,} \end{cases} \tag{17}$$

と書くことができる．すなわち結合強度係数は，入力ニューロンと出力ニューロンの同時発火頻度に比例して，入力ニューロン x の λ 倍だけ増大することを意味する．

ヘッブ則の変形はさまざまに考えられていて，たとえば同時に発火しなかったときにシナプス結合を弱めるアンチヘッブ則，減衰項を加える方法，入力と出力の差 (の 2 乗) を利用する方法，などがある．ヘッブ則の変形 (の一部) は，8 節でも簡単にふれることにする．

5.2　デルタ則

デルタ則はデルタルール，LMS 則，あるいは Widrow–Hoff の学習則などとよばれることもある．

デルタ則の説明のために，n 個の入力層ユニットと 1 個の出力ユニット y からなる単純な 2 層のネットワークを考えよう．出力ユニット y の活動は，入力層からの信号 $x_i (i = 1 \ldots n)$ の重みつき荷重和 $\sum w_i x_i$ で定まるとする．望ましい出力 (教師信号) を y^* とすれば，デルタ則は，望ましい出力 (教師信号) y^* と実際の出力 y の差 (デルタ) に入力信号 x を掛けた形

$$\boldsymbol{w}_{t+1} = \boldsymbol{w}_t + \eta\, \delta_t \boldsymbol{x}_t = \boldsymbol{w}_t + \lambda \left(y_t^* - y_t \right) \boldsymbol{x}_t, \tag{18}$$

で表現される．ここで λ は学習係数とよばれる定数である．

デルタ則とは δ^2 を最小にする規準を導入した学習則である．すなわち，入力信号と望ましい出力とが与えられたとき

$$f(\boldsymbol{w}) = \lim_{n \to \infty} \frac{1}{n} \sum_{i=1}^{\infty} \delta^2 = \lim_{n \to \infty} \frac{1}{n} \sum_{i=1}^{\infty} \left(y_i^* - y_i \right)^2, \tag{19}$$

という関数の極限を考え，この関数 $f(\boldsymbol{w})$ を最小化することを考えるのである．$f(\boldsymbol{w})$ は結合強度 $\boldsymbol{w}$ で決まるので，$\boldsymbol{w}$ を微小に変化させたとき (微分係数) の $f(\boldsymbol{w})$ 変化量の逆方向 (f を $\boldsymbol{w}$ で微分しマイナスを掛ける) に逐次 $\boldsymbol{w}$ を変化させていくことで極小解に達する (図 III–12–3) ことが予想できる．これは，勾配降下法とよばれる最適化問題の解法のひとつである．

デルタ則の欠点は 2 層の結合係数しか扱えないことである．デルタ則を多層の回路での学習に適用できるようにしたものが 6.3 節で紹介する一般化デルタルール，あるいは，バックプロパゲーション法とよばれる学習則である．

6. 階層型のネットワーク

パーセプトロンに代表されるフィードフォワード型の結合をもつ階層型のネットワークは，パターン認識 (pattern recognition)，情報圧縮 (data compression)，運動制御 (motion control)，雑音除去 (noise reduction)，および時系列予測 (time series prediction) などへの理論的，または応用的研究が試みられている。ここでは，パーセプトロンの学習について，幾何学的表現を用いてやや詳し

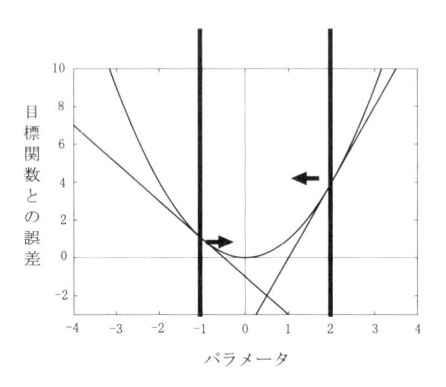

図 III-12-3　勾配降下法

勾配降下法 (たとえば伊理，1981) は接線の傾きと反対方向に向かって進めば極小点に達するというアイデアに基づいている。図にあるとおり接線の傾きが正であれば負の方向に，反対に接線の傾きが負であれば正の方向に少しだけ進めば極小点に近づくことができる。この操作をくり返せばやがて極小点に達することができる。移動量は学習係数に比例する。学習係数が小さいと極小点に達するまでに時間がかかるが，学習係数が大きいと極小点を飛び越してしまい収束しない。

く解説し，線形分離可能な問題について紹介した。続いてバックプロパゲーション法を導入し，階層型のネットワークについてのいくつかの話題を解説している。

6.1　階層型ネットワークの行列表現

以降では表記を簡単にするために線形数学の表記，すなわちベクトルと行列による表記方法を導入する。n 個の入力信号の組 $(x_1, x_2, \cdots, x_n)$ をまとめて $\boldsymbol{x}$ のように太字で表わす。本章では一貫してベクトル表記には小文字の太字を，行列には大文字の太字を用いることにする。たとえば n 個の入力信号の組 $(x_1, x_2, \cdots, x_n) = \boldsymbol{x}$ に対して，同数の結合強度 $(w_1, w_2, \cdots, w_n) = \boldsymbol{w}$ が存在するので，加算記号 $\sum$ を使って表現していた任意のニューロンへの全入力 $\mu = \sum w_i x_i$ はベクトルの内積を用いて $\mu = (\boldsymbol{w} \cdot \boldsymbol{x})$ と表現される。なお，横一行のベクトルを行ベクトル，縦一列のベクトルを列ベクトルとよぶことがある。本章では行ベクトルと混乱しないように，必要に応じて列ベクトルを表現する際には $(x_1, x_2, \cdots, x_n)^T = \boldsymbol{x}$ とベクトルの肩に T を使って表現することもある。

図 III-12-4 のような単純な 2 層の回路を例に説明する。図 III-12-4 には，3 つの入力ユニットと 2 つの出力ユニットの活性値 (ニューロンの膜電位に相当する) x_1, x_2, x_3 と y_1, y_2，および入力ユニットと出力ユニットの結合強度を表わす $w_{11}, w_{12}, \cdots, w_{32}$ が示されている。これらの記号をベクトル $\boldsymbol{x}, \boldsymbol{y}$ と行列 $\boldsymbol{W}$ を使って表わすと $\boldsymbol{y} = \boldsymbol{W}\boldsymbol{x}$ となる。図 III-12-4 の場合，ベクトルと行列の各

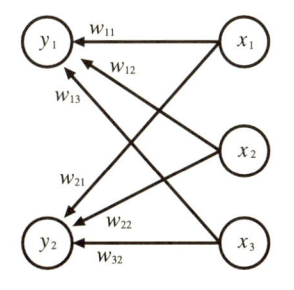

図 III-12-4　ネットワークの行列表現

(20) 式と対応をとるため情報が右から左へと伝わるように描いてある

要素を書き下せば，

$$\begin{pmatrix} y_1 \\ y_2 \end{pmatrix} = \begin{pmatrix} w_{11} & w_{12} & w_{13} \\ w_{21} & w_{22} & w_{23} \end{pmatrix} \begin{pmatrix} x_1 \\ x_2 \\ x_3 \end{pmatrix}, \tag{20}$$

のようになる。

行列の積は左側の行列の i 行目の各要素と右側の行列（ベクトルは1列の行列でもある）の i 列目の各要素とを掛け合わせて合計することなので，以下のような加算記号を用いた表記と同じである。

$$\begin{array}{rcl} y_1 & = & w_{11}x_1 + w_{12}x_2 + w_{13}x_3 \quad = \quad \sum_i w_{1i}x_i \\ y_2 & = & w_{21}x_1 + w_{22}x_2 + w_{23}x_3 \quad = \quad \sum_i w_{2i}x_i \end{array} \tag{21}$$

これを，m 個の入力ユニットと n 個の出力ユニットの場合に一般化すれば，

$$\begin{pmatrix} y_1 \\ y_2 \\ \vdots \\ y_n \end{pmatrix} = \begin{pmatrix} w_{11} & w_{12} & \cdots & w_{1m} \\ w_{21} & w_{22} & \cdots & w_{2m} \\ \vdots & & \ddots & \vdots \\ w_{n1} & w_{n2} & \cdots & w_{nm} \end{pmatrix} \begin{pmatrix} x_1 \\ x_2 \\ \vdots \\ x_m \end{pmatrix} \tag{22}$$

$$\boldsymbol{y} = \boldsymbol{W}\boldsymbol{x}, \tag{23}$$

と表現できる。しきい値の扱いについては，常に 1 を出力する仮想的なニューロン $x_0 = 1$ を考えて $\boldsymbol{W}$ に組み込むことも可能である。

実際の出力は $\boldsymbol{y}$ の各要素に対して

$$f(y) = \frac{1}{1 + e^{-y}}, \tag{24}$$

のような非線型変換を施すことがある。

階層型のネットワークにとっては，(24) 式の非線型変換が本質的な役割を果たす。なぜならば，こうした非線形変換がなされない場合には，ネットワークの構造が何層になったとしても，この単純なシナプス結合強度を表わす行列を $\boldsymbol{W}_i(\ i = 1, \cdots, p)$ としたとき，$\boldsymbol{W} = \prod_{i=1}^{p} \boldsymbol{W}_i$ と置くことによって本質的には 1 層のネットワークと等価になるからである。

$$\boldsymbol{y} = \boldsymbol{W}_p \boldsymbol{W}_{p-1} \cdots \boldsymbol{W}_1 \boldsymbol{x} = \left(\prod_{i=1}^{p} \boldsymbol{W}_i \right) \boldsymbol{x}. \tag{25}$$

6.2 パーセプトロン

(1) パーセプトロン

パーセプトロンとはローゼンブラット (Rosenblatt, 1958) によって提案された図 III–12–5 のような 3 層の階層型ネットワークモデルである。パーセプトロンはマッカロック・ピッツの形式ニューロンを用いて学習則にヘッブ則 (5) 式を使ったモデルで，単純な認識能力を獲得することができる。最

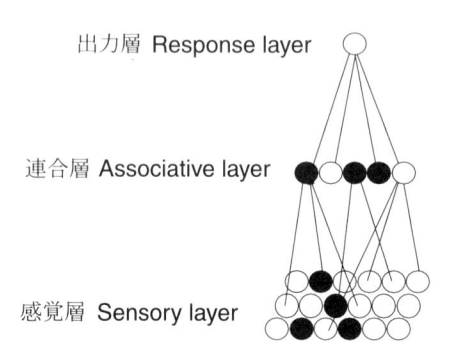

出力層 Response layer

連合層 Associative layer

感覚層 Sensory layer

図 III–12–5　パーセプトロンの模式図

下層の入力層（感覚層）は外界からの刺激入力を表現している。中間層（連合層）では入力情報の変換が行なわれ，最上位層である出力層で認識にいたる。

簡単のため，出力ユニットが 1 つしかない場合を考えれば，パーセプトロンは感覚層に現われるパターンを 1 と 0 とに 2 分する機械であるということができる。出力層の i 番目のユニットへの入力（膜電位）u_i は

$$u_i = \sum_j w_{ij} x_j - h_i = \boldsymbol{w}_i \cdot \boldsymbol{x}_i - h_i, \tag{26}$$

と表現される。ここで連合層の j 番目のユニットの出力 y_j とこのユニットとの結合強度を w_{ij}，しきい値を h_i とした。このユニットの出力 y_i(活動電位，スパイク) は，

$$y_i = \lceil u_i \rceil \begin{cases} 1 & \text{if } u_i \geq 0, \\ 0 & \text{otherwise} \end{cases} \tag{27}$$

と表わされる（ヘビサイド関数）。すなわち，活性値 u_i は，(27) 式のような関数によって，1 または 0 の出力に変換されることになる。膜電位 u_i が 0 より大きければ 1 を出力し，それ以外の場合は 0 となる。

(2) パーセプトロンの学習

パーセプトロンの学習は連合層から出力層への結合強度の変化として表現される。最初の入力がなされる感覚層から連合層への結合強度は一定で変化しない。すなわちパーセプトロンは 3 層のネットワークではあるが，学習を考える際には，連合層と出力層の間だけ考えればよい。

パーセプトロンが特定のパターンに対してだけ出力するようになるためには，学習によってネットワーク内部の結合強度を変化させる必要がある。その際，パーセプトロンには種々の入力パターンが与えられ，それぞれが検出すべきパターンであるか否かが「教師信号」として与えられる。具体的には，入力信号を 2 分する問題を学習する場合，検出すべきパターンのときに教師信号として 1 が，そ

れ以外のパターンの場合には，教師信号として 0 が与えられる．ここでいう教師信号とは，5.2 節のデルタ則の説明での望ましい出力に相当する．

パーセプトロンの学習は連合層から出力層への結合強度の変化として表現される．感覚層から連合層への結合強度については考慮されないことに注意が必要である．パターン c に対する教師信号 (望ましい出力) を t_c と書くことにするとパーセプトロンの学習，すなわち結合強度の更新式は

$$\Delta w_{ji} = \eta \delta x_{c,j} = \eta \left(t_{c,j} - y_{c,j} \right) x_{c,j}, \tag{28}$$

と表わすことができる．η は学習係数とよばれる定数である．パーセプトロンの出力と教師信号と差分 $\delta = t_{c,j} - y_{c,j}$ のことを誤差信号とよぶ．上式は w_{ji} の更新式として

$$w_{ji}(n+1) = w_{ji}(n) + \eta \Delta w_{ji}(n) = w_{ji}(n) + \eta \left(t_{c,j} - y_{c,j} \right) x_{c,j}, \tag{29}$$

のような漸化式として表現されることがある．ベクトル表現すれば

$$\boldsymbol{w}(n+1) = \boldsymbol{w}(n) + \eta \left(\boldsymbol{t}_c - \boldsymbol{y}_c \right) \boldsymbol{x}_c, \tag{30}$$

ここで，$\boldsymbol{w}(n)$ は n 回目の学習終了時点での結合強度を感覚層のユニットの分だけ並べて $(w_1, w_2, \ldots, w_N)$ としたものである．$\boldsymbol{t}_c$ はパターン c に対応する教師信号を表わし，$\boldsymbol{y}_c$ はパターン c に対するパーセプトロンの出力を表わす．$\boldsymbol{x}_c$ は入力信号である．

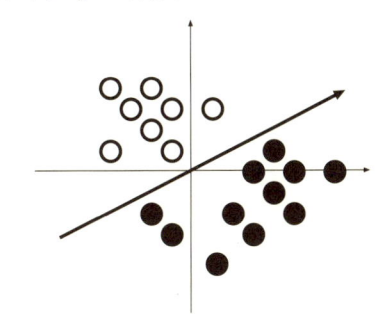

図 III–12–6 パーセプトロンの入力の幾何学的表現と判別直線

入力ユニット数 2，出力ユニット数 1 の 2 層で構成される単純なネットワークを考えれば，このネットワークへの入力全体は 2 次元平面で表現できる．この平面のことを入力空間とよぶことがある．この場合は入力層のユニット数が 2 だったから平面であった．パーセプトロンにおける学習とはこの空間を 2 分割するような領域に分割する判別直線を見つけることであるということができる．

いま，しきい値が 0，すなわち入力データを 2 群に分ける直線が原点を通る場合を考えることにする．すなわち，図 III–12–6 で判別直線より上の白丸には 1 を，判別直線より下の領域にある黒丸には 0 を出力するような学習を考える．$w_1 x_1 + w_2 x_2 > 0$ であれば 1 を出力し，$w_1 x_1 + w_2 x_2 \leq 0$ ならば 0 を出力するとは，ベクトル (x_1, x_2) とベクトル (w_1, w_2) との内積の正負の判断をしているのと同義である．なぜならベクトルの内積とは 2 通りの表現があって

$$\boldsymbol{w} \cdot \boldsymbol{x} = w_1 x_1 + w_2 x_2 = ||\boldsymbol{w}|| \, ||\boldsymbol{x}|| \cos \theta, \tag{31}$$

だからである．上式の最右辺の正負は 2 つのベクトルのなす角 $\cos \theta$ のみによって決まる．すなわち図 III–12–7 のように斜線をつけた領域にあるすべてのベクトルは，2 群を判別する直線の法線ベク

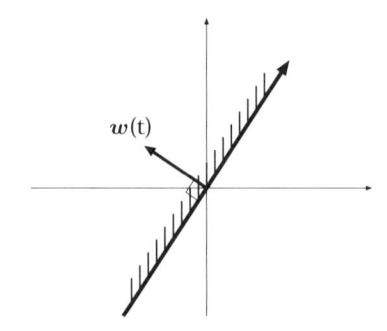

図 III–12–7　2 群を判別するとき斜線の領域で正になるとは，法線ベクトルとの内積が正であることを意味する

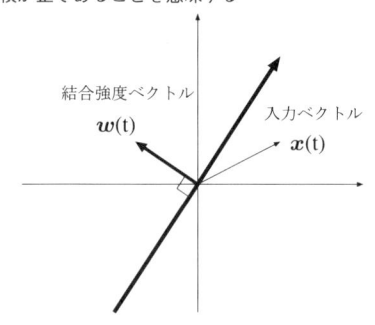

図 III–12–8　学習すべきデータ

トル (2 つの結合強度を要素とするベクトル) との内積が正である．入力信号と結合強度ベクトルのなす角 θ が $-\frac{\pi}{2} < \theta < \frac{\pi}{2}$ の範囲のとき $\cos\theta > 0$ となり，そうでなければ負になるからである．

このパーセプトロンに学習すべきデータが 1 つ入ってきたと仮定しよう．図 III–12–8 は 1 と出力すべき ($y = 1$ すなわち法線ベクトルとの内積が正であるべき) データを，誤って 0 と出力してしまったという事態である．このとき，(30) 式内の $(t - y)$ は $1 - 0 = 1$ になるので結合強度の更新式，すなわち法線ベクトルの更新式は

$$w(n) + \eta (t_c - y_c) x_c = w(n) + \eta x_c, \tag{32}$$

となってベクトルの足し算になる (図 III–12–9)．これによって判別直線が回転し (図 III–12–10)，今度は法線ベクトル w とデータ x とのなす角が 90 度以内になる．0 と出力すべきデータを，誤って 1 と出力してしまった場合はベクトルの引き算になる．

最後に判別直線が原点を通らない場合，すなわち閾値が 0 ではない場合をみておこう (図 III–12–11)．この場合は，原点を通る直線を並行移動したことになるので，原点を通る判別直線では 1 と答えるべきの領域 (図 III–12–11 中の白マル) に入ってしまっている点を底アゲして 0 と答えるべき領域 (図 III–12–11 中の黒マル) の領域にするために行なわれると考えることができる．

パーセプトロンによるパターン分類とは，出力ユニットが 1 つの場合，入力パターン空間 (n 個の入力があれば n 次元空間) を $wx = \theta$ を満たす境界 ($n - 1$ 次の超平面) によって 2 つの部分空間に分割することであるといえる．このことを線形分離可能性 (linear separability) という．逆にいえば，

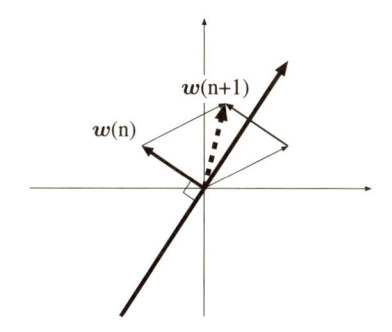

図 III-12-9　パーセプトロンの学習則による結合強度ベクトル w の更新

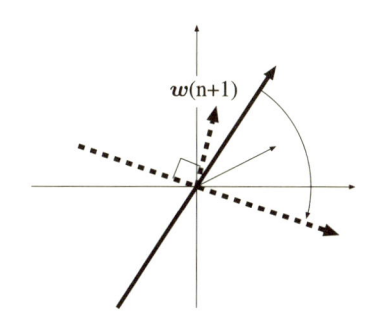

図 III-12-10　判別直線の回転

入力パターン空間が1本の判別直線によって分割できないようなパターンをパーセプトロンは学習することができない。

　以上をまとめると，出力層と入力層との間の結合強度を入力データ空間におけるベクトルと考えれば，パーセプトロンの出力は結合強度ベクトルと入力データとの内積が0より大きければ1を，小さければ0を出力する機械であるとみなすことができる。また，パーセプトロンの学習は，内積の大小によって結合強度ベクトルを回転させることだということができる。このようにして訓練されたパーセプトロンでは，入力データ空間上で線形分離可能な問題ならば，必ず学習が可能であることに注意されたい。逆にいえば，線形分離不可能な問題でも，適切に次元を設定することで線形分離可能な空間に写像するような中間層表現を得ることができればパーセプトロンのもつ限界を越えることができるというアイデアに結びつく。

　ミンスキーとパパート (Minsky & Papert, 1988) はパーセプトロンのベクトル表示について悲観的な考え方をもっているようであるが，ここでは理解のしやすさを優先してベクトル表示による説明を用いた。

　パーセプトロンのような階層型のネットワークは，中間層のユニットを基底関数とみなすことで，関数近似法のひとつと考えことができる。このことから，他の数学的な関数近似手法との関連[3]が指摘できる。一般にこれらの数学的手法は入力変数の次元数 n がふえれば，一定の近似誤差内で関数を近似するためには，必要なパラメータ数が n 乗のオーダーで増加することが知られており，このこと

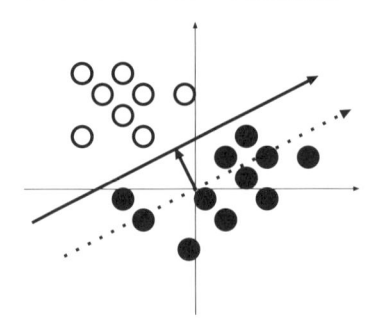

図 III–12–11　しきい値の意味

は次元の呪い (curse of dimensionality) とよばれている。多層パーセプトロンによる関数近似では，この次元の呪いを避けることができることが指摘されている。

6.3　バックプロパゲーション(誤差逆伝播法)

(1) XOR 問題，線形分離不可能な問題

　パーセプトロンでは排他的論理和 (XOR) 問題が解けないことが知られている。排他的論理和とは，2 つの入力のうちいずれか一方のみが 1 のとき，1 を出力する問題である。図 III–12–12 左をみるとわかるとおり，XOR 問題は 1 本の判別直線で白マルと黒マルを分離できない，すなわち線形分離不可能な問題である。

　図 III–12–12 右は図 III–12–12 左の幾何学表現を対応するネットワークとして表現したものである。一番左が入力層，一番右が出力層，中間の 2 つが中間層である。ユニットのなかに書かれた数値は各ユニットのしきい値を示している。中間層の 2 つのユニットのうち上の OR と書かれたユニットは，$x_1 + x_2 - 0.5 > 0$ のとき発火する。この式を書き換えると，$x_2 > -x_1 + 0.5$ となるので図 III–12–12 左の下斜線より上の領域に対応する。一方，中間層の下の NAND(not and) と書かれたユニットは，$-x_1 - x_2 + 1.5 > 0$ のとき発火するから，移項して $x_2 < -x_1 - 1.5$ とすれば，図 III–12–12 左の上斜線より下の領域に対応していることがわかる。さらに，AND と書かれた出力ユ

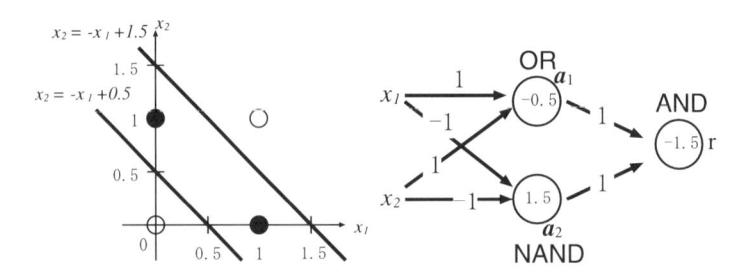

図 III–12–12　XOR 問題の幾何学的表現と XOR 問題を解くためのネットワーク

表 III-12-2　図 III-12-12 に対応する XOR 問題の真偽表

入力層		中間層		出力
x_1	x_2	a_1	a_2	r
0	0	0	1	0
0	1	1	1	1
1	0	1	1	1
1	1	1	0	0

ニットは，2 つの中間層ユニットからの情報の論理積 (AND) を計算するユニットになっている。そこで，2 つの中間層ユニットの両方が発火する場合だけ，出力ユニットも発火し，1 を出力する。これは，図 III-12-12 左では，「下の斜線より上の領域」でかつ「上の斜線より下の領域」に対応する。すなわち，図中の黒丸の領域だけが分離されることになる。このような 2 本の直線は図中にいくらでも引けることから，XOR 問題の解も無数に存在することがわかる。

　図 III-12-12 左にあるとおり，中間層のユニット 1 個は 1 つの線形判別関数に相当すると考えてよい。中間層から出力層への結合では各出力の論理積 AND を計算していることに相当する。n 個の中間層を用意すれば原理的には $\frac{n^2+n+2}{2}$ 個のカテゴリー分類が可能である。パーセプトロンが XOR 問題を解くことができない理由は，3 つの層があっても，感覚層から連合層にいたる結合強度を変更する手段がないことである。

(2) 誤差逆伝播法(一般化デルタルール)

　XOR 問題でもみたように，パーセプトロンの問題点は学習が出力層と連合層の間だけで行なわれ，下の層に伝播しないことである。この点を改良したのがバックプロパゲーション (一般化デルタルール) とよばれる学習則である。

　m 層のネットワークを考え，k 層の i 番目のユニットへの総入力を x_i^k，このユニットの出力を y_i^k，$k-1$ 層の j 番目のユニットから k 層の i 番目のユニットへの結合強度を $w_{ij}^{k-1,k}$ と表記する。各ユニットの出力は

$$y_i^k = f\left(x_i^k\right) = \frac{1}{1+e^{-x_i^k}} \tag{33}$$

$$x_i^k = \sum_j w_{ij}^{k-1,k} y_j^{k-1}, \tag{34}$$

で定義されているものとする。あるデータ $\boldsymbol{x}$ と教師信号 $\boldsymbol{t}$ が与えられたとき教師信号と出力との 2 乗誤差を

$$E = \frac{1}{2}\sum_i \left(y_i^m - t_i\right)^2 = \frac{1}{2}\sum_i \delta^2, \tag{35}$$

と表記する。総和記号 $\sum$ の前の 1/2 は微分したときに式を簡単にする程度の意味しかないので本質的ではない。この誤差関数 E は，教師信号と出力との差の 2 乗に比例して大きくなる。そこで，E が減少する方向に $\boldsymbol{w}$ の値を逐次更新することがバックプロパゲーション法の基本的な発想である。(35) 式の誤差 E は各 y_i^m の 2 次関数とみなすことができるので $E \geq 0$ であり，$E=0$ となるのは，すべての y_i^m に対して $y_j^m - t_j = 0$ のとき，すなわち完全に学習が成立したときだけである。5.2 節で説明したように結合強度の更新には次の (36) 式を用いる。

$$\Delta w_{ij}^{k-1,k} = -\epsilon \frac{\partial E}{\partial w_{ij}^{k-1,k}}. \tag{36}$$

(36) 式で E は y_j^m の関数であるが，さらに y_j^m は x_j^m の関数であり，さらに x_j^m は $w_{ij}^{m-1,m}$ の

関数であるから合成関数の微分公式により

$$\Delta w_{ij}^{m-1,m} = -\epsilon \frac{\partial E}{\partial w_{ij}^{m-1,m}} \tag{37}$$

$$= -\epsilon \frac{\partial E}{\partial y_j^m} \frac{\partial y_j^m}{\partial x_j^m} \frac{\partial x_j^m}{\partial w_{ij}^{m-1,m}} \tag{38}$$

$$= -\epsilon \left(y_j^m - t_j \right) y_j^m \left(1 - y_j^m \right) y_i^{m-1} \tag{39}$$

$$= -\epsilon \delta_j^m y_i^{m-1}, \tag{40}$$

となる(ただし $\delta_j^m = \left(y_j^m - t_j \right) y_j^m \left(1 - y_j^m \right)$)。もし仮に (33) 式で与えられている出力関数が線形関数 $y(x) = x$ であれば,(40) 式は $\Delta w_{ij} = (t_j - y_j) y_i^{m-1}$ となってパーセプトロンの学習式と一致する。

次に中間層以下第 n 層 ($n \neq m$) のユニット y_j^n の結合強度の更新には,

$$\frac{\partial E}{\partial y_j^n} = \sum_k \frac{\partial E}{\partial y_k^{n+1}} \frac{\partial y_k^{n+1}}{\partial x_k^{n+1}} \frac{\partial x_k^{n+1}}{\partial y_j^n} \tag{41}$$

$$= \sum_k \frac{\partial E}{\partial y_k^{n+1}} \frac{\partial y_k^{n+1}}{\partial x_k^{n+1}} \frac{\partial}{\partial y_j^n} \sum_i w_{ik}^{n,n+1} y_i^n \tag{42}$$

$$= \sum_k \delta_k^{n+1} w_{kj}^{n,n+1}, \tag{43}$$

を誤差信号 δ として再帰的に計算する。以上をまとめると,結合強度の修正量 $\Delta w_{ij}^{k-1,k}$ は

$$\Delta w_{ij}^{k-1,k} = -\epsilon \delta_j^k y_i^{k-1}. \tag{44}$$

ここで $\delta_j^k = \begin{cases} \left(y_j^k - t_j \right) y_j^k \left(1 - y_j^k \right), & k = m \text{ 出力層のとき} \\ \left(\sum_l \delta_l^{k+1} w_{jl}^{k,k+1} \right) y_j^k \left(1 - y_j^k \right), & \text{otherwise} \end{cases} \tag{45}$

となる。(45) 式をみると誤差の計算がデータ処理とちょうど逆の流れで入力層まで伝播するようになっている。これが誤差逆伝播法とよばれる所以である。

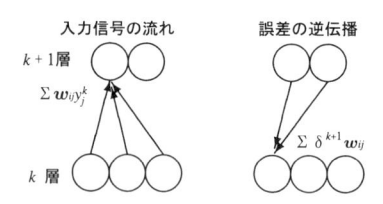

図 III–12–13 誤差逆伝播の模式図

6.4 汎化能力と過学習

学習すべきデータ集合のなかからいくつかのサンプルを選び訓練課題セットとして回路網に学習させる。このとき,学習させた学習課題セット以外のデータをテスト課題として選び,このテスト課題の成績を調べることで学習したルールの一般化能力を測定することができる。

学習した内容がルールの適用範囲と完全に重なることが理想であるが,図 III–12–14 で示したよう

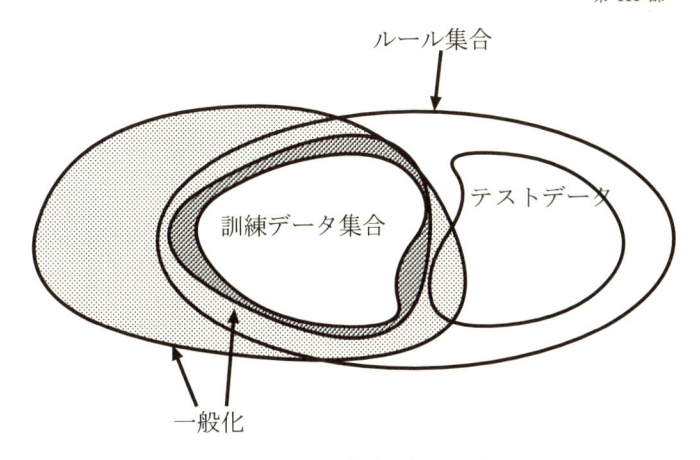

図 III–12–14　一般化能力と過学習

に一般化にはさまざまな可能性が考えられる．たとえば入出力とも 0,1 のデータで，入力層が N 個，出力層が 1 個である場合を考えよう．入力パターンの総数は N 個の入力層の可能な組み合わせ，すなわち 2^N 個存在する．これらの入力集合を 0 か 1 かに分類する課題では，全部で 2^{2^N} 通りの分類が可能である．このなかから M 個の入力を選んで訓練した場合には，残りの分類パターンはすべて一般化になるので $2^{2^N} - M$ とおりの一般化が可能になる．このことは入力層のユニット数 N が大きくなると，実質的に無限大の一般化が考えられることを意味する．

一方，訓練課題セットでは正解を得ることができるが，テスト課題では正解できないことがある．学習が進行しすぎるとしばしば観察される現象で，過剰な学習がなされたことを意味する (過学習 overfitting)．図 III–12–14 は，誤った方向に一般化がなされた場合と，過学習によって訓練課題にだけ正解するようになった場合とを表わしたものである．

図 III–12–15 では正弦曲線 $y = 0.5 + 0.4 \sin(2\pi x)$ を 3 層のネットワークに学習させた例が示されている．この例では 0 から 1 までの 0.05 刻みの各 x 座標を入力信号として与え，対応する y の値を学習させた．実際の教師信号に若干のノイズを加えてある．一般に教師信号に少量のノイズを加えたデータを学習させることで，ネットワーク一般化能力が向上するといわれている．ただし，データセット数に対して中間層の数が多いときにくり返し学習を進行させると過学習が生じる．図 III–12–15 中の 2 本の点線のうち，ほぼノイズを付加した教師信号完全に学習している点線では，過学習によって真の曲線を学習するのではなく真の関数とノイズとの合成積 convolution を学習している．他方の点線では，ほぼ望み通りの結果を得ているが[*4]，最大値 0.9 付近，最小値 0.1 付近での真の関数とのズレがやや大きくなっていることが読み取れる．

6.5　中間層ユニット数の決定問題

入力情報が N ビットの情報をもっているとき，全入力情報を損失なく表現するためには 2^N 個の中間層ユニットを用意すれば十分であることはすぐにわかる．ところが，これは中間層のユニット数決定のための必要条件ではない．最適な中間層のユニット数を決定するためには，6.4 節の一般化の問題をふまえて議論する必要がある (甘利ら，1997; Elman ら，1996/1998)．

村田ら (1994) は，ニューラルネットワークを確率機械ととらえて，情報量規準を用いて中間層を

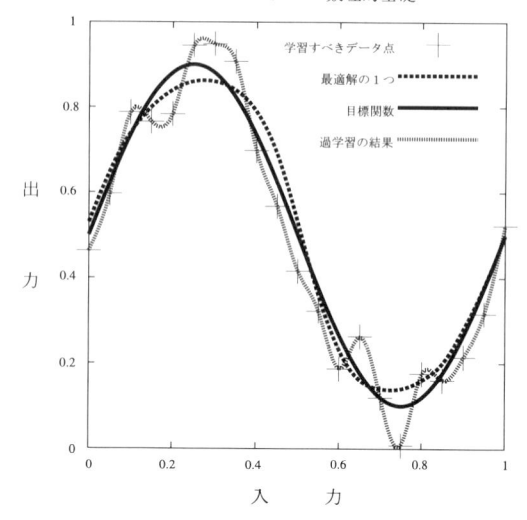

図 III-12-15　正弦曲線を3層誤差逆伝播法によって学習させた例

実線が $0.5 + 0.4\sin(2\pi x)$ の曲線であり，プラス $(+)$ の記号で実際に用いられた教師信号（ノイズ付加）が示されている．2本の点線によって，中間層を少なくして学習終了基準を甘く設定した結果と，中間層の数をふやして意図的に過学習を起こさせた結果とを示した．

定める手法を提案した．彼らは赤池の情報量規準 AIC (Akaike's Information Criterion，坂本ら，1983) を拡張した NIC (Network Information Criterion) を提案している．データが与えられたときのモデルの対数尤度に自由パラメータ数の2倍を加えたものが赤池の情報量規準 AIC とよばれている．(データのあてはまりを表わす量である) 対数尤度が同じならば自由パラメータ数の少ないモデルを選択すべきであることを AIC は主張している．複数のモデル間で AIC を計算，比較して最適モデルを選択しようとするのが AIC の基本となるアイデアである．村田らの提案した NIC は，中間層のユニットをパラメータと考え，訓練データ上で，任意の入力信号に対するモデルからの出力と教師信号 (正解) との「ズレ」に，パラメータ数を加えたものとして定義されている．もし，モデルが真の入出力関係を実現可能であり，かつ，上記の「ズレ」が対数のマイナスで定義されているならば，NIC と AIC とは係数を除いて一致する．

6.6　中間層のユニット数の増減法

中間層のユニット数をネットワークに学習させるという手法も開発されている．最初は十分な数のユニットを用意して，全結合させ，学習中に不要な結合を刈り込む手法を枝刈り法 (pruning あるいは weight elimination) という．結合強度 w_{ij} が徐々に0になるような傾向をもたせて，学習によって結合強度が補強されないかぎり不必要な結合が除去されるように方法を総称している．具体的には w_{ij} の更新後に

$$w_{ij}^{\text{new}} = (1 - \epsilon)w_{ij}^{\text{old}} \tag{46}$$

のような減衰のさせ方をする．枝刈り法には，結合強度を0にする方法と，中間層のユニットを除去する (node pruning) の2種類が存在する．小さな結合強度を0に近づけるためには誤差の2乗和

E_0 に加えて

$$E = E_0 + \gamma \sum \frac{w_{ij}^2}{\hat{w} + w_{ij}^2} \tag{47}$$

を新たな誤差関数として（w は任意の基準値）誤差逆伝播アルゴリズムによる結合強度の更新式

$$\Delta w_{ij} = -\eta \frac{\partial E}{\partial w_{ij}} \tag{48}$$

を適用すればよい。

　枝刈り法は最適なネットワーク構造を探索するための手段として用いられることがある。枝刈り法のように，最初は全結合を作っておいて，後で不要なものを刈り取ることは網膜から外側膝状体への投射，外側膝状体から第1次視覚野の間でも観測されている事実である。脳内でどのニューロンがどの役割を果たすかが出生直後から決まっているわけではない。出生後の環境によって柔軟に対応できるようにするためには，このほうが有利なのだとの解釈も成り立つ。

　一方，少数の中間層ユニットから出発して必要に応じてユニットを追加していく方法も開発されている。この方法は，構成法 (constuructive method) あるいは動的ノード生成法 (dynamic node creation) という。誤差の減少幅が小さくなって収束しないときに新しい中間層を加えることによって実現される (Reed & Marks II, 1999)。

6.7　再帰型ネットワーク——文脈，時系列情報の取り込み——

　一般に時系列情報や文脈依存の情報を処理させるために考えられたネットワークとして単純再帰ネットワーク (simple recurrent networks, SRN) あるいはリカレントネットとよばれる回路がある[*5]。これらの例は，提案者の名前をとってエルマンネット (Elman nets, 図III-12-16)，ジョーダンネット (Jordan nets, 図III-12-17) とよばれる。図では，ある層の一部が再帰信号 (recurrent feedback) を受け取るようになっている。このような再帰信号を受け取るユニットを文脈層あるいは関連層とよぶ。

　エルマンネットでは，入力層は入力信号を処理する入力ユニットと，直前の中間層の状態を入力とする文脈ユニットとで構成される。文脈ユニットは以前の中間層をコピーするためだけ (すなわち中間層から文脈ユニットへの結合強度は 1.0) である。結合強度の学習は順方向の結合についてだけ行なわれるので，通常の誤差逆伝播法がそのまま適用できる。

　ある時刻 t で処理される内容は，その時点での入力信号と，それ以前の時刻 $t-1$ までで処理された回路の状態を表わす信号とを同時に処理する。すなわち，文脈層は過去の状態を記憶していることを意味する。この結果，ある時刻 t でのネットワークの状態は現在の入力と過去の入力履歴の集合によって決まることになる。たとえば，図III-12-18 において過去の影響を考えれば時刻 t における中間層の状態 $h(t)$ は

$$\begin{aligned}
h(t) &= I(t) + ah(t-1) \\
&= I(t) + a(I(t-1) + ah(t-2)) \\
&= I(t) + aI(t-1) + a^2\{I(t-2) + ah(t-3)\} \\
&= \sum_{\tau=0}^{T} a^{\tau} I(t-\tau)
\end{aligned} \tag{49}$$

と表わすことができる。ここで $I(t)$ は時刻 t における入力を表わしている。文脈層からの影響 a が1より小さければ過去の入力からの影響が指数関数に従って小さくなることを表わしている (1 より小さければ過去の影響は急速に小さくなる)。このことは，エルマンネットが1つ前の状態を保存しておくという単純な構造にもかかわらず，過去履歴に依存した出力を生じることを示している。

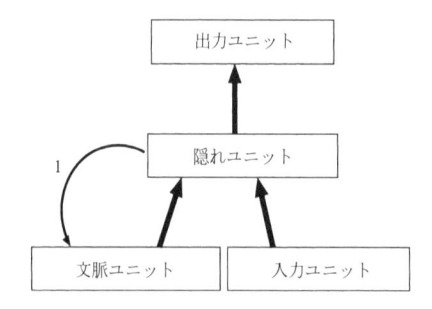

図 III–12–16　エルマンネット

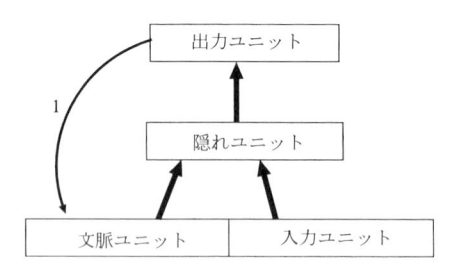

図 III–12–17　ジョーダンネット

このような単純再帰ネットワークの強力な性質を利用して，エルマンネットでは言語情報処理などへの応用が試みられている．一方，ジョーダンネットでは運動制御への応用が試みられている．エルマンネットとジョーダンネットの違いは，後の処理で利用する形式が出力層で表現される形がよいのか，中間層の形式のほうがよいのかという違いである．たとえば，入力信号を視覚情報，ジョーダンネットの出力を現在の手や腕の位置だとすると，現在の手や腕の位置と視覚情報とから，手や腕を操作して目標物をつかむための運動を制御する問題を解くことができるだろう．

さらにアトラクタネット (attractor networks) とよばれるネットワークも提案されている．図 III–12–19 に英単語の意味を学習するためにヒントンとシャリス (Hinton & Shallice, 1991) によって提案されたモデルを示す．

一般に再帰型ネットワークを数学的に解析するためには，出力ベクトル y に対して，文脈層からの結合強度行列を W とし時刻 t における入力を $I(t)$ と表わすことにすれば

$$y(t) = Wy(t-1) + I(t), \tag{50}$$

と表わすことができる．各ユニットへの入力は互いに独立であると考えれば，W の対角成分に $I(t)$ の対応する値を加えることで W と $I(t)$ をまとめて $W(t)$ と表わすことができる．これにより，(50) 式は

$$y(t) = W(t)y(t-1), \tag{51}$$

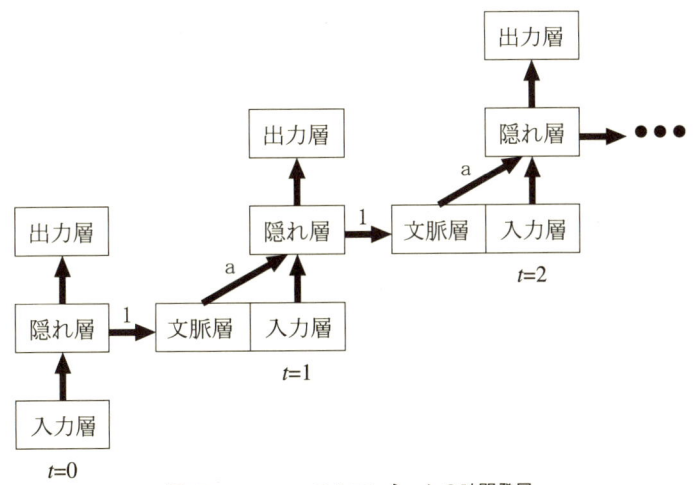

図 III-12-18　エルマンネットの時間発展

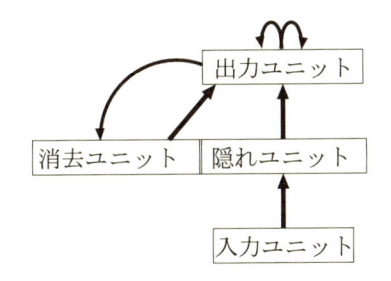

図 III-12-19　ヒントンとシャリスのアトラクタネット

と表現できる。(51) 式から再帰型ネットワークの挙動は行列 $W(t)$ の固有値によって定まるといえる。たとえば，固有値が1より大きければ，対応する固有ベクトルの方向へ大きくなる。

6.8　RBF（動径基底関数）ネットワーク

階層型ネットワークの最後に心理学モデルとして応用が考えられる RBF についてふれる。

RBF(動径基底関数: radial basis function) ネットワークとは，中間層ユニットの出力が基底関数 ϕ として定義されたネットワークである。

$$f(\boldsymbol{x}) = \sum_{i=1}^{n} w_i \phi(||\boldsymbol{x} - \boldsymbol{t}_i||). \tag{52}$$

基底関数 $\phi(r) = \exp\left(-\frac{(x-\mu)^2}{2\sigma^2}\right)$ がよく用いられる。ガウシアン関数は釣鐘状の曲線であり，入力信号とガウシアン関数の中心からの距離 ($||\boldsymbol{x} - \boldsymbol{t}_i||$) に応じて出力が小さくなる。釣鐘の裾野の広さは σ^2 によって決まる。

2次元の RBF としてのガウシアン関数は，視覚情報処理 (Marr, 1982) においてしばしば登場す

るように心理学者にとってなじみ深いものであるが、高次認知過程のモデルとしても応用が考えられている。たとえば、カテゴリー判断では、刺激間の距離として心理量が考えられるような場合に、複数の刺激属性をネットワークへの入力とし、どのカテゴリーに属するかをRBFネットワークに学習させれば、そのまま心理学的なモデルとなる。概念学習や表情認知研究などは、しばしばカテゴリー効果が現われる。カテゴリー効果を説明するために、任意のカテゴリー (あるいは顔や表情) の集合をひとつのRBFとして表現することになる。この場合ガウシアン関数のピークを与える刺激がプロトタイプとなり、典型性評定実験では最も高い値を得ることになる。

RBFの学習は、結合強度について微分するのではなく、上記のガウシアン関数を記述するパラメータそれぞれについて微分し、バックプロパゲーション法などを使って学習させればよい。基底関数の与え方には数種類の方法が存在する。

7. 相互結合型のネットワーク

相互結合型のネットワークとはユニットが互いに結合しているネットワークである。各ユニットの活性値は時間とともに変化し、さまざまな状態を遷移することになる。このようなネットワークのふるまいは連想記憶や巡回セールスマン問題のような最適化問題などへの応用が試みられている。ここではアソシアトロンとホップフィールドモデルを取り上げ簡単に紹介する。ボルツマンマシン (Ackley et al.,1985;Hinton & Sejnowski,1986a) については取り上げられなかったが、興味のある読者は参考文献をあたっていただきたい。

相互結合型のネットワークの単純な例として、図III-12-20ではラメルハートら (Rnmelhart et al., 1986) が例示したネッカーキューブ (Necker cube) の例を示した。それぞれのユニットの動作方程式に4節で示したような不応期の考え方などを導入すれば、左右の見えが突然反転するような動作をさせることも可能である。

相互結合型のネットワークを記憶装置とみた場合、自己想起型、連想記憶型の2種類に分けることがある。自己想起型のネットワークとは、あらかじめネットワークに記憶させたパターンの一部を入力し、記憶させたパターンを復元することで実現される。心理学的には、曖昧な情報から記憶を検索するという意味での記憶検索のモデルとして有効であろう。一方、連想記憶型とは手がかり刺激を入力し、手がかり刺激と対になって記憶されている目標刺激を取り出すようなニューラルネットワークである。連想記憶型のニューラルネットワークは対連合学習のような記憶課題のモデルとなり得る。ただし自己想起型、連想記憶型いずれの場合でも、ニューラルネットワークモデルでは同じ構造が用いられる。たとえば4ユニットからなるネットワークに $(1,1,1,1)$ のようなパターンが記憶されている場合、$(1,1,0,0)$ を与えて $(1,1,1,1)$ を想起させると考えれば自己想起型であるが、4つのユニットを前後半2つに分けて考え、前半の $(1,1)$ を手がかり刺激 (キー刺激、あるいはキーベクトル)、後半部分を想起すべき内容 (目標刺激、データベクトル) と考えれば対連合学習のモデルとなる。

7.1 同期更新と非同期更新

相互結合型のネットワークの更新方法として、同期更新と非同期更新の2種類が存在する。後述するホップフィールドのモデルは非同期更新であり、アソシアトロンは同期更新である。離散的な時間変化 ($t = 0, 1, 2, \ldots$) を考えて話を進めると、同期更新とは時刻 t から時刻 $t+1$ へ移るとき全ユニットの状態が同時に更新されることを意味し、非同期更新とは任意の時刻では1つのユニットの状態が変化することをいう。

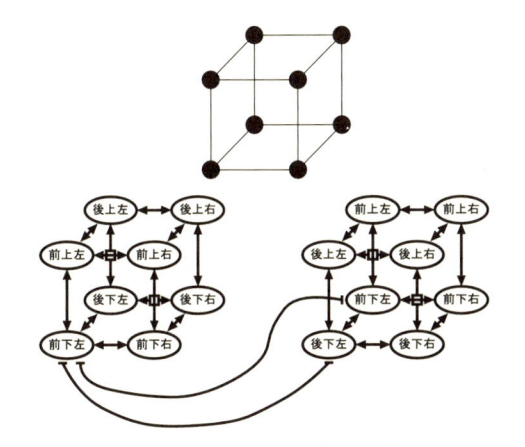

図 III–12–20 ネッカーキューブのニューラルネットワークモデル
(ラメルハートら, 1986 第 14 章より)
各ユニットが頂点を意味する 16 個のユニットで構成されている。左右の見えの違いを頂点の
ラベルで表現されており, 右の 8 個のユニットと左の 8 個のユニットがそれぞれ異なる見え
を表わしている。正の結合は矢印 (↔) で, 負の結合は (T) で表わされている。一致した見え
の間では興奮性の, 矛盾する見えの間は抑制性の結合でニューロンが相互に結合されている。
対応するラベル間と対応する位置間では抑制性の結合が組み込まれている。図ではすべての結
合が描かれているわけではない。

(1) 簡単な例

簡単のため図 III–12–21 のような 3 つのユニット x_1, x_2, x_3 が相互に結合している場合を考える。x_1 と x_2 との結合が互いに抑制性 (-1) であり, 他は結合は興奮性 $(+1)$ である。任意の 2 つのユニット A, B を考えて A→B の結合強度の大きさが B→A と同じである場合を対象結合という。対象結合でないユニットの組が 1 つでもあれば非対称結合のネットワークという。図 III–12–21 の結合係数は

$$W = \begin{pmatrix} 0 & -1 & 1 \\ -1 & 0 & 1 \\ 1 & 1 & 0 \end{pmatrix}, \tag{53}$$

のように行列表現が可能である。W の i 行 j 列目の要素 w_{ij} は j 番目のユニットから i 番目のユニットへの結合強度である。時刻 t における 3 つのユニットの状態を $(x_1(t), x_2(t), x_3(t))^T = \boldsymbol{x}(t)$ とすれば時刻 $t+1$ における各ユニットの状態は $\boldsymbol{x}(t+1) = W\boldsymbol{x}(t)$ と表現できる。対象結合であ

表 III–12–3 図 III–12–21 の全状態

	状態							
x_1	0	0	0	0	1	1	1	1
x_2	0	0	1	1	0	0	1	1
x_3	0	1	0	1	0	1	0	1

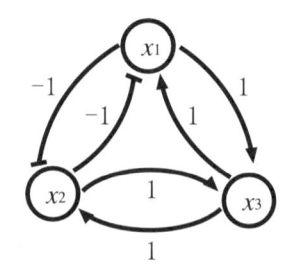

図III-12-21 簡単な相互結合のネットワーク

れば $w_{ij} = w_{ji}$ が成り立つ。W の対角要素がゼロ $w_{ii} = 0$ であることは自己結合がないことを表わしている。

ユニットは 0 か 1 の 2 状態をとる 4.1 節のマッカロック・ピッツの形式ニューロンとする。このとき，ネットワークの状態は表III-12-3 のとおり全部で 8 通り存在する。

各ユニットの状態が 0, 1 のような離散量で，かつ離散時間で表現された相互結合型のネットワークは，一般的な計算機モデルであるセルオートマトン (cellular automata) と類似の構造をもっていることが指摘できる。

(2) 同期更新

図III-12-21 で，同期更新の場合には，(53) 式に表III-12-3 の行列を右から掛ければ得られる。仮にしきい値が 0.1 だとすれば結果は表III-12-3 のようになる。ユニットの状態を (x_1, x_2, x_3) と表記し，すべての状態変化を矢印で表わした状態遷移図を図III-12-22 に示す。図III-12-22 中の (000),(011),(101) はこの状態から動かないので不動点，または固定点 (fixed point) ということもある。状態 (001) と状態 (110) との間では循環することを意味し，このような状態をリミットサイクル (limit cycle) という。これらの状態は，いったんこの状態になると他の状態をとることができなくなるので，安定であるという。また，(010),(100),(111) は状態 (001) へ引き込まれるといいこれらの状態はリミットサイクルへの引き込み領域または流域 (basin) であるという。また，引き込まれる点 (または状態) をアトラクタ (attractors) という。アトラクタには固定点，リミットサイクルのほかに，複雑な挙動を示すカオスアトラクタとよばれるものも存在する。

表III-12-4 図III-12-21 のネットワークの同期更新 (しきい値を 0.1 にした場合)

時刻	ユニット	状態							
t	x_1	0	0	0	0	1	1	1	1
	x_2	0	0	1	1	0	0	1	1
	x_3	0	1	0	1	0	1	0	1
t+1	x_1	0	1	0	0	0	1	0	0
	x_2	0	1	0	1	0	0	0	0
	x_3	0	0	1	1	1	1	1	1

(3) 非同期更新

図III-12-21 でしきい値を -0.1 に設定した場合の非同期更新の状態遷移図を図III-12-23 に示す。非同期更新では 1 度に 1 つのユニットしか変化しないため，矢印でつながっている状態間では 0 個または 1 個のユニットだけが変化していることがわかる。図III-12-22 と比較して大きな特徴は，すべての状態が矢印で結ばれていることと，矢印が左から右へとつながっていることである。このこ

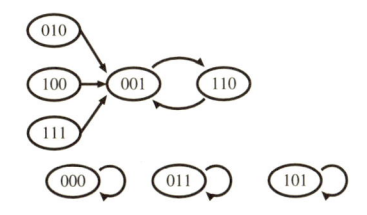

図 III-12-22 　図 III-12-21 で同期更新の場合の状態遷移図

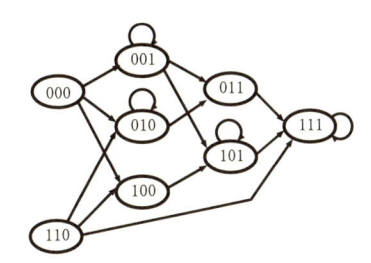

図 III-12-23 　図 III-12-21 で非同期更新の場合の状態遷移図

とから，どのような状態から出発しても，もとの状態にとどまるか，もしくは右側の状態へと遷移することがわかる．いったんより右側の状態へと遷移すると左側へともどることはない．あたかも地形図のように左側の状態は高く，右側は最も低いかのごとくであり，すべての状態は，最も低い状態 (111) へ向かって転がり落ちていくかのようなアナロジーを用いることができる．ホップフィールドモデルでエネルギー関数を導入する際に，この類推が正しいことを示すことにする．

(000), (110) のような状態は，初期値が (000) または (110) でないかぎりこれら状態へ遷移することがないという意味で「エデンの園」とよばれる．

7.2 　アソシアトロン

(1) 連想記憶

私たちは「梅干し」から「すっぱい」を連想する．こうした連想をネットワークに記銘させる場合を考える．ベクトル $x = (1, 1, 1, 0)^T$ で「梅干し」を表わし，$y = (1, 0, 0)^T$ で「すっぱい」を表わすとする．ここで x^T はベクトルの転置である．このとき $y = Wx$ を満たす行列 W が見つかれば連想記憶とよぶことができる．ニューラルネットワークでは図 III-12-24 のように表現される．4次元ベクトルによって表現された入力パターン x から想起すべき 3 次元ベクトル y を取り出す過程ととらえることができ，記銘すべきパターンは入力層から出力層への結合強度として表現されているとみなすことができる．

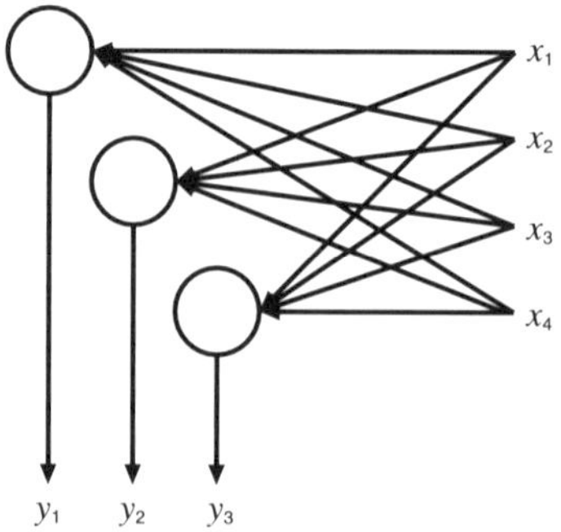

図 III–12–24　連想記憶のニューラルネットワーク表現

今記名すべきパターンが m 個あるとして連想パターン対を $\left(\boldsymbol{x}^{(i)}, \boldsymbol{y}^{(i)}\right), i = 1 \ldots m$ と表現すれば，j 番目の入力から k 番目の出力ユニットへの結合強度は

$$w_{jk} = \sum_{i=1}^{m} x_j^{(i)} y_k^{(i)}, \tag{54}$$

と表現できる。実際に

$$\begin{pmatrix} (1,0,0,0) \\ (0,1,0,0) \\ (0,0,1,0) \\ (0,0,0,1) \end{pmatrix} \rightarrow \begin{pmatrix} (0,0,1) \\ (0,1,0) \\ (0,1,1) \\ (1,0,0) \end{pmatrix} \tag{55}$$

のような刺激–反応対を記憶する結合強度行列 (あるいは結合係数行列という) は

$$\boldsymbol{W} = \begin{pmatrix} 0 & 0 & 0 & 1 \\ 0 & 1 & 1 & 0 \\ 1 & 0 & 1 & 0 \end{pmatrix}, \tag{56}$$

となる。

自己想起の場合には，結合強度行列 m 行 m 列の正方行列になり，この行列のことを自己相関行列とよぶ。さきの例では刺激ベクトルが直交していたために正しく想起できたが，互いに似通った記銘パターンが複数存在する場合には，似通ったパターンどうしで誤想起が生じる。誤想起のことを雑音，またはクロストークとよぶ。連想記憶の数学的な解析については甘利 (1978) に詳しい。

想起をくふうして「りんご」→「まるい」→「すいか」→「あまい」→「チョコレート」のように想起を連続的に行なうことも可能である。このことを連鎖的想起あるいは動的想起とよぶ。連鎖的想起を応用すれば自由連想法などの心理モデルとなり得るだろう。

(**2**) アソシアトロン

中野 (1979) のアソシアトロンは結合強度 (結合係数) 行列が自己相関行列であり，自己想起，連想記憶，のどちらにも用いることができる記憶装置である。比較的単純な数学的構造をもっているため実現が簡単で実用性が高い。記憶のモデル，概念学習のモデルとしての応用が研究されている。

記銘すべき項目を n 次元列ベクトル $\boldsymbol{s} = (s_1, s_2, \ldots, s_n)$ で表現する。$\boldsymbol{s}$ の各要素は $-1, 0, +1$ の 3 値をとり，$+1$ と -1 とが意味をもち，0 は中立あるいは無意味なパターンとして扱われる。記

名されるべき項目を表わすニューロン間の結合強度は, m 個のパターンを埋め込むとして前節の (54) 式で表わされる。この式と s の各要素は $-1, 0, +1$ しかとらないことから W の各要素も ± 1 または 0 となる。想起されるパターン $\hat{s}$ は相関行列 W を用いて

$$\hat{s} = \phi(\phi(W)s), \tag{57}$$

と表わされる。関数 ϕ は以下のようなしきい値関数である。

$$\phi(x) = \begin{cases} +1, & x > 0 \\ 0, & x = 0 \\ -1, & x < 0 \end{cases} \tag{58}$$

自己想起の場合には, 記銘されているパターンと類似した入力に対して記銘パタンが想起されることに対応し, 一方連想想起では, 入力パターンを手がかり (キーワード) と想起すべき内容 (ボディー) に分けてキーワードとボディー部分をすべてゼロにした入力ベクトルをアソシアトロンに入力し, ボディー部分に現われる情報を想起内容として取り出せばよい。

7.3 ホップフィールドモデル

ホップフィールド (Hopfield & Tank, 1985)[☆6] モデルの特徴は,

1. ユニット間の結合強度 (結合係数) 行列が対称である。$w_{ij} = w_{ji}$ ただし $w_{ii} = 0$ すなわち自己結合は存在しない。
2. ユニットの状態変化は非同期更新を用いる。すなわち 1 回に任意の 1 つのユニットの状態しか変化しない。

である。すなわち 7.1.1 節で紹介した図 III–12–21 の非同期更新の例図 III–12–23 はホップフィールドモデルの最も簡単な例である。

n 個の 2 値ユニットを考える $x_i = 0, 1\ (i = 1, 2, \ldots, n)$。このネットワークの状態は 2^n 個存在し, 幾何学的には n 次元超立方体の頂点に対応する。時刻 $t(= 0, 1, 2, \ldots)$ におけるユニット i への入力を $u_i(t)$, 出力を $x_i(t)$ とすれば時刻 $t+1$ での出力 $x_i(t+1)$ は, 結合強度 w_{ij} としきい値 $\theta_i(t)$ を用いて次のように表現される

$$x_i(t+1) = \begin{cases} 1, & \text{if } u_i(t) > 0 \\ x_i(t), & \text{if } u_i(t) = 0 \\ 0, & \text{if } u_i(t) \leq 0 \end{cases} \tag{59}$$

$$u_i(t) = \sum_{j=1}^{n} w_{ij} x_j(t) - \theta_i(t). \tag{60}$$

すなわち, 各ユニットの i は, 他のユニット j からの入力 $x_j(t)$ の重みつき和 $\sum_{j=1}^{n} w_{ij} x_j(t)$ がしきい値 $\theta_i(t)$ より大きければ 1 を出力し, 小さければ 0 を出力する。

(1) エネルギー関数

ホップフィールドは, ネットワークの状態を表わす次のエネルギー関数を導入し,

$$E = -\frac{1}{2} \sum_{i=1}^{n} \sum_{j=1}^{n} w_{ij} x_i x_j + \sum_{j=1}^{n} \theta_i x_i, \tag{61}$$

(59) 式と (60) 式で定義される状態変化規則に従ってネットワークを動作させたとき (61) 式で定義されるエネルギー関数が必ず減少することを示した (図 III–12–23 も参照のこと)。

このことを確かめるために，ネットワークの状態が変化したときにエネルギー関数がどのように変化するかを調べてみる。エネルギー関数を k 番目のユニットに関する項とそれ以外の項に分けて，変形すると

$$E = -\frac{1}{2}\sum_{i\neq k}^{n}\sum_{j\neq k}^{n} w_{ij}x_ix_j + \sum_{j\neq k}^{n}\theta_i x_i \\ -\frac{1}{2}x_k\sum_{j}^{n} w_{kj}x_j - \frac{1}{2}x_k\sum_{i} w_{ik}x_i + \theta_k x_k. \tag{62}$$

今，ある時刻 t から t+1 の間に k 番目のユニットの出力が

$$x_k(t) \to x_k(t+1) \tag{63}$$

に変化したものとする。このとき $\Delta x_k = x_k(t+1) - x_k(t)$ は 1 か -1 である。このような Δx_k の変化による状態変化にともなうエネルギー関数の変化 ΔE_k は，非同期的変化の仮定により k 番目のユニット以外は変化しないので

$$\begin{aligned}\Delta E_k &= -\frac{1}{2}\left(\sum_{i=1}^{n} w_{kj}x_j + \sum_{i=1}^{n} w_{ik}x_i\right)\Delta x_k + \theta_k \Delta x_k \\ &= -\left(\sum_{j=1}^{n}\frac{w_{kj}+w_{jk}}{2}x_j\right)\Delta x_k + \theta_k \Delta x_k,\end{aligned} \tag{64}$$

となる。$w_{ij} = w_{ji}$ であることに注意して

$$\Delta E_k = -\left(\sum_{j=1}^{n} w_{kj}x_j - \theta_k\right)\Delta x_k, \tag{65}$$

と表わされる。右辺のカッコ内は u_k であるから

$$\Delta E_k = -u_k \Delta x_k, \tag{66}$$

と書くことができる。(59) 式の状態変化規則から $\Delta x_k > 0$ のときは x_k が $0 \to 1$ に変化したことを表わしているので $u_k > 0$ であるから $\Delta E_k < 0$ である。反対に $\Delta x_k < 0$ のときは x_k が $1 \to 0$ に変化したことになるので $u_k < 0$ だから $\Delta E_k < 0$ である。$\Delta x_k = 0$ のときは $\Delta E_k = 0$ なので，すべての場合について

$$\Delta E_k \leq 0, \tag{67}$$

となる。

(2) 連想記憶

ホップフィールドは彼のモデルが連想記憶に適用できることを示している。ネットワークが記名すべきパターンベクトルを $0, 1$ ではなく $-1, 1$ をとるものとする[7]。ネットワークに記憶させたいパターン数を P 個，s 番目のパターンを $\boldsymbol{x}^s = (x_1^s, x_2^s, \ldots, x_n^s)$ $(s = 1, 2, \ldots, P)$ とする。パターン s を記憶するとは，そのパターンに対するエネルギー関数を最小化することに相当する。しきい値を 0 としたときパターン $\boldsymbol{x}^s$ に関するエネルギー関数

$$E^s = -\frac{1}{2}\sum_{i=1}^{n}\sum_{j=1}^{n} w_{ij}^s x_i^s x_j^s, \tag{68}$$

を最小化する最も簡単な方法は，E^s が $x_i^2 x_j^2$ に依存するように w_{ij}^s を設定すればよい☆8．
$w_{ij}^s = x_i^s x_j^s$ とすれば

$$E^s = -\frac{1}{2}\sum_{i=1}^{n}\sum_{j=1}^{n}w_{ij}^s x_i^s x_j^s = -\frac{1}{2}\sum_{i=1}^{n}\sum_{j=1}^{n}(x_i^s)^2 (x_j^s)^2, \tag{69}$$

となる (相関行列)．

すべてのパターンについての結合強度は，

$$w_{ij} = \sum_{s=1}^{P}w_{ij}^s = \sum_{s=1}^{P}x_i^s x_j^s, \tag{70}$$

によって近似的に求めることができる．記憶すべきパターンが似ていたり，パターンベクトルの次元数 n に対してパターン数 P の数が多すぎると正しく記憶できないことがある．このパターン間の相互干渉のことをクロストークという．ホップフィールドは記憶できるパターン数はユニット数の 15 ％程度であることを示した．

相関行列を用いてホップフィールドネットの結合強度を決定する方法に対し，一般化逆行列 (generalized inverse matrix) の概念を導入し，クロストークを生じさせないようパターンを直交化して記憶する方法が提案されている．一般化逆行列にはいくつかの定義があるが，ムーア–ペンローズ (Moore–Penrose) の定義を用いることにすれば，

$$\boldsymbol{Z}^+ = \left(\boldsymbol{Z}^T\boldsymbol{Z}\right)^{-1}\boldsymbol{Z}^T. \tag{71}$$

記名するパターンを $[\xi^1, \xi^2, \ldots, \xi^p]$ のように並べてできる $N \times P$ 行列を $\boldsymbol{X}$ としたとき $\boldsymbol{W}$ は一般化逆行列を用いて以下のように求められる．

$$\boldsymbol{W} = \boldsymbol{X}\boldsymbol{X}^+ = \boldsymbol{X}\left(\boldsymbol{X}^T\boldsymbol{X}\right)^{-1}\boldsymbol{X}^T. \tag{72}$$

なおネットワークの状態変化を行なうには，$\boldsymbol{W}$ を結合強度行列として (59) 式を用いればよい．

図 III–12–25, 図 III–12–26 は "浅"，"川"，"伸"，"一" の 4 文字をホップフィールドモデルによって想起させた例である．画像復元のようすを示した．

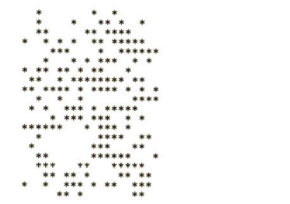

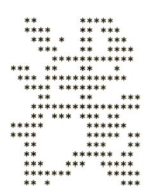

図 III–12–25 ホップフィールドモデルによる連想記憶の例
左が初期状態で 20 × 20 ピクセルで構成された「浅」の字の 100 画素分をランダムに反転させた画像．右は収束した結果

図 III–12–26 ホップフィールドモデルによる連想記憶の想起失敗例
左が初期状態で 20 × 20 ピクセルで構成された「一」の字の 100 画素分ランダムにを反転させた画像。右は結果。クロストークの影響がみられる。

8. 自己組織化

網膜と第 1 次視覚野との間には連続的な 1 対 1 対応が存在するのはよく知られた事実である (レティノトピー retinotopy)。鼓膜の周波数選択特性と第 1 次聴覚野との間にも対応関係が存在する (トノトピー tonotopy)。同様に体表面の感覚と体制感覚野の間にも対応関係がみられる (ソマトピー somatopy)。すなわち感覚器官と第 1 次感覚野との間の神経結合は，類似した刺激にたいして皮質上の同じような位置に対応する受容野をもつことが知られている。このような 2 つの神経場間の連続的な結合関係のことをトポグラフィックマッピング (topographic mapping) という。

視覚野のトポグラフィックマッピングについては，さらに細かいことがわかっていて任意の視覚位置に対して，眼優位性 (ocular dominancy)，方位選択性 (orientation selectivity)，色 などの情報が処理されるように規則正しく配列されており，ハイパーコラム (hypercolumn) 構造という。ハイパーコラムは，2 次元的な皮質表面上に，2 次元の網膜位置，方位，視差情報 (立体視)，色情報処理などの多次元情報をなるべく効率よく処理しようとする生体情報処理の機構を表わしているといえる。このような構造は，おおまかな構造は遺伝子によって決定されるが，細かい構造については神経回路の自己組織化 (self organization) によって達成されると考えられてる。一例としてリンスカー (Linsker, 1986a,b,c) の行なったシミュレーションを紹介する。

8.1 リンスカーのシミュレーション

リンスカーは図 III–12–27 のような数層の細胞で構成されるモデルを考えた。

各層では，ユニットが 2 次元的に広がっている。B 層の各細胞は A 層のユニットから入力を受けとる。同様にして，B 層から C 層，C 層から D 層へと結合されている。

結合強度の変化はヘッブ則の変形 (表 III–12–5) で入力と出力ともに活動度が高い場合には結合を強めるほかに，両方ともの活動が低ければ結合の強さを弱めるような学習が行なわれた。

A 層における入力はランダムであった。その結果，A から B への結合では，結合の強さは正の大きな値になるか，負の大きな値になるかのいずれかであった。B 層では，隣りあう細胞が受け取る A 層の細胞の範囲（受容野）は重なりあっている。したがって，この 2 つの細胞は A 層におけるパターンの似た部分をみており，ある時刻に一方の細胞の活動度が高ければ，もう一方の細胞の活動度も可

第 III 部   197

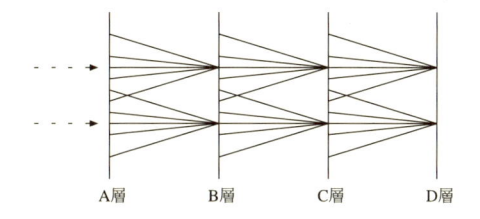

図 III–12–27 リンスカーのネットワーク
局所的なフィードフォワード結合をもつ 2 次元に分布した素子からなる。各素子に 5 つの入力があるように描かれている。実際のシミュレーションでは数百の結合が用いられた。

能性が高いと考えられる。すなわち，B 層において，近くに位置する 2 つの細胞の活動度の間には相関が生じている。

C 層の細胞の最終的な結合を調べると，中心に興奮性の領域が集まり，周辺には抑制性の領域が集まっていた。このことはランダムな結合とヘッブ則だけを使って，オン中心型細胞が生じることが示されたことになる。さらに D 層には方位選択性の細胞が現われた。

リンスカーの提案したネットワークを追試するのは，非常に簡単なプログラムで可能である。にもかかわらず，第 1 次視覚野での細胞の特徴をよくとらえた優れたデモンストレーションといえる。すなわち，リンスカーのシミュレーションは初期視覚情報処理過程で見いだされた特徴分析器と定性的には同じものであるとみなすことができよう。リンスカー (1988) はこの研究からさらに進めて，情報理論との関連から最大情報量保存原理を提唱している。しばしば infomax ともよばれるこの原理は統計的学習理論との関連への道を開いたという意味においても評価されるべき研究である。

なお，視覚野にみられる方位選択性をもつ細胞の受容野特性が形成されるかについての数学的な研

表 III–12–5   代表的なモデルにおけるヘッブ則の変形 (田中,1988 より)

モデル	Hebb 項		非 Hebb 項	備考
	シナプス後	シナプス前		
マルスバーグ	発火頻度 η_j	発火頻度 η_k	拘束条件 $\sum_k \rho_{jk} = $ 一定	差分方程式の 1 ステップごとに次のように規格化 $\rho_{jk} \to \dfrac{\rho_{jk}}{\sum_{k'} \rho_{jk'}}$
甘利	発火頻度 η_j	発火頻度 η_k	減衰項 $-\frac{1}{\tau}\rho_{jk}$	抑制性のニューロンの学習方程式と連立する
リンスカー	膜電位 ζ_j	膜電位 ζ_k	拘束条件 $-1 \leq \rho_{jk} \leq +1$	ρ_{jk} はシナプス伝達効率を表わす $\rho_{jk} > 0$ 興奮性シナプス $\rho_{jk} < 0$ 抑制性シナプス
ミラー	膜電位 ζ_j	発火頻度 η_k	拘束条件 $0 \leq \rho_{jk} \leq +1$, $\sum_{k'} \rho_{jk'} = $ 一定	解空間が $\sum_{k'} \rho_{jk'} = $ 一定に制限するような射影演算子を方程式に含める
田中	膜電位 ζ_j	伝達物質放出量 $\rho_{jk}\eta_k$	拘束条件 $\rho_{jk}\left(1 - \sum_{k'} \rho_{jk'}\right) + \epsilon_{jk}$	非 Hebb 項はシナプス前後の栄養因子によるシナプスの安定化メカニズムを表わす

究も多数行なわれている (たとえば田中,1988; Mackay & Miller,1990; Yamazaki & Asakawa,1999; Yamazaki,2000 など)。

8.2 主成分分析

自己組織化は，多次元刺激として与えられる情報を，その刺激がもつ規則性にしたがって 2 次元の皮質上へ照射する対応問題とみなすことができる。すなわち入力層の空間多次元多様体から 2 次元部分空間への写像である。このような立場から，統計学の用語を用いて説明を試みる。

通常の意味での主成分分析では列方向に変数 (p)，行方向にデータ数 (n)，となる行列を仮定する ($\boldsymbol{X} = \{x_{ij}\}, 1 \leq i \leq n, 1 \leq j \leq p$) ことが多いが，ここではニューラルネットワークとの関連を考え通常の意味でのデータ行列の転置を入力データ行列 $\boldsymbol{X}$ とする ($\boldsymbol{X} = \{x_{ij}\}, 1 \leq i \leq p, 1 \leq j \leq n$)主成分分析とは適当な線形結合

$$\boldsymbol{y}_1 = w_{11}\boldsymbol{x}_1 + w_{12}\boldsymbol{x}_2 + \cdots + w_{1p}\boldsymbol{x}_p \tag{73}$$
$$= \boldsymbol{X}\boldsymbol{w}_1, \tag{74}$$

によって合成変量 $\boldsymbol{y}$ を最大化するベクトル $\boldsymbol{w}$ を見つけることである。このことは線形数学では固有値問題を解くことと同義である。合成変量 $\boldsymbol{y}$ の分散を最大化するには，データ行列 $\boldsymbol{X}$ の分散共分散行列の最大固有値に対応する固有ベクトルを求めればよい。

8.3 パーセプトロンモデル

上記の主成分分析をニューラルネットワークの立場で表現する。

$\boldsymbol{X}$ は入力データセットで，p 個のユニットからなる入力層に与えられる n 個のサンプルデータであると考える。これらのユニットから m 個の出力層ユニットに全結合しているモデルを考える。

簡単のため出力層のニューロンが 1 個しかない場合 ($m = 1$) を考えると，k 番目の入力パターンに対する出力層ユニットの出力は以下の式，

$$y_k = \sum_{i=1}^{p} w_i x_{ki} = (\boldsymbol{w} \cdot \boldsymbol{x_k}), \tag{75}$$

に従う，すなわち線形出力ユニットを考える。ここで，w_i はパターン k が与えられたときの i 番目の入力層ユニット x_{ki} ($1 \leq i \leq p, 1 \leq k \leq n$) と出力層のユニットとの結合強度である。パターン k が与えられたときの i 番目の入力層ユニットから出力層ユニットへの結合強度 w_i が (76) 式のようなヘッブ則

$$\Delta w_i = \eta\, y_k\, x_{ki}, \tag{76}$$

を用いて更新されたとすると，w_i の漸化式は以下のようになる

$$\Delta w_i(t+1) = w_i(t) + \Delta w_i = w_i(t) + \eta\, y_k\, x_i = w_i(t) + \eta \sum_{i=1}^{p} w_i x_{ki}, \text{ (for all } k\text{)}. \tag{77}$$

w_i をまとめて $\boldsymbol{w}$ とベクトル表現すれば

$$\Delta \boldsymbol{w}(t+1) = \boldsymbol{w}(t) + \Delta \boldsymbol{w} = \boldsymbol{w}(t) + \eta\, (\boldsymbol{x}_k \cdot \boldsymbol{w})\, \boldsymbol{x}_k, \tag{78}$$

である。

学習が成立 (収束) した時点での $\Delta \boldsymbol{w}$ は $\boldsymbol{0}$ になる (すなわち結合強度の更新が行なわれない) ことが期待されるので，全入力パターンの平均を考えて

$$0 = \frac{1}{n}\sum_{k=1}^{n}\Delta w^{(k)} = \eta \frac{1}{n}\sum_{k=1}^{n}\left(w \cdot x^{(k)}\right)x^{(k)} = \eta \frac{1}{n}X^{T}Xw \tag{79}$$

が成り立っていなければならない。ところが $X^T X$ は，実対称行列であり，固有値はすべて正で固有ベクトルは直交する。すなわちヘッブの学習則では有限回の学習によって解が求められない（実際には最大固有値に対応する固有ベクトルの方向に際限なく大きくなっていく）[※9]。

そこで，(76) 式を修正して

$$\Delta w_i = \eta\, y_k\,(1 - y_k)\, x_{ki} \tag{80}$$

のように変形すると結合強度ベクトルは最大固有値の方向を向き，かつ収束することが Oja(1988) によって証明されている。すなわち，ヘッブ則を使った自己組織化アルゴリズムを用いて入力データの統計的な性質をネットワークに学習させることができる。

その他にも，ヤング・ハウスホルダー変換のような操作などによって，ヘッブの学習則を修正する方法が提案されている。出力ユニットが j 個 ($1 \leq j \leq m$) の場合は，

$$\Delta w_{ij} = \eta y_j \left[\left(x_j - \sum x_k w_k\right)\right] x_i \tag{81}$$

を用いて更新すればよい (Sanger,1989)。ザンガーの考え方は，線形数学でいうグラム・シュミットの直交化をそのままニューラルネット上で実現したものととらえることができる。

8.4 コホネンのSOM

コホネン (Kohonen,1995/1996) は，ヘッブ則を用いた主成分分析アルゴリズム (8.2 節を参照) と同様に，多次元刺激を 2 次元にマッピングするアルゴリズムを提案している。トリーズマンら (Treisman & Gelade,1980) の特徴マップの形成モデルととらえることもできるし，入力刺激の分類器としての性質も考えることができる。

コホネンのアルゴリズムは競合学習 (competitive learning) の考え方を採用し，入力データに対して最大出力を与えるニューロン（とその近傍のニューロン）の結合強度のみを変更する学習則である。このように競合するユニットのなかで最大出力を与えるユニットのみが勝ち残ってその後の処理に影響を及ぼす方式をウィナーテイクオール (winner take all :勝者占有方式と訳すこともある) 方式とよぶ。最大出力を与えるニューロン c は，

$$c = argmin\{||x - w_i||\} \tag{82}$$

と定義される。上式はすべての結合強度ベクトル w_i のなかで x との距離が最小になる w_i が選択されることを意味する。結合ベクトルの大きさが 1 に正規化されていれば

$$|x - w_c| = \min\{||w_i - x||\}, \tag{83}$$

と等価である。このようにして勝ち残ったユニットの近傍関数 h_{ci}

$$h_{ci}(t) = h\left(r_c, r_i, t\right), \tag{84}$$

を定義する。近傍関数には，たとえば次のようなガウシアン関数

$$h_{ci}(t) = \alpha(t)\exp\left(-\frac{||r_c - r_i||^2}{2\sigma^2(t)}\right), \tag{85}$$

が用いられることがある。コホネンの自己組織化地図 SOM (self organizing map) とは，各入力刺激に対して最大出力を与えるユニット c と，その近傍関数 $h_{c,i}(t)$ で定義されるユニット群に対してヘッブ則による学習を行ない，類似した入力刺激の特徴が類似した場所に投射されるようにしたものである。

コホネンのアルゴリズムは以下のようにまとめられる。
1. 2次元状に配置した任意の数のユニットを用意し，乱数で初期化する。各ユニットは入力刺激の次元数に応じた入力を受け取り，以下のような方法で各ユニットの結合強度を修正する。
2. 与えられた刺激に対して (82) 式もしくは (83) 式で最大値を与えるユニット c を選択する。
3. 以下のような更新式
$$w_i(t+1) = w_i(t) + h_{ci}(t)\left[x(t) - w_i(t)\right],\tag{86}$$
で結合強度を更新する。
4. すべての入力データについて 2, 3 をくり返す。
5. 学習を収束させるために $\alpha(t)$ を単調減少関数とし，たとえば，以下のように定義する。
$$\alpha(t) = 0.9\left(1 - \frac{t}{t_{\max}}\right)\tag{87}$$
6. 2,3,4,5 を $t_{\max}$ 回くり返す。

近傍関数の広がりを決めるパラメータ $\sigma(t)$ を同様に t の関数として徐々に小さくしていく方法もある。

図III-12-28 は 2 次元平面の点を入力データとして SOM に学習させた結果である。初期段階では中心付近に集まっていた結合強度が時間とともに徐々に解けて 2 次元平面の各点を反映するように広がるようすがみて取れる。コホネンの SOM は ftp://cochlea.hut.fi/pub/som_pak より手に入れることができる。興味のある読者は自身で実行してみることをすすめる。

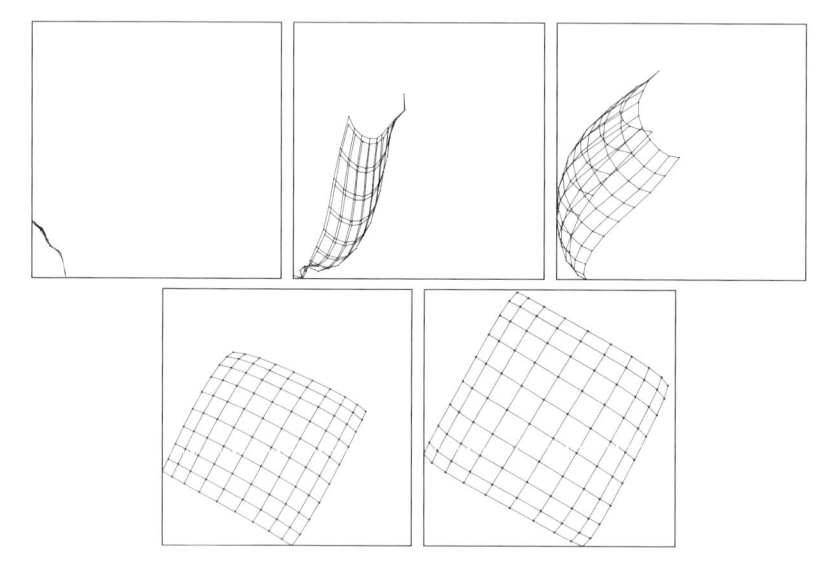

図III-12-28　コホネンの SOM による二次元データの学習結果

左上より右下に向かって t=20,100,200,400,800 である。学習の進行にしたがって徐々に 2 次元格子が解けていく。シミュレーションは ftp://cochlea.hut.fi/pub/som_pak のプログラムによった。

9. おわりに

9.1 本章で紹介した以外の話題

章のはじめに書いたとおり，本章は講義録をもとにしている．参考までに紙面の都合で割愛した講義内容をしるしておくと，ボルツマンマシン (Hinton & Sejnowski, 1986)，標準正則化理論 (Poggio et al., 1985) のニューラルネットワーク的実現，いわゆる shape from X の話題／同期発火仮説に基づく振動子系によるトリーズマンの特徴統合理論 (Treisman & Gelade, 1980; Treisman, 1988) のニューラルネットワーク的実現と反応時間のモデル／グロスバーグ (Carpenter & Grossberg, 1987) の適応共鳴理論 (ART: Adaptive Resonance Theory)／相互抑制回路を用いた短期記憶のニューラルネットワークモデルと力学系のアトラクタ／脳損傷とニューラルネットワークの破壊実験 (Plaut & Shallice, 1993; Hinton & Shallice, 1991) などであった．脳損傷とニューラルネットワークの破壊実験については，第 5 章に取り上げた．それ以外の話題は紙面の都合で割愛せざるを得なかったが，興味のある読者は章末の文献にあたって知識を深められたい．

9.2 ニューラルネットワークモデルのすすめ

元来，心理学とニューラルネットワークモデルは密接な関係にある．本章で紹介したヘッブは心理学者であるし，ローゼンブラットのパーセプトロン論文は Psychological Review に掲載されたものである．さらに，1986 年以降大ブームとなった誤差逆伝播法の発案者ラメルハートも心理学者である．

加えて，日本には多数の優れたニューラルネットワーク研究者がいる．Biological Cybernetics, IEEE transaction of Neural Network, Neural Computation などの専門誌にはほぼ毎号日本人著者による論文が掲載されている．日本のニューラルネットワーク研究は世界のトップクラスなのである．甘利の数理解析，中野のアソシアトロン，福島のネオコグニトロンなど，この分野のパイオニアをはじめとして枚挙に暇がない．書店にはこれらの研究者によって書かれた優れた教科書が多数並んでいて，世界のトップレベルの知識が母国語で手に入るのである．

このような有利な状況を利用した心理学研究が大いになされるべきであろう．

注)

☆1： 受講対象者は全員，若干の数学的知識 (初等の線形数学) とプログラミングの知識 (C, Java, Perl など) の科目を履修済であった．履修済といっても全員エキスパートであることを意味しない．履修者のなかにはまったくプログラミングが不得手な学生も含まれていた．

☆2： たとえばアエベルス (Abeles, 1982) はニューロンがいろいろなシナプスから同期的に到達するパルスを受けるとき，個々のパルスに対する反応の和より遥かに強い反応を示すことがある (synfire chains) ことを報告している．

☆3： たとえばテーラー展開，フーリエ級数展開，スプライン関数など．

☆4： 実際に用いた中間のユニット数は 6 であった．

☆5： 時間的な順序関係を表現しようとしたものに時間遅れネット (Time Delay Network) とよばれるものがある．

☆6： http://dopc.caltech.edu/

☆7： 0, 1 の値をとる n 次元ベクトルは $w_{ij} = \sum_{s=1}^{p} \left(2x_i^s - 1\right)\left(2x_j^s - 1\right)$ にすればよい．

☆8： x_i は -1 か 1 だが，x_i^2 は常に正である．

☆9： **0** 以外に解がない．

引用文献

Abeles. M. 1982 *Local cortial circuits : an electrophysiological study*. Springer.
Ackley, D. H., Hinton, G. E. & Sejnowski, T. J. 1985 A learning algorithm for boltzmann machines. *Cognitive Science*, 9, 147–169.
甘利俊一 1978 神経回路網の数理 産業図書
甘利俊一, 村田 昇 & Muller, R. 1997 学習の数理モデル 汎化能力と過学習 外山敬介・杉江 昇 (編) 脳と計算論 朝倉書店
Anderson, J.A. & Rosenfeld, E. (Eds). 1988 *Newrocomputing*. Cambridge MA: MIT Press.
Carpenter, G.A. & Grossberg,S. 1987 A massively parallel architecture for a self-organizing neural pattern recognition machine. *Computer Vision, Graphics, and Image Processing* (pp.54–115)
Elman,J.L., Bates, E.A., Johnson,M.H., Karmiloff-Smith,A., Parisi,D. & Plunkett,K. 1996 *Rethinking Innateness: A connectionist perspective on development*. Cambridge, MA: MIT Press. 乾 敏郎・今井むつみ・山下博志 (共訳)1998 認知発達と生得性ー心はどこから来るのかー 共立出版
Hebb, D. 1949 *The organization of Behavior*. New York: Wiley. (Anderson & Rosenfeld, 1988 に一部が再録されている)
Hinton, G. E. & Sejnowski, T.J. 1986 Learning and relearning in Boltzmann machines. In J. L. McClelland, D. E. Rumelhart & PDP research group (Eds.). *Parallel Distributed Processing: Explorations in the Microstructures of Cognition, Volume 1 chapter 7*, (pp.282-317). Cambridge, MA: MIT Press.
Hinton, G.E. & Shallice, T. 1991 Lesioning an attractor network: Investigations of acquired dyslexia. *Psychological Review*, 98(1), 74–95.
Hopfield, J. J. & Tank, D. W. 1985 Neural computation of decisions in optimization problems. *Biological Cybernetics*, 52, 141–152.
Kohonen, T. 1995 *Self-Organizing Maps*. Springer. 徳高平蔵, 岸田 悟・藤村喜久郎 (訳)1996 自己組織化マップ シブリンガー・フェアラーク東京
Linsker, R. 1986a From basic network princples to neural architecture: Emergence of orientation columns. *Proceedings of the National Academy of Sciences of the United States of America. Biological Sciences*. 83, 8779–8783.
Linsker, R. 1986b From basic network princples to neural architecture: Emergence of orientationselective cells. *Proceedings of the National Academy of Sciences of the United States of America. Biological Sciences*. 83, 8390–8394.
Linsker, R. 1986c From basic network princples to neural architecture: Emergence of spatial-opponent cells. *Proceedings of the National Academy of Sciences of the United States of America. Biological Sciences*. 83, 7508–7512.
Linsker, R. 1988 Self-organization in a perceptual network. *Computer*, 21(3), 105–117.
Marr, D. 1982 *Vision*. W. H. Freeman: MIT Press.
Mackay, D. J. C. & Miller, K. D. 1990 Analysis of linsker's application of Hebbian rules to linear networks. *Network*, 1, 257–297.
McCulloch, W. S. & Pitts, W. 1943 A logical calculus of the ideas immanent in nervous activity. *Bulletin of Mathematical Biophysics*, 5, 115–133. (Anderson & Rosenfeld, 1988 に一部が再録されている)
Minsky, M. & Papert, S. 1988 *Perceptrons, Expanded Edition*(2nd Ed.). Cambridge, MA: MIT Press.
Murata, N., Yoshizawa, S. & Amari, S. 1994 Network information criterion determining the number of hidden units for an artificial neural netwrork model. *IEEE Transactions on Neural Networks*, 5(6), 865–872.
中野 馨 1979 アソシアトロン—連想記憶のモデルと知的情報処理— 昭晃堂
Oja, E. 1988 A simplified neuron model as a principal component analyzer. *Journal of Mathematical Biology*, 15, 267–273.
Plaut, D. C. & Shallice, T. 1993 Deep dyslexia: A case study of connectionist neurpsychology. *Cognitive Neuropsychology*, 10(5), 377–500.
Poggio, T., Torre, V. & Koch, C. 1985 Computational vision and regularization theory. *Nature*, 317, 314–319.
Reed, R. D. & Marks II, R. J. 1999 *Neural Smithing: supervised learning in feedforward artificial neural networks*. Cambridge, MA: MIT Press.
Rosenblatt, F. 1958 The perceptron: a probabilistic model for information storage and organization in the brain. *Psyochological Review*, 65, 385–408.

Rumelhart, D. E., Smolensky, P., McClelland, J. L. & Hinton, G. E. 1986 Schemata and sequential thought processes in PDP models. In J. L. McClelland, D. E. Rumelhart & T. P. R. Group(Eds.) *Parallel Distributed Porcessing: Explorations in the microstructures of Cognition. Volume 2 chapter 14*, (pp.7–57). Cambridge, MA: MIT Press.

坂本慶行, 石黒真木夫・北川源四郎　1983　情報量統計学　共立出版

Sanger, T. 1989 Optimal unsupervised learning in a single layer linear feed-forward neural network. *Neural Networks*, 2, 459–473.

田中　繁　1988　シナプス可塑性の数理モデル　甘利俊一（編）　ニューラルネットの新展開　サイエンス社　pp.147–172.

Treisman, A. 1988 Feature and objects: The fourteenth Bartlett memorial lecture. *The quarterly Journal of Experimental Psychology*, 40A, 201–237.

Treisman, A. & Gelade, G. 1980 A feature integration theory of attention. *Cognitive Psychology*, 12, 97–136.

Yamazaki, T. 2000 On a mathematical analysis of development of oriented receptive fields in Linsker's model. *Research Report C-147, Department of Mathematical and Computing Sciences, Tokyo Institute of Technology.*

Yamazaki, T. & Asakawa, S. 1999 On a feedforward network model of orientation selectivities in V1 cells. In *Proceedings in European Conferene of Visual Processing 1999*. London: Elsevier.

文献案内

(都築誉史・楠見　孝)

　以下は，コネクショニストモデルに関連した初級・中級者向けの文献リストであり，概して基礎的なものが先で専門的な文献が後にくるように並べてある。また，できるだけ新しい文献を取り上げるように努めた。

<入門書・概説>

守　一雄　1996　やさしい PDP モデルの話── 文系読者のためのニューラルネットワーク理論入門──　新曜社
- ●心理学におけるパラダイムシフトという観点から，コネクショニストモデルの位置づけがなされている。また，コネクショニストモデルの基礎に関するわかりやすい解説が示されている。

サガード P. ／松原　仁 (監訳)　1999　マインド── 認知科学入門──　共立出版 (Thagard, P.　1996　*Introduction to cognitive science.* Cambridge, MA: MIT Press.)
- ●特に 7 章にコネクショニストモデルに関するやさしい説明があり，著者らの主張する思考の並列制約充足モデルの概略が述べられている。

ラメルハート，D.E. ／麻生英樹 (訳)　1991　心のアーキテクチャ── コネクショニストアプローチ──　M.I. ポスナー編　認知科学の基礎①── 概念と方法──　産業図書 (Rumelhart, D.E.　1989　The architecture of mind: A connectionist approach. In M.I. Posner (Ed.), *Foundation of cognitive science.* Cambridge, MA: MIT Press.)
- ●PDP 研究グループのリーダーのひとりで，誤差逆伝播法などで有名な著者が，コネクショニストのアプローチの意義と研究状況を，学部学生向けに解説したものである。

麻生英樹　1988　ニューラルネットワーク情報処理── コネクショニズム入門，あるいは柔らかな記号に向けて──　産業図書
- ●ニューラルネットワークモデル入門の和書として定評がある良書。数式は必要最小限であり，きわめて広い領域にわたる 1980 年代後半までの代表的な研究が的確にまとめ上げられている。

クラーク，A. ／野家伸也・佐藤英明 (訳)　1997　認知の微視的構造── 哲学，認知科学，PDP モデル──　産業図書 (Clark, A.　1989　*Microcognition: Philosophy, cognitive science, and parallel distributed processing.* Cambridge, MA: MIT Press.)

チャーチランド，P.M.　信原幸弘・宮島昭二 (訳)　1997　認知哲学── 脳科学から心の哲学へ──　産業図書 (Churchland, P.M. 1995 *The engine of reason, the seat of the soul: A philosophical journey into the brain.* Cambridge, MA: MIT Press.)

●上記2冊は，コネクショニストモデルによって，心・意識と脳に関する古くからの問題をとらえなおす試みであり，著者は哲学者である。前者は従来の記号処理型のアプローチとの対比から始まり高次認知過程にいたる考察が，後者は，神経科学から始まり社会に及ぼす影響にいたる考察がされている (後者では，とくに単純再帰ネットワークについて詳しく解説されている)。

ラメルハート D. E., マクレランド J. L., PDP リサーチグループ／甘利俊一 (監訳) 1989 PDP モデル── 認知科学とニューロン回路網の探索── 産業図書 (Rumelhart, D.E., McClelland, J.L., & the PDP research group (Eds.) 1986 *Parallel distributed processing: Explorations in the microstructure of cognition. Vol. 1, 2.* Cambridge, MA: MIT Press.)
●コネクショニストモデルの原典ともいえる大著であり，第1巻にはおもに数理的な論文が，第2巻には心理学，神経心理学に関連した論文が収録されている。訳本は抄録で，心理学的に重要な論文の多くは割愛されている。本書にはハンドブック (下記) が出版されており，MS-DOS で動く付属プログラムを用いて実習を行なうことができる (このプログラムは使いやすいと言いがたいが，C 言語のソースが公開されている)。

McClelland, J.L., & Rumelhart, D.E. 1988 *Explorations in parallel distributed processing: A handbook of models, programs, and exercises.* Cambridge, MA: MIT Press.

<教科書>
McLeod, P., Plunkett, K., & Rolls, E.T. 1998 *Introduction to connectionist modeling of cognitive processes.* Oxford: Oxford University Press.
●コネクショニストモデルのシミュレーションソフト tlearn を使って学ぶことができるように構成されており，優れた実践的な教科書である。(tlearn は Windows と Mac に対応しており，使いやすく，ビジュアルである)。記憶，言語，言語発達，言語障害などのモデルが紹介されている。

O'Reilly, R.C. & Munakata, Y. 2000 *Computational explorations in cognitive neuroscience:Understanding the mind by simulating the brain.* Cambridge, MA: MIT Press.
●計算論的認知神経科学の枠組みのなかで，コネクショニストモデルの基礎から，知覚，注意，言語，記憶，言語のモデル化，PDP++を用いたシミュレーションにいたる最先端の教科書。この教科書を活用するためには，著者たちのウェブサイトが必見である (リンク集参照)。

Ellis, R., & Humphreys, G. 1999 *Connectionist Psychology: A text with reading.* Hove, UK: Psychology Press.
●認知心理学におけるコネクショニストモデルの全容と到達段階が示された，貴重な教科書である。各章の最後に，最も代表的な論文が再収録されている。しかし，発達心理学や社会心理学関係の研究はほとんどふれられていない。

<展望>

都築誉史・河原哲雄・楠見 孝 2001 高次認知過程に関するコネクショニストモデルの動向 心理学研究 (印刷中)
- ●記憶, 学習, 言語, 思考, 発達, 社会の6領域における最近の研究が簡潔にまとめられている。コネクショニストモデルの意義, 問題点, 今後の課題などに関しても, 要点が示されている。

Jagota, A., Plate, T., Shastri, L., & Sun, R. (Eds.) 1999 Connectionist symbol processing: Dead or alive? *Neural Computing Surveys*, 2, 1-40.
- ●情報科学の研究者たちが, コネクショニストモデルによる記号処理の可能性について議論したメーリングリストから生まれた辛口の論集である。収録されている電子ジャーナルは, 下記で入手できる。
  http://www.icsi.berkeley.edu/~jagota/NCS/

Holyoak, K.J., & Hummel, J.E. 2000 The proper treatment of symbols in a connectionist architecture. In E. Dietrich & A.B. Markman (Eds.) *Cognitive dynamics: Conceptual and representational change in humans and machines*. Mahwah, NJ: LEA.
- ●コネクショニストモデルによる記号処理と変数束縛の困難さについて解説し, 記号処理モデルとコネクショニストモデルを統合したハイブリッドモデルの意義を主張している。

<数理>

豊田秀樹 1996 非線形多変量解析— ニューラルネットによるアプローチ— 朝倉書店
- ●階層型ネットワークモデルによる分析と多変量解析 (判別分析, 主成分分析, 回帰分析) を比較した研究例が示されている。本書の前半は, パーセプトロンと誤差逆伝播法の詳細な解説になっている。

甘利俊一 1989 神経回路網モデルとコネクショニズム— 認知科学選書22 — 東京大学出版会
- ●ニューラルネットワーク研究の第一人者 (数理工学) による入門書であり, 1980年代までのモデルが, 対称結合回路, 連想記憶, ボルツマン機械, ニューロンの学習, 多層学習回路, 自己組織化の6章に分けて説明されている。

ハーツ J., クロー A., パルマー R.G. /笹川辰弥・呉 勇 (訳) 1994 ニューラルコンピュータ— 統計物理学からのアプローチ— トッパン (Hertz, J., Krogh, A., & Palmer, R.G. 1991 *Introduction to the theory of neural computation*. Redwood, CA: Addison-Wesley.)
- ●文系読者向けではないが, ニューラルネットワークモデルの数理に関する良書である。とくに, 相互結合ネットワーク, 単純再帰ネットワーク, 適応共鳴理論などに関する詳細な数学的分析が示されている。

<知覚>
平井有三　1995　視覚と記憶の情報処理　培風館
- 情報工学の立場から、おもに、解明が進んでいる視覚神経機構に関してニューラルネットワークモデルと数理モデルが解説されている。

<言語>
乾　敏郎　1998　言語の脳科学　大津由紀雄ら　言語科学と関連領域——　岩波講座　言語の科学11——　岩波書店
- 後半に言語処理に関する1990年頃の代表的なコネクショニストモデルが簡潔に説明されている。前半は認知神経科学的アプローチやニューロイメージングについて述べられている。

Christiansen, M.H., Chater, N., & Seidenberg, M.S. (Eds.)　1999　Connectionist models of human language processing: Progress and prospects. *Cognitive Science*, 23(4).
- 学会誌の特集号であり、専門的であるが代表的な研究者たちによる最新の研究を展望できる。編者による序論がコンパクトな展望になっており、この論文だけでも一読に値する。

<思考>
ホリオーク K.J., サガード P. ／鈴木宏昭・河原哲雄(監訳)　1998　アナロジーの力——認知科学の新しい探求——　新曜社　(Holyoak, K.J., & Thagard, P.　1995　*Mental leaps: Analogy in creative thought.* Cambridge, MA: MIT Press.)
- アナロジーのコンピュータモデルに関する最終章では、知識を記号表現し、多重制約充足を実現できるコネクショニスト的処理過程と統合することの必要性がわかりやすく述べられている。

<発達>
エルマン J.L. ほか／乾　敏郎・今井むつみ・山下博志(訳) 1998　認知発達と生得性——心はどこから来るのか——　共立出版　(Elman, J.L., Bates, E.A., Johnson, M.H., & Karmiloff-Smith, A., Parisi, D., & Plunkett, K. 1996 *Rethinking innateness: A connectionist perspective on development.* Cambridge, MA: MIT Press.)
- コネクショニストの立場から、発達における生得性をめぐる問題を取り上げた必読書である。コネクショニストモデルの入門から始まり、発達の創発的特徴、非線形ダイナミクス、脳の発達、相互作用、そして最後に生得性に関する議論を行なっている。翻訳も読みやすい。本書には実習用テキスト(下記)が出版されており、付属ソフト tlearn(前出) を用いてシミュレーションを行なうことができる。

Plunkett, K. & Elman, J.L. 1997 *Exercises in rethinking innateness.* Cambridge, MA: MIT Press.

<社会>

Read, S.J., & Miller, L.C. (Eds.) 1998 *Connectionist models of social reasoning and social behavior.* Mahwah, NJ: LEA.
- ●個人の社会的認知過程 (対人知覚と印象形成, ステレオタイプや社会的カテゴリの形成, 因果推論, パーソナリティ, 態度や信念) から集団過程 (社会的影響や集団間相互作用) にいたる 10 編の論文が所収されており, コネクショニストモデルがミクロ- マクロ過程を統一的にとらえるモデルとなる可能性を示している。

<事典>

甘利俊一・外山敬介 (編)　2000　脳科学大事典　朝倉書店
- ●これまでに解明された脳の部位の構造・機能, 実験手法, 理論とモデル, 情報技術との関連, 認知科学的アプローチなどが, 専門家によって小項目ごとの概説にまとめられている。

Wilson, R.A., & Keil, F.C. (Eds.)　1999　*The MIT encyclopedia of the cognitive sciences.* Cambridge, MA: MIT Press.
- ●コネクショニストモデルと関連した項目で, 第一線の研究者によるコンパクトな展望を読むことができる。たとえば, この分野のリーダーの 1 人であるマクレランドによるコネクショニズムの解説は必読であろう。

Arbib, M.A. (Ed.)　1995　*The handbook of brain theory and neural networks.* Cambridge, MA: MIT Press.
- ●脳に関する理論とモデルが, その領域を代表する研究者によって小項目ごとの展望論文にまとめられている。理工系中心だが, 心理学と関連した解説も多数収録されている。

コネクショニストモデルに関するリンク集

(楠見 孝)

　読者が，コネクショニストモデルに関する新しい研究の展開を知り，個別の研究に進むために，学会，雑誌，機関，個人などの web サイトを挙げる。さらに実際にシミュレーションをおこなうために有用なソフトウェアの紹介する。なお，本書の執筆者の web サイトは，著者紹介欄に掲載してある。

＜学会＞
日本神経回路学会　　　　　　　　　　http://jnns.inf.eng.tamagawa.ac.jp/
Society for Neuroscience　　　　　　 http://www.sfn.org/

日本認知科学会　　　　　　　　　　　http://www.jcss.gr.jp/
学会誌「認知科学」　　　　　　　　　http://www.nuis.ac.jp/jcss/journal/

Cognitive Science Society　　http://www.cognitivesciencesociety.org/
学会誌 Cognitive Science　　http://www.cognitivesciencesociety.org/about.html

＜雑誌＞
Neural Networks　　　　　　　　　　　http://www.inns.org/nn.html
● International Neural Network Society, European Neural Network Society と日本神経回路学会が共同で出版している。扱うテーマは，心理・認知から数理・生理・人工知能までと幅広い。

IEEE Transaction on Neural Networks
　　　　　　　　　　　　　　http://www.ewh.ieee.org/tc/nnc/pubs/tnn/
● 理論・応用ともにカバーする。生物・生理学的な研究よりも ANN(Artificial Neural Network) を扱ったものが多い。

Neural Computation　　　　　　　　　http://neco.mitpress.org/
● ニューラルネットワークに関する理論的論文誌 長大な論文が多く，論文引用影響度（impact factor）は，ここで紹介する4専門誌のなかでは最も高い。

Connection Science: Journal of neural computing, artificial intelligence and cognitive research
　　　　　　　　　　　　　　　　　　http://www.carfax.co.uk/cos-ad.htm
● 1989 年発刊の比較的新しい雑誌であるが，しばしば引用されている。

Psychological Review　　　　　　　　http://www.apa.org/journals/rev.html
Cognitive Psychology　　　　　　　　http://www.academicpress.com/cogpsych

Cognition　　　　　　　　　　http://www.elsevier.com/locate/cognit/
Journal of Memory and Language
　　　　　　　　　http://www.academicpress.com/www/journal/ml.htm
●以上の雑誌は，ニューラルネットワークの専門誌ではないが，コネクショニストモデルに基づく重要な心理学論文がしばしば掲載される．とくに，**Psychological Review** は Perceptron 以来，重要な論文が多数掲載されている．

＜大学・研究機関・研究者＞
理化学研究所脳科学総合研究センター　　http://www.brain.riken.go.jp/indexj.html
● 1997 年設立．脳に関する理論・臨床・応用研究を行なっている．甘利俊一は脳数理研究チームのリーダーを務めている．

京都大学大学院情報学研究科知能情報学専攻　認知情報論分野
　　　　　　　　　　　　　　　　　　　http://www.cog.ist.i.kyoto-u.ac.jp/
●乾　敏郎，斎木　潤と院生の研究プロジェクトなどが紹介されている．

Carnegie Mellon University, Center for the Neural Basis of Cognition
　　　　　　　　　　　　　　　　　　　http://www.cnbc.cmu.edu/
●文献欄で紹介した PDP モデルの創始者 McClelland が所属している．認知，発達，脳画像などの実験的研究も行なっているが，計算機科学・ロボティクス・統計学を主軸にした計算論研究がさかん．臨床的な研究も行なっている．

Princeton University, Center for the Study of Brain, Mind, and Behavior
　　　　　　　　　　　　　　　　　　　http://www.csbmb.princeton.edu/
●細胞レベルから脳機能・心理・行動レベルまでの実験的な研究を行なっている．また計算論的なアプローチを用いて理論的な研究も行なっている．センター長の Cohen は，認知心理学以外に医学でも博士号をもっており，fMRI などの実験研究を基に認知制御の PDP モデルを作っている．Hopfield や Johnson-Laird, Kahneman も所属している．

Massachusetts Institute of Technology, Department of Brain and Cognitive Sciences
　　　　　　　　　　　　　　　　　　　http://web.mit.edu/bcs/
●脳に関する分子レベルから行動レベルまでの幅広い研究を行なっている．ノーベル医学・生理学賞を受賞した利根川進もここで研究をしている．また記憶・言語学研究もさかん．

大森　隆司　北海道大学大学院工学研究科システム情報工学専攻
　　　　　　　　　　http://lis2.huie.hokudai.ac.jp/~omori/index.html

● PATON(思考する記憶機械)を使って脳の記憶システム認知機能のモデル化を行なっている。

Elman, Jeffrey, L., University of California, San Diego, Center for Research in Language
　　　　　　　　　　　　　　　　　　　　　　　http://crl.ucsd.edu/~elman/
●文献欄でも紹介したエルマンネットの創始者。言語発達に関する最新の著作がダウンロードできる。授業の内容も知ることができる。

O'Reilly, Randall C. University of Colorado at Bolder, Institute for Cognitive Science
　　　　　　　　　　　　　　　　　　　　　http://psych.colorado.edu/~oreilly/
Munakata, Yuko　University of Denver, Department of Psychology
　　　　　　　　　　　　　　　　　　　　　　http://kore.psy.du.edu/munakata/
●計算認知神経科学者 (computational cognitive neuroscience) の夫妻。文献欄で紹介した彼らの教科書は，下記紹介のソフトウェア PDP++を使って実習できる(シミュレーションプログラムはダウンロードできる)。他に授業用のシラバス案や OHP もある。

Marcus, Gary, F. New York University, Department of Psychology
　　　　　　　　　　　　　　　　　　　http://www.psych.nyu.edu/gary/home.html
●発達認知神経科学 (developmental cognitive neuroscience) に関する著作がダウンロードでき，授業内容などを知ることができる。

日本の研究機関のリンク集　　http://www.erato.atr.co.jp/~tom/jbres/index-j.html
海外の研究機関のリンク集
　　　　　　　　http://www.cs.cmu.edu/Web/Groups/CNBC/other/other-neuro.html
●研究機関以外にも，学会・ジャーナル，シミュレータなどのリンクが豊富。

＜ソフトウェア＞
tlearn　　　　　　　　　　　http://crl.ucsd.edu/innate/tlearn.html
●教育用シミュレータ。多層パーセプトロンにおける誤差逆伝搬，単純回帰ネットなどの学習を，心理学データの例題をとおしてできる。Plunkett & Elman(1997), McLeod, Plunkett, & Rolls(1998) にも添付されている。

PDP++　　　　　　　　　　　http://www.cnbc.cmu.edu/PDP++/PDP++.html
●教育研究用シミュレータ。McClelland と Rumelhart が開発し，改良されたもの。O'Reilly & Munakata(2000) で紹介されているモデルの検証にも使われている。

GENESIS　　　　　　　　　http://www.bbb.caltech.edu/GENESIS/
●教育研究用の定評あるシミュレータ GENESIS のオフィシャルサイト。C 言語で書かれたシミュ

コネクショニストモデルに関するリンク集　213

レータでシングルニューロンから大規模ネットワークのシミュレーションにまで対応している。カリフォルニア工科大学などで授業にも使われている。

NEURON　　　　　　　　　　　　　　　　　http://neuron.duke.edu/
● GENESIS と並んで定評のあるシミュレータ。シングルニューロンの動作を記述するために開発されたシミュレータだが，ネットワークモデルを作ることもできる。

Stuttgart Neural Network Simulator
　　　　　　　　　http://www-ra.informatik.uni-tuebingen.de/SNNS/
● Elman も最近の論文ではこのシミュレータを使っている。今回の本で紹介しているほとんどの手法が利用できる。

STATISTICA Neural Networks　　http://www.statsoftinc.com/stat_nn.html
SPSS Neural Connection　　　　　http://www.spss.com/neuro/
MATLAB Neural Network Toolbox
　　　　　　http://www.cybernet.co.jp/products/matlab/product/general/neuralnet/
● 上記 3 つは市販のデータ解析用ソフト。多層パーセプトロン，RBF ネットワーク，コホネン自己組織化ネット，ベイジアンネットなどを用いて，予測，分類，時系列分析などができる。STATISTICA は，入力時の遺伝的アルゴリズムの利用や，最適なネットワークの構造とサイズを選択する機能があり，ネットワークなどの視覚表示やマニュアルも充実している。SPSS は，データ処理の流れをマップ表示したインタフェースに特徴がある。MATLAB は，理工系向きであり，可視化やカスタマイズに優れる。なお，ニューラルネットを含むデータマイニングツールとしては，下記のソフトがある。

Clementine　　　　　http://www.spss.co.jp/product/ALL/clemen/index.htm
SAS EnterpriseMiner
　　　　　　http://www.sas.com/offices/asiapacific/japan/software/enterp.html

＜メーリングリスト・ニュースグループ＞
ニューロメール　　　　　http://www.bpel.ics.tut.ac.jp/~dora/neuro-mail.html
● 日本のニューラルネット研究者間の情報交換を目的としたメーリングリスト。ここに登録するとアメリカのメーリングリスト Connectionists メールも送られてくる。

ニュースグループ　　　　　　　　　　　　　　　　　　comp.ai.neural-nets
FAQ 集　　　　　　　　　　　　　　ftp://ftp.sas.com/pub/neural/FAQ.html
● 後者は，SAS Institute の Sarle, W.S がまとめたもの。定期的に更新されている。基本的な解説から，書籍・ジャーナル・ソフトウェアの情報まで細かく網羅されている。

[付記]　リンクの収集と解説には地村弘二氏，情報の提供には，都築誉史氏，浅川伸一氏，山口誠氏に協力いただきました。記して感謝します。

索　引 (50音順・アルファベット順)

●あ
アシュビー (Ashby,W.R.)　89,98
麻生英樹　74,205
アトラクタ (attractors：牽引子)　158,159,190
アトラクタネット (attractor networks)　64,186
アヌモル (Anumolu,V.)　13
甘利俊一　102,192,201,207,211
誤り訂正学習 (error correction)　39
安西祐一郎　70,72
アンダーソン (Anderson,J.A.)　162
アンダーソン (Anderson,J.R.)　24,152

●い
石原茂和　145,147
泉井良夫　19
一般化デルタルール (generalized delta rule) → 誤差逆伝播法，バックプロパゲーションも参照　173,180-182,185,201
遺伝的アルゴリズム (genetic algorithm：GA)　18-21
遺伝的制約 (genetic constraints)　14,24
乾　敏郎　4,33,37,208,211
意味記憶 (semantic memory)　51,58,59

●う
ヴァランタン (Valentin,D.)　6-9
ウィーナー (Wiener,N.)　166
ウィドロー・ホフの学習則 (Widrow-Hoff rule) →デルタ則，LMS則も参照　173
ウィナーテイクオール (winner-take-all：勝者占有方式)　104-107,199
ウォリントン (Warrington,E.K.)　59
ウォルツ (Waltz, D. L.)　153,162

●え
枝刈り法 (pruning, weight elimination)　184,185
エデンの園 (field of Eden)　191
エネルギー関数 (energy functions)　159,191,193,194
エネルギー値 (value of energy function)　157-159
エルマン (Elman,J.L.)　3,4,14-18,26,28,30,32,33,35-37,122,162,208,212

エルマンネット (Elman nets) (＝ SRN：単純再帰ネットワーク)　26,28-30,185,186

●お
オライリー (O'Reilly,R.C.)　206,212

●か
ガーデンパス文 (garden-path sentences：袋小路文)　149
カートライト (Cartwright,D.)　84
カーペンター (Carpenter,G.A.)　140,148
階層型ネットワーク (layered networks; feed-forward networks) →多層ネットワークも参照　7,41,152,167,174,175,179,187
ガウシアン関数 (Gaussian function)　187,188,199
過学習 (overfitting)　182,183
学習解除 (unlearning)　47
活性化レベル値 (activation level)　157,161
活性値 (activation value)　127,128,131,132,155,157,158,174,188
カワモト (Kawamoto,A.H.)　159,163
慣化 (habituation)　163
感性工学 (Kansei engineering)　134
感性評価データ (sensuous impression data)　144
緩和 (relaxation)　122,131

●き
記号処理モデル (symbolic models)　12,13,16,21-24
記号的コネクショニストモデル (symbolic connectionist models)　23,162
機能的脳画像研究 (functional brain imaging)　64
木村泰之　120,123,131
競合学習 (competitive learning)　104,135,137-139,143,199
教師信号 (teacher signals)　103,136,137,167,173,176,177,181,183,184
教師なし学習 (unsupervised learning)　103,136,137,167
行列表現 (matrix notation)　174,189
局所表現 (local representations)　121,122,125,

216　索引

152,162
近傍範囲 (neighborhood)　103-107,113,114
●く
クラスター分析 (cluster analysis)　106,135,137,147
グラック (Gluck, M.A.)　39
グラフ理論 (graph theory)　84
グラム・シュミットの直交化 (Gram-Schmidt's orthogonization)　199
グロスバーグ (Grossberg,S.)　140,148,201
●け
結合強度ベクトル (connection weight vector)　138-140,143,178,179
言語理解 (language understanding)　149,153
減衰パラメータ (decay parameter)　156
●こ
構成法 (constructive method)　185
構造的コネクショニストモデル (structured connectionist models)　162
勾配降下法 (gradient descent method)　42,43,49,173,174
コーエン (Cohen,J.D.)　4,211
誤差逆伝播 (error backpropagation) 則 →一般化デルタルール，バックプロパゲーションも参照　39
古典的条件づけ (classical conditioning)　38,39,45,46,48
コホネン (Kohonen,T.)　100,105-107,117,140,162,199,200
ゴミ箱モデル (trash box model; garbage model)　108
コンピュータコミュニケーション (computer-mediated communication:CMC)　119
●さ
最大情報量保存原理 (infomax principle)　197
ザイデンバーグ (Seidenberg,M.S.)　56
サイモン (Simon,H.)　122,125
サガード (Thagard,P.)　23,205,208
サットン (Sutton, R.S.)　39
差分方程式 (difference equation)　41,44
●し
シーグラー (Siegler, R.S.)　17,69
時系列データ (time series data)　26-29,171
次元の呪い (curse of dimensionality)　180
自己組織化マッピング (self organizing mapping: SOM)　100,104-106,117,199,200
システムの安定均衡 (stable equilibrium of the system)　84

自然カテゴリー (natural category)　70
自然認識 (natural cognition)　68-70,79,80
失読症 (dyslexia: 難読症, alexia:失読症)　55
シナプス結合 (synaptic connection)　105-107,169,170,172
死にユニット (dead units)　143
自発的回復 (spontaneous recovery)　47
社会的インパクト理論 (social impact theory)　81
シャリス (Shallice,T.)　59,186
集団 (groups)　81-84,94,95
　～意思決定 (decision making)　119,121,122,123,125,128-131
　～サイズ (size)　82
主成分分析 (PCA:principal component analysis)　198
条件性制止 (conditioned inhibition)　46
情報濾過 (cues-filtered-out) 機能　120,121
ジョーダンネット (Jordan nets)　185,186
ジョンソン-レアード (Johnson-Laird, P.N.)　23
進化的コネクショニストモデル (genetic connectionist models)　18-20
神経細胞 (neurons)　168-170
神経心理学 (neuropsychology)　51,54,58,63
新ピアジェ派 (Neo-Piagetian)　12,16
●す
スウィニー (Swinney, D.A.)　151
数量化理論I類 (Hayashi's quantification method of the first type I)　135,144
●せ
精神医学 (psychiatry)　4
セルオートマトン (cellular automata)　190
全結合ネットワーク (fully-connected networks)　84,91-93
●そ
想起交代 (accessing an alternative meaning)　154,163
相互結合(型)ネットワーク (mutual connection networks; interconnected networks)　7,140,152,154,156,157-159,188,190
創発 (emergence)　16,24,162
組織心理学 (organizational psychology)　103
組織の意思決定 (organizational decision making)　108
●た
ダイアー (Dyer, M.G.)　152
対人圧力 (interpersonal communication stress)

120,121,123,124,129-131
多義性 (ambiguity) 149,150,153
多岐的アクセス (multiple access) 151,160
多重同時制約的環境 (environments with multiple simultaneous constraints) 9
多層ネットワーク (multi-layered networks) 152
多変量解析 (mutivariate analysis) 134,144,147
単純再帰ネットワーク (simple recurrent networks:SRN) 16,26,28,185,186

●ち
小さく始まることの重要性 (importance of starting small) 16,36,37
超並列統語解析モデル (massively parallel parsing models) 153,154,156,162

●つ
都築誉史 2,10,120,123,131,154,157,159,162,163,207

●て
デイルの法則 (Dale's law) 169
出口 毅 69
デルタ則 (delta rule) →ウィドロー・ホフの学習則, LMS 則も参照 39,41,42,157,158,160,162,173
電子メール (electronic mail: email) 120
天秤課題 (balance beam problem) 13,15,17,18,69-70

●と
同期更新 (synchronous update) 188
動的ノード生成法 (dynamic node creation) 185
動物心理学 (animal psychology) 38,40,44,45,47
特徴マップ (feature maps) 167,199
トポグラフィックマッピング (topographic mapping) 196
トライアングルモデル (triangle models) 51,55

●な
ナイダー (Neider, L.L.) 109
中野 馨 162,192,201
長町三生 109

●に
2 重乖離の原理 (principle of double dissociation) 52
2 重経路仮説 (dual-route hypothesis) 52,53
ニューウェル (Newell,A.) 24
入力ベクトル (input vector) 138,139,141,142,144
認知機能障害 (impairment of cognitive functions) 53
認知的斉合性理論 (cognitive consistency theories) →バランス理論 (認知均衡理論) も参照 122,131
認知発達理論 (cognitive development theories) 12

●ね
ネッカーキューブ (Necker cube) 188,189
ネットワークの収束状態 (convergent states of the network) 87,88,90

●の
脳 (brain) 6,13,24,152,166-168
～とコネクショニストモデル (and connectionist models) 13
脳損傷 (brain damage) 53,55,59
能力の向上 (improvement of ability) 100,108,113

●は
パーセプトロン (perceptrons) 26,29,32,33,167,174,175-180,182
ハーツ (Hertz,K.) 139
バート (Barto, A.G.) 39
排除的コネクショニストモデル (eliminative connectionist models) 22
ハイダーの POX モデル (Heider's POX model) 83,158
ハイブリッドモデル (hybrid models) 13,22,24
バウワー (Bower, G.H.) 39
破壊実験 (lesion experiments) 53,57,60
パターソン (Patterson,K.) 51,53,55,57
波多野誼余夫 13,37
バックトラッキング (backtracking) 149
バックプロパゲーション (error backpropagation) →一般化デルタルール, 誤差逆伝播則も参照 72,74,180,181
発達心理学 (developmental psychology) 12
ハッチンス (Huchins, E.) 129
ハメル (Hummel,J.) 23,207
原田悦子 120,123
ハラリー (Harary,F.) 84
バランス理論 (認知均衡理論:balance theories) 83,84,122
パリティ (parity) 問題 63
反応時間 (reaction time) 150,151,160,161
判別直線 (discriminant functions) 177,178,180

●ひ

ピアジェ (Piaget,J.) 12,16,18,69
非線形変換 (non-linear transformation) 175
非対称ネットワーク (asymmetric networks) 89-90
非同期更新 (asynchronous update) 188,190,193
微分方程式 (differential equation) 44
100 ステップのプログラムの制約 (100-step program constraint) 169
表計算ソフト (spread sheet software) 38,41
ヒントン (Hinton,G.E.) 186

●ふ

ファラー (Farah,M.J.) 51,58,59
フェスティンガー (Festinger, L.) 122
不応期 (refractory period) 169,171
プライミング法 (priming method) 150
　様相間〜 (cross-modal) 151
プランケット (Plunkett,K.) 18,206
プロート (Plaut,D.C.) 64
プロトタイプ (prototypes) 70,73,75
分散表現 (distributed representations) 152,160,162
分析的処理と全体的処理 (analytic processing vs holistic processing) 68-72,79,80
文脈層 (context layer) 28,30,32,36,185,186

●へ

並列制約充足モデル (parallel constraint satisfaction models) 121,122,125,130,131
並列的制約充足メカニズム (parallel constraint satisfaction mechanisms) 23
並列分散処理モデル (parallel distributed processing [PDP] models) 121,166
ベクトル表現 (vector notation) 177,198
ヘッブ則 (Hebbian rule) 157,158,162,172

●ほ

ホジキン・ハックスレー方程式 (Hodgekin - Huxley's equation) 168,169
ボックスアンドアローモデル (box-and-arrow models) 51,52,57
ホップフィールド (Hopfield,J.J.) 157,158,162,188,193-195
ポラック (Pollack, J. B.) 153,162
ホリオーク (Holyoak,K.J.) 23,122,125,207,208

●ま

マーカス (Marcus,G.F.) 13,22,212
マーチ (March, J.G.) 108

マカロック・ピッツのモデル (McCulloch and Pitts's formal neuron) 170,171
マクレランド (McClelland,J.L.) 13,16,51,55,58,59,64,122,126,206,212
マクロード (McLeod, P.) 15,19,206
マッキニー (MacWhinney, B.) 13

●み

ミンスキー (Minsky,M.) 179

●む

ムーアーペンローズ (Moore - Penrose) の定義 195
ムナカタ (Munakata,Y.) 13,206,212
村田　昇　183

●も

物の永続性 (object permanence) 13
守　一雄　9,156,205

●や

山口　誠　41,43,49

●ゆ

ゆるやかな結合系 (sparsely connected networks) 96,98

●よ

予測する単語の生起確率 (predictions of word frequencies) 33

●ら

ラメルハート (Rumelhart,D.E.) 13,16,55,63,72,81,122,126,188,201,205,206

●り

リスキーシフト (risky shift) 119,121-124,129,130
リセットメカニズム (reset mechanism) 140,141,147
リーダーシップ (leadership) 100,101,113-116
離断の原理 (principle of disconnection) 52
リミットサイクル (limit cycles) 190
リンカーン (Lincoln, J.R.) 109
臨界期 (critical periods) 15
臨床心理学 (clinical psychology) 4
リンスカー (Linsker,R.) 196,197

●れ

レスコーラ (Rescorla, R.A.) 38
レスコーラ・ワグナー学習則 (Rescorla-Wagner learning rule) 38,39,45,46
レスコーラ・ワグナーモデル (Rescorla-Wagner model) 38-43,45,47,49
連合強度 (connection strength) 39,40,42,43
連想記憶 (associative memory) 154,166,167,170,188,191,192,194

●ろ
ローゼンブラット (Rosenblatt,F.)　176,201
ローソン (Lawson,A.E.)　69
●わ
ワグナー (Wagner, A.R.)　38

●A
ANN(artificial neural networks)　167
arboART　145-147
ACT*モデル (ACT[adaptive control of thought]* model)　3,24,152
ART(適応共鳴理論)ネットワーク (adaptive resonance theory network)　134,140-145, 147
●B
BNN(biological neural networks)　167
●C
CALM　148
CMC(computer-mediated communication)　119-121,123-125,129-131
●G
GENESIS　168
●L
LMS則 (least mean squares algorithm) →ウィドロー・ホフの学習則, デルタ則も参照　173
●N
NIC(network information criterion)　184
●Q
QCサークル (quality control circles)　100, 101,108-110,112,113
●R
RBF(動径基底関数)ネットワーク (radial basis function networks)　7,8,187,188
RHINE　75
RMSエラー (root mean square error)　33
●T
tlearn　17,206,209,212
●U
U字型学習曲線 (U-shaped learning profile)　15

あとがき・1 ●都築誉史

　本書と関連した最初のワークショップは，1997年の日本心理学会大会であり，2回目のワークショップは1998年の日本行動計量学会大会であった。筆者は前者でも話題提供を行なったが，とくに後者では主催校の実行委員として，ワークショップの企画・運営にもかかわっている。「読者へのガイド」でも述べられているように，1998年のワークショップの内容を論集にまとめようという電子メールが，本書の出発点となった。

　筆者は本書の原稿の執筆・編集とほぼ並行して，高次認知過程に関するコネクショニストモデルの研究動向を，展望論文（都築・河原・楠見，2001）に整理する作業を行なった。この論文では，記憶，学習，言語，思考，発達，社会の6領域を扱ったが，認知障害，統計・データ解析，数理などの分野は，掲載論文の枚数制限のため割愛せざるを得なかった。本書ではこうした研究領域に関しても，興味深い論文（5, 10, 12章）が収録されている。

　エルマンら（Elman et al., 1996/1998）は，コネクショニストモデルにおけるシミュレーションの意義を，以下の3点にまとめている。
① 曖昧性を排除した厳密なモデルの構築が要求される。
② モデルの実証的な実験の役割を果たす。
③ モデルの内部表現（とくに，隠れ層）の分析が可能である。

　コネクショニストモデルは，構造化された明示的な認知過程のモデルを追求するというよりは，ブラックボックスに近いものになってしまうのではないかと批判されることもある。つまり，訓練した後のネットワークの隠れ層に，主成分分析やクラスター分析などを適用して内部表現の解析が行なわれるが，従来のボックスアンドアローモデルのように，どのような内的処理が行なわれているかが明示的ではないため，複数の関数のはたらきを含めて簡潔に説明することはむずかしい。また，コネクショニストモデルでは非線形ダイナミクスによる認知特性の創発という特徴が強調されるが，非線形のダイナミカルシステムはカオスや統計力学と関連し，その挙動を数理的に理解することは簡単ではない（たとえば，Elman et al., 1996 の第4章や，Herz et al., 1991/1994 を参照）。とはいえ，とくに1980年代後半以降，高速に複雑な非線形の反復計算を実行できるパソコンのめざましい発展と，コンピュータシミュレーション技法の進展によってはじめて，私たち心理学者は，脳における知的情報処理の秘密に迫る可能性を手に入れたのかもしれない。

　1988年に発行されたPDPハンドブック（McClelland & Rumelhart, 1988）に添付されていたシミュレーションソフトは，IBMパソコン用で当時の日本製パソコンでは動かすことができなかった。筆者らによる本書の2章（第9, 11章）では，このソースプログラムに関数を追加し，MS-Windows の 32bit アプリケーションに移植したものを用い

ているが，もともとユーザインタフェースが複雑であり，けっして使いやすいソフトとはいえない。たとえば，因子分析が SPSS などの普及によって，また，共分散構造分析が Amos などの普及によって広く心理学研究に浸透していったように，tlearn のような使いやすいソフトが普及していくことが，コネクショニストモデルの今後にとって重要であろう。

　最近，個人的には，ハメルとホリオーク（Hummel & Holyoak, 1997）の LISA (Learning and Inference with Schemas and Analogies) などで用いられた，ユニットの同期的発火による動的変数束縛の手法をめぐる議論に関心がある。この方法は，神経生理学における神経細胞同士の周期共振仮説（Gray et al., 1989）に基づいている。小脳パーセプトロンモデルをふまえたシナプス可塑性の発見や，シグマ-パイユニットに相当するシナプスの発見などの例にみられるように，コネクショニストモデルと実証的研究とが相互作用しあうことが，今後ますます重要であろう。心理学の分野では，コネクショニストモデルによるデータの記述にとどまらず，モデルから導かれる新たな予測（仮説）を，実験で検証していくことが必要になると思われる。

　言語が知能の大きな構成要素であることは明らかであり，筆者も長年，言語にかかわる心理実験とモデル構成を行なってきた。しかし，音声に由来する言語が系列的であるため，私たちは脳で行われている知的情報処理が超並列分散処理であることを，軽視しすぎているのではないだろうか。フォンノイマン型コンピュータの発展も，基本的にはこの傾向をさらに助長してきたと考えられる。意識的処理は系列的で，無意識的処理は並列的であるといった二分法も，脳における知的情報処理の本質をうまくとらえていないと思う。たとえば，思考や社会的認知などの領域では，コネクショニストモデルの可能性を検討する余地がまだまだ残されているように感じている。

＊＊引用文献＊＊

Elman, J.L., Bates, E.A., Johnson, M.H., Karmiloff-Smith, A., Parisi, D. & Plunkett, K. 1996 *Rethinking Innateness: A connectionist perspective on development.* Cambridge, MA: MIT Press. 乾　敏郎・今井むつみ・山下博志（共訳）1998 認知発達と生得性—心はどこから来るのか—　共立出版

Gray, C. M., Koenig, P., Engel, A.K. & Singer, W. 1989 Oscillatory responses in cat visual cortex exhibit inter-columnar synchronization which reflects global stimulus properties. *Nature*, 338, 334-337.

Herz, J., Krough, A., & Palmer, R. G. 1991 *Introduction to the theory of neural computation.* Redwood, CA: Addison-Wesley.　笹川辰弥・呉　勇（訳）　1994　ニューラルコンピュータ—統計物理学からのアプローチ—　トッパン

Hummel, J. E., & Holyoak, K. J. 1997 Distributed representations of structure: A theory of analogical access and mapping. *Psychological Review*, 104, 427-466.

McClelland, J. L., & Rumelhart, D. E. 1988 *Explorations in parallel distributed processing: A handbook of models, programs, and exercises.* Cambridge, MA: MIT Press.

都築誉史・河原哲雄・楠見　孝　2001　高次認知過程に関するコネクショニストモデルの動向　心理学研究（印刷中）

あとがき・2　　　　　　　　　　　　　　　　　　　　　　　　　●楠見　孝

　本書では，コネクショニストモデルを用いた学習，記憶，言語，思考，発達，社会，障害，生理などの心理学研究に新しい研究手法を紹介した。そして，コネクショニストモデルが，心と脳に関する科学的研究の統合的なモデルや理論を構築するための重要な武器になることを示した。

　これまで日本の心理学研究は，実験とデータの分析で終わり，そこからシミュレーションをしたり，モデルや理論構築に進むこと，さらに，他の学問分野に向けて発信したり，共同でプロジェクトを組むことは多いとはいえなかった。

　私たち執筆者が本書をまとめた動機は，心理学者が伝統的な手法や枠組みに閉じ込もるのではなく，コネクショニストモデルに基づくシミュレーション技法を身につけることによって，理工学の研究者とも協調して，心と脳の研究に取り組むことの重要性を感じていたからである。脳科学の進歩によって脳のミクロなレベルでのふるまいがとらえられたとき，また，計算機科学の進歩によって人と同じふるまいが工学的に実現できたときに，心理学の役割はなくなるだろうか。そうではないだろう。マクロなレベルの行動や心を説明するのが，心理学の目標である。そのためにも，これまで心理学が積み上げてきた理論やモデルと脳科学や計算機科学の研究の架け橋として，コネクショニストモデルは重要な役割を果たしていると考えている（I部第2章参照）。

　そのためにも，これからの心理学教育における実習は，実験法やデータ解析法だけでなく，コネクショニストモデルを用いたシミュレーション実習を導入することが必要と考える。そのことが，実験心理学に脳科学や計算機科学などの成果を取り入れ，また逆に発信するためのステップになると考えている。すでに，アメリカにおいては，コネクショニストモデルに基づく実習が行なわれ，教科書が出版されている（文献案内参照）。しかし，日本にはそうしたコネクショニスト心理学の教科書はなく，多くの大学の心理学教育には，コネクショニストモデルはまだ本格的に導入されていない。したがって，本書がコネクショニストモデルを心理学教育に導入するきっかけとなり，また多くの読者を得ることによって，研究の発展に貢献できれば，編者としてこれほどうれしいことはない。

　これまで，日本におけるコネクショニスト（ニューラルネットワーク）モデルに関する本の多くは，理工系の研究者が書いたものであった。とくに，ニューラルネットをシステムの最適化や学習のツールとして位置づけている場合は，人間の認知機能との対応が言及されていない，計算論的な展開が主であるものも多かった。こうしたことが，日本の心理学者を，コネクショニストモデルから遠ざけていた一因として考えられる。したがって，本書では，文系の学生が数式やプログラミングなどで挫折することがないよう，数式のテ

クニカルな展開よりもコネクショニストモデルのもつ心理学的な意味に重点を置いて解説し，容易に利用可能なソフトウェアの紹介を行なった（リンク集参照）。

個人的な経験を述べると，私の前任校の東京工業大学では，脳研究をテーマに，人工知能，制御工学，応用物理，生物，化学などの研究者が，ニューラルネットワークモデルを用いて研究を進めていた。学内の研究会に参加するたびに，心理学者が他の学問の研究動向に目を向けずに，心理学の世界だけに閉じ込もっていては，取り残されてしまうという焦りを感じていた。私は，幸いにも繁桝算男教授(現在，東京大学)，中川正宣教授という心理学で同じ関心をもつ上司から刺激を受け，学生や院生たちといっしょにラメルハートとマクレランドら（Rumelhart & McClelland, et al,1986）の本を読むことから，コネクショニストモデルを学ぶことができた。さらに，1998年から1999年にかけてのカリフォルニア大学サンタクルーズ校，ロサンゼルス校で在外研究では，ホリオーク教授，ハメル準教授らの研究を身近に知ることができた。また，授業で，コネクショニストモデルの実習が行なわれていることを知った。サンタクルーズ校でカワモト準教授のもとで在外研究をしていた都築さんとの出会いはこの本を生み出す伏線でもあった。京都大学の教育学研究科に1999年10月に転任してからは，大学院のゼミで，最初の年は，プランケットとエルマン（Plunket & Elman,1997）の本を使って，tlearn で学習を進め，つぎの年は STATISTICA Neural Networks を使いながら学習を進めた。学生たちは，熱心に参加してくれ，本書の第2章のコメントもしてくれた。さらに，学会のシンポジウムや本書の編集，そして研究活動をとおして，編者の守さん，都築さんをはじめ多くの方から刺激を受けることができた。こうしたすべてのみなさんに心から感謝申し上げたい。

＊＊引用文献＊＊

Plunkett, K. & Elman, J.L. 1997 *Exercises in rethinking innateness.:A handbook for connectionist simulations.* Cambridge, MA: MIT Press.

Rumelhart, D. E., McClelland, J. L., & the PDP research group (Eds.) 1986 *Parallel distributed processing: Explorations in the microstructure of cognition. Vol. 1, 2.* Cambridge, MA : MIT Press.

執筆者紹介 (＊編者)

a) 現職（現在の所属）　b) 学歴・職歴　c) 専門分野等　d) 電子メールアドレス・WebURL　e) 執筆者からの一言

守　一雄＊（読者へのガイド・第 1 章・第 3 章）
a) 信州大学教育学部教授
b) 1982 年 筑波大学大学院博士課程心理学研究科修了　（教育学博士）
　信州大学教育学部講師，助教授を経て現職
c) 認知心理学・教育心理学
d) kazmori@gipnc.shinshu-u.ac.jp
　http://zenkoji.shinshu-u.ac.jp/mori/
e) 教務委員長も専攻主任の役割も終わったので，研究時間が増えるぞと思うのだが，絵本作りの誘惑に負けないようにしないといけない。いろいろなしがらみの中で生きているとコネクショニストモデルが実感できる。

都築誉史＊（第 9 章・第 11 章・文献案内）
a) 立教大学社会学部教授
b) 1987 年 名古屋大学大学院教育学研究科博士課程単位取得退学　博士（教育心理学）
　名古屋大学教育学部助手，立教大学社会学部専任講師，助教授を経て現職
c) 認知心理学，認知科学，心理言語学，社会心理学
d) tsuzuki@rikkyo.ac.jp
　http://www.ir.rikkyo.ac.jp/~tsuzuki/
e) 記憶・言語のコンピュータシミュレーションに興味があり，心理実験とモデル構成を行ってきたが，最近，思考やコミュニケーションの研究も少しずつ始めている。

楠見　孝＊（第 2 章・文献案内・リンク集）
a) 京都大学大学院教育学研究科助教授
b) 1987 年 学習院大学大学院人文科学研究科博士課程単位取得退学　博士(心理学)
　筑波大学講師，東京工業大学助教授を経て現職
c) 認知心理学，認知科学（言語，思考，記憶）
d) n50609@sakura.kudpc.kyoto-u.ac.jp,
　http://kyoumu.educ.kyoto-u.ac.jp/cogpsy/personal/Kusumi/index-j.htm
e) 本作りの過程で多くのことを学ぶことができた。この本を土台に，コネクショニストモデルを用いて，よい研究をし，教育をするのがつぎの課題だと思っている。

山口　誠（第 4 章）
a) 早稲田大学文学研究科心理学専攻（博士課程）在学
b) 1998 年　早稲田大学文学研究科心理学専攻修士課程修了
c) 認知科学
d) yamag_psy@mail.goo.ne.jp
e) 分野を超えた研究をしていきたいと思っている。

浅川伸一（第 5 章・第 12 章）
a) 東京女子大学情報処理センター助手
b) 1994 年　早稲田大学大学院文学研究科博士後期課程修了
c) 認知神経心理学
d) asakawa@twcu.ac.jp
　 http://www.twcu.ac.jp/~asakawa/
e) 普段はニューラルネットワークのことを考えながら，コンピュータネットワークの管理をしている。どちらのネットワークも手間隙かけないとまともに動かない点は共通しているので，まともに動くと驚いてしまうことが多い。いつか世界中を放浪して歩きたいと思っているが，その場合どこかの国で局所最小に陥って抜け出せなくなるかも知れない。抜け出すには（自分自身の）ネットワークの温度を相当高くしないといけないはずだしなぁ。かといって今が最適解であるとは決して思っていない。

松原道男（第 6 章）
a) 金沢大学教育学部助教授
b) 1987 年　広島大学大学院教育学研究科博士課程単位取得退学　博士（教育学）
　 金沢大学教育学部講師を経て現職
c) 理科教育学
d) mmatsu@kenroku.kanazawa-u.ac.jp
e) 初めてニューラルネットワークの構築ソフトを用いたのは，10 年くらい前になる。当時に比べると，コンピュータの処理速度は飛躍的に向上し，解析が楽になっている。私の研究の進展もそれにあやかりたいのだが，なかなかそうはいかないようだ。

藤澤隆史（第 7 章）
a) 関西大学大学院総合情報学研究科（博士課程後期課程）在学
b) 2001 年　関西大学大学院総合情報学研究科博士課程前期課程修了
c) 社会心理学
d) jr@pop02.odn.ne.jp
e) コネクショニストモデルは，生体に限らず，さまざまな場面に適用することで，今まで疑問に思っていたことが明解になってくる。しかしながら，コネクショニストモデルにも一長一短があるわけであり，本当に知りたいことは，並列と直列の微妙なバランスの上に成り立っているように思われる。

執筆者紹介

藤澤　等（第7章）
a) 県立長崎シーボルト大学国際情報学部情報メディア学科教授
b) 1978年 関西大学大学院博士課程後期課程修了
　　関西大学社会学部教授を経て現職
c) 社会心理学
d) fujisawa@sun.ac.jp
e) ソシオン理論のシステム論的展開をシミュレートしたつもりだが，社会・心理システム研究が発展することを願っている。

石原茂和（第8章・第10章）
a) 広島国際大学 人間環境学部 感性情報学科助教授
b) 1988年 日本大学大学院文学研究科心理学専攻博士前期課程修了
　　1992年 広島大学大学院工学研究科システム工学専攻博士後期単位取得退学
　　山口大学工学部助手，尾道短期大学講師，助教授を経て現職
c) 感性工学，人間工学，認知科学
d) i-shige@he.hirokoku-u.ac.jp
e) 10年近く，感性工学でのニューラルネットワークの研究をしてきたが，一段落ついたので，コミュニケーションによる知の共有と，そこから生まれる創造のプロセスについて研究してみたい。とくに感性を発揮するデザインの場面では面白いことがおきているだろう。

石原恵子（第8章・第10章）
a) 広島国際大学人間環境学部 言語コミュニケーション学科講師
b) 1991年 広島大学大学院工学研究科システム工学専攻博士課程後期単位取得退学
　　広島大学工学部助手，広島中央女子短期大学専任講師，助教授を経て現職
c) 人間工学，感性工学，認知科学
d) k-ishiha@he.hirokoku-u.ac.jp
e) ちょっとしたパラメータの値でご機嫌が変わるのがニューラルネットワーク。2歳児のライブなニューラルネットワークを見るにつけ，寝言や夢の間に何万回パラメータを調整しているのだろうと思う今日この頃です。

長町三生（第8章・第10章）
a) 広島国際大学 人間環境学部長（感性情報学科教授）
b) 1963年 広島大学大学院教育学研究科心理学専攻博士課程修了　（文学博士）
　　広島大学工学部助手，助教授，教授，国立呉工業高等専門学校長を経て現職
c) 感性工学，人間工学，認知科学
d) m-nagama@he.hirokoku-u.ac.jp
e) 感性工学は日本では多くの新製品を世に送り出しており，また世界中で関心をもたれている製品開発技術であるが，データの統計解析がそれの重要なはたらきをする。ここで紹介したART1.5-SSSやarboARTは少数データでも大量データでも正確にクラスタ分析ができる手法であり大活躍している。

木村泰之（第 9 章）

a) 立教大学社会学部助手
b) 1999 年 立教大学大学院社会学研究科博士課程単位取得退学
c) 社会心理学，数理社会学
d) kimuray@rikkyo.ac.jp
e) 社会心理学の知見をコネクショニストモデルで検証し，再構築していく研究が発展することを願ってやみません。

行廣隆次（第 11 章）

a) 京都学園大学人間文化学部専任講師
b) 1991 年 名古屋大学大学院教育学研究科博士課程中退
   北海道大学文学部助手を経て現職
c) 認知心理学，心理教育測定
d) yukihiro@kyotogakuen.ac.jp
e) コネクショニストモデルを用いた研究の経験はまだまだ浅いが，モデル志向の研究の割合を自分の中でこれからもっと増やしていきたいと思っている。

コネクショニストモデルと心理学
―脳のシミュレーションによる心の理解―

2001年6月15日　初版第1刷印刷　　定価はカバーに表示
2001年6月25日　初版第1刷発行　　してあります。

|編　　　者|守　　一　　雄|
|都　築　誉　史|
|楠　見　　　孝|
|発　行　者|小　森　公　明|
|発　行　所|㈱北大路書房|

〒603-8303　京都市北区紫野十二坊町12-8
電　話　(075) 431-0361㈹
FAX　(075) 431-9393
振　替　01050-4-2083

印刷・製本／㈱太洋社
ⓒ2001
検印省略　落丁・乱丁本はお取り替えいたします。

ISBN4-7628-2219-1　　Printed in Japan